课堂教学新样态丛书

丛书主编 杨四耕

单元学习
任务链

深度学习的内在意蕴
与创新实践

张亚萍◎主编

华东师范大学出版社

·上海·

图书在版编目（CIP）数据

单元学习任务链：深度学习的内在意蕴与创新实践/
张亚萍主编. —上海：华东师范大学出版社，2025.
（课堂教学新样态丛书）. —ISBN 978-7-5760-5872-7

Ⅰ. G622.421

中国国家版本馆 CIP 数据核字第 2025F3J696 号

课堂教学新样态丛书

单元学习任务链：深度学习的内在意蕴与创新实践

丛书主编　杨四耕
主　　编　张亚萍
责任编辑　刘　佳
项目编辑　林青荻
特约审读　陈成江
责任校对　杨月莹　时东明
装帧设计　卢晓红

出版发行　华东师范大学出版社
社　　址　上海市中山北路 3663 号　邮编 200062
网　　址　www.ecnupress.com.cn
电　　话　021-60821666　行政传真 021-62572105
客服电话　021-62865537　门市（邮购）电话 021-62869887
地　　址　上海市中山北路 3663 号华东师范大学校内先锋路口
网　　店　http://hdsdcbs.tmall.com/

印 刷 者　上海商务联西印刷有限公司
开　　本　787 毫米×1092 毫米　1/16
印　　张　16.5
字　　数　158 千字
版　　次　2025 年 7 月第 1 版
印　　次　2025 年 7 月第 1 次
书　　号　ISBN 978-7-5760-5872-7
定　　价　56.00 元

出 版 人　王　焰

（如发现本版图书有印订质量问题，请寄回本社客服中心调换或电话 021-62865537 联系）

丛书总序
被重新定义的课堂

苏联教育家赞科夫在《教学与发展》一书中指出：课堂教学必须"使班上所有的学生都得到一般发展"。也就是说，课堂教学要引导学生在认知、情感、技能等方面发生整体改变，在思维方式、情感体验、思想境界、为人处世等维度发生实质性变化；课堂教学应释放出生命感、意义感、眷注感、智慧感、美妙感、意境感、期待感……

长久以来，我们的课堂特别重视知识传承，以致许多学生能从容应对考试，却在生活中显得无能。有一位德国专家说："你们的教科书比我们的教科书厚，你们的题目比我们的题目难，但是你们得买我们的货。"这句话给我们的教育敲响了警钟，值得每一个人思考：请给知识注入生命，用经验激活知识，用智慧建构知识，用情感丰富知识，用心灵感悟知识，用想象拓展知识，让知识变得鲜活，让孩子们领悟到生命的伟岸！课堂教学是思想与思想的碰撞，是心灵与心灵的相遇，是生命与生命的对话，让我们用热情去拥抱课堂——课堂是眷注生命的地方。

我们必须清醒：如果把揭示人生的意义看作认识论的任务，我们就永远不可能把这个意义揭示出来，因为，知识的增长并不一定使生活变得完美。当认识、知识成了第一性的东西，情感和意志便成了奴仆。这样，一个人受的教育越多，他们的思想就越会被包裹在一层坚实的知识硬壳之中。其实，臻达人性完美需要"另一种"教学，这种教学与理解融合，教学本身即理解，理解本身即教学。教学是生命意义的澄明，使人不断地自我超越，"不停地'进入生活'，不停地变成一个人"。说白了，课堂里蕴涵着"人是什么"的答案。因此，在一般意义上，教学即对理解的自觉追求；在终极意义上，教学即理解。

它们共同揭示了一个深刻的道理：课堂是善解人意的地方。

俄国教育学家乌申斯基曾经说过："教育的主要目的在于使学生获得幸福，不能为任何不相干的利益而牺牲这种幸福。"诺丁斯也提过："一种好的教育就应该极大地促进个人和集体的幸福。"课堂教学是师生双边活动，没有教师幸福地教，也就没有学生幸福地学。当老师和学生积极参与到课堂教学之中，让生命释放意义感，他们就能在丰富多彩的教学活动中成长，获得生命意义上的幸福感。幸福是人类的永恒情结，课堂教学不仅应给人高品位的精神生活，而且应给人高品位的幸福体验。从一定意义上说，课堂是守望幸福的地方。人的一生能否过得幸福，很大程度上取决于他今天在课堂生活中能否获得幸福。这或许就是课堂教学的深刻意义所在。

我们的课堂善用纪律规范行为，用训练规约思想，却漠视人的情感与独特感受，课堂因此没有了盎然的生气。课堂理应是春暖花开的地方，宁静，安全，温馨，轻松。在这里，有家的感觉，不用担心"万一说错了怎么办"，孩子们敢于说"我有不同的想法"，"老师，你讲错了"；在这里，孩子们不怕"露怯"，不怕"幼稚"，能道出困惑，能露出观点，能形成质疑；在这里，有诗情画意，有奇思妙想，有思维碰撞，有情景，有灵气，课堂因此有了一种奇妙的意境感。

课堂也是为放飞梦想而存在的。孩子们充满想象，面对这个世界，他们无拘无束，内心有太多美好的期待。他们渴望走向社会，走进自然。课堂是广袤的天地，上下五千年，纵横数万里，任你穿越。课堂中心、书本中心、教师中心，多么不堪一击！课堂教学要回归曾经远离了的生活世界，穿越时间隧道，把过去、现在、未来浓缩在一起，跨越空间的界碑，让孩子们享受人类文明的成果。由此，课堂是凝视梦想的地方，这里有未来，有远方，有充满张力的诗……

怀特海说："教育只有一个主题，那就是五彩缤纷的生活。但我们没有向学生展现生活这个独特的统一体，而是教他们代数、几何、科学、历史，却毫无结果；……以上这些能说代表了生活吗？"怀特海的观点是令人深思的：知识并不代表生活，生活需要智慧。很多时候，课堂与知识无关；课堂是一种态度、一种生活。有什么样的态度，就有什么样的生活。课堂教学的核心意义在于传递生活态度，让孩子们彻底明白：生命的厚度在于拥有静谧的时光，让心灵溢满宁静与幸福。这样，课堂教学有效性就能提高，课堂就不再每一分钟都压得学生"喘不过气来"。无论如何，我们应该懂得，课堂是一个酝酿牵挂的地方。

派纳在《健全、疯狂与学校》一文的结语中说："我们毕业了，拿到了证书却没有清醒的头脑，知识渊博却只拥有人类可能性的碎片。"这多么令人深思啊！当人的需要、价值、情感被淹没在单纯的知识目标之中，生命感在这里便荡然无存。将课堂教学视为纯粹的认识活动，片面发展人的认识能力，看不到人的整体"形象"，特别是作为"在场的人"的"整体形象"被抽象；放眼世界，人之精神远遁，迷失于庞大的"静止结构"，这便是"教学认识论"的"悲剧范畴"。其实，课堂是一个意义时空，教学即谈心，学习即交心。当我们真正把学生看作活生生的人，就会发现：原来，课堂是点亮心灵的地方。

课堂教学是富含智慧和艺术的活动。只有把教师的主导性和学生的主动性都激发出来，才能算作真正的课堂教学。说白了，课堂是智慧碰撞的地方。课堂教学要善于抓住转瞬即逝的思维亮点，促成智性的提升和灵性的妙悟。如何围绕教学目标，理清教学思路，选用教学方法，驾驭教学机制，促进孩子们智性跃迁与灵性发展？如果我们只是单纯地传授知识，教师拼命讲，学生认真听、被动地接受，长此以往，学生的大脑便会"格式化"，发展便得不到真正的保障，他们只能在大脑中形成直线型知识反馈通路，无法呈现富有生命情愫的、饱满的人的形象！

对于课堂，我们可以有无穷的定义。一位哲人曾经说过："一种文化首先意味着一种眼光"，"眼光不同，对所有事情的理解就不同"。当课堂被重新定义的时候，当我们真切地回归课堂教学人文立场的时候，检视课堂教学的"眼光"便有了新的角度，课堂教学便有了新的样态。

杨四耕

2022 年 3 月 8 日于上海市教育科学研究院

目录

第一章　深刻性：教学的价值在灵魂深处　/ 1

教学具有认识价值、智力价值和教育价值。教师应把握知识的活跃性、知识应用的情境性以及思维挖掘的深刻性，从本源上去观察现实并通过内心活动去把握现实。一句话，课堂教学应以知识为抓手，集中促进课堂教学在认识、思维和精神方面的深刻性，实现以最优的内容和方式促进儿童最有价值的发展，真正理解"教学的价值在灵魂深处"这句话的深刻意蕴。

第二章　聚焦性：课程育人目标的精准导向　/ 41

聚焦性的学习目标不仅关乎知识传递，更注重学生核心素养的发展。首先，素养指向性确保任务链设计能培养关键能力，涵盖知识积累、能力增强与价值观塑造。其次，基础达标性强调学生必须具备坚实的基础，才能理解更高阶的概念。再次，个体差异性允许不同水平的学生根据自身需求参与学习，增强学习的包容性。最后，赋能连续性帮助学生在逐步挑战中增强能力，确保学习的连贯与递进。

第三章　境脉性：问题的创设在真实世界　/ 79

问题的境脉性体现了学习的情境性、实践性和动态性。教师应注重问题情境的设计，确保知识的应用不局限于理论，而是融入真实情境中，以推动学生的思维发展和能力增强。通过把握问题的核心脉络，学生在解决问题的过程中，能够将内在经验与外部环境相结合，实现知识的内化和能力的增强。一句话，教学应以问题为导向，围绕情境脉络，促进学生在实践中理解和掌握知识，达到拓展认知、锤炼思维、深化理解的效果，实现学习方式的转变与升华。

第四章　解构性：思维的成长在探索之间　/ 119

解构是一把钥匙，它不仅是文字的拆解，更是思维的解放与重组。单元学习任务链的设计，将大任务视为一个复杂的系统，学生们通过目标分段、场景分段、叙事分段、要素分段四驱并行，将大任务拆解为多个相互关联、相互影响的子任务。在完成一个个子任务的过程中激发学生的潜能，增强逻辑思维和问题解决能力，从而促进学生深度学习。

第五章　连续性：重构教学的无限可能　/ 161

有价值的学习任务应体现经验的连续性，具备具身经历性、经验整体性、交互关联性和活动进阶性。具身经历性强调"做中学"，培养解决实际问题的能力。经验整体性通过"主题单元"替代"课时主义"，学生围绕中心主题深入学习，构建知识框架。交互关联性主张"整体关联"，跨学科整合知识，培养学生综合应用能力。活动进阶性依据学生不同起点和发展速度提供递进式学习路径，确保每位学生在适宜挑战中成长。

第六章　生长性：评价的导向在持续成长　/ 197

评价具有诊断作用、促进作用和导向作用，其核心在于让学生受益。新课程方案的落实需要"评价育人"。教师应立足任务开展过程性评价，贯穿学习的全过程；尊重差异开展增值性评价，根据学生的个体差异，制定个性化的评价标准和方法；多元互动开展协商性评价，促进教师、家长和学生之间的沟通和理解；面向未来开展发展性评价，增强解决真实问题的能力。

后记　/ 239

前言 深度学习的内在意蕴与创新实践

1998 年 5 月，上海市嘉定区紫荆小学创建。学校坐落于上海嘉定区安亭镇泽普路 58 号，前身是上海市安亭师范附属小学。十年树木，紫荆花开；百年树人，情怀传承。在"让情怀涵养每一个生命"办学理念引领下，我校追求"做有情怀的紫荆人、办有情怀的紫荆园"的办学愿景，秉承"立志明师"的校训、"乐群怀玉"的校风、"乐业爱生"的教风、"乐学敏行"的学风，积极打造"不断超越"的学校精神，努力培养"阳光、明德、善学"的紫荆少年。随着《义务教育课程方案（2022 年版）》颁布，学习方式的变革成为学校育人的一个重要方向。在课改实践中，我们以"单元学习任务链"为抓手，不断探索着课堂教学的转型发展。

一、问题的提出及溯因

（一）宏观：推进深度学习是培育核心素养的重要路径

新课程方案提出深化课程与教学改革的新任务，强调义务教育课程应遵循"聚焦核心素养，面向未来"的原则，各学科课程标准对本学科核心素养进行了明确的界定。引导学生深度学习，就是指向学生的核心素养的发展。2023 年教育部办公厅印发的《基础教育课程教学改革深化行动方案》里特别指出，至 2027 年，教师的教学行为和学生的学习方式将发生深刻的变化。"减负增效"给教师的教和学生的学都带来了极大的挑战，深度学习是落实"减负增效"的重要路径。

（二）中观：提升教育品质是区域课程改革的必然选择

区域深入推进《嘉定区小学"学习品质"提升三年行动方案》，倡导关注学生立场，立足学生的认知结构、认知方式和思维习惯等激发学习兴趣；关注教学结构，通过自主、合作、探究等多种方式优化学习活动；关注环境资源，为学生创设丰富的学习情境、学习工具和信息资源。

作为区域品质课堂项目校，我校聚焦教学行为要素，从单元学习设计（包括学习任务和学习支持设计与实施），探索教学设计和教学组织流程再造的策略，寻找切实可行的提升学习品质的路径与策略。

（三）微观：促进师生发展是学校内涵提升的价值追求

我校课堂教学中，以"教"为中心的现象较为突出，表现为教师只关注自己教了没有？讲了没有？忽视学生学得如何？如何学？而学生学习普遍存在"知识性"浅层学习："读、背、记"多，迁移运用少。学习方式上，单一听讲多，自主合作少，因此学生思维深度、思辨能力欠缺。上海市中小学学业质量绿色指标学校反馈显示，学生在各个学科上的探究解决问题能力较薄弱，综合分析解决问题的能力不够。

面对素养导向下的课堂教学与学生学习新挑战，教师教学亟须研究"怎样教得有效，教得更好""为什么这样教"，学生学习更要关注学习方法、学习策略的习得、内化和迁移。

二、研究的理论基础

（一）深度学习理论的启迪

美国惠利基金会认为，深度学习是学生为敏锐理解学科内容并将知识用于解决课堂和工作中的问题而必须掌握的一系列素养，主要包括掌握核心的学科内容、批判性思考与解决复杂问题的技能，有效沟通的技能，协作的技能，学会学习（能够自我指导地学习）以及形成学科思维模式，并提出了深度学习的具体策略。

教育部课程教材研究所和北京师范大学郭华认为："深度学习指在教师引领下，学生围绕着具有挑战性的学习主题，全身心积极参与、体验成功、获得发展的有意义的学习过程。"他们提出，深度学习并不能自然发生，先决条件是教师的自觉引导，并且依赖于学生思考和操作的学习对象是结构化的教学材料，教学过程需要预先设计，并有计划有序实现丰富而复杂的教学目的。

（二）建构主义教学理论的回响

学习的本质是经验在深度或广度上的持续变化，即个体在原有经验的基础上通过自主建构或社会建构形成新经验的过程。

任务教学法是基于建构主义理论发展起来的，其核心教育理念是让学生积极地解决问题，并建构自己的知识框架。任务教学法的根源，最早可以追溯到杜威的教学理念。他从实用主义的经验出发，强调要在"做中学"，认为一切的学习都源于经验，主张学校的学习要与社会生活相联系，要按照人类解决问题的思维来安排教学活动。

　　学习任务链的理论假设就是，通过有指导的学习，优化学生学习方式，体现学生自主获得社会建构知识经验的过程，促进学生深度理解和应用。

三、 解决问题的过程与方法

　　基于深度学习的视角，从教师立场走向学生立场，设计学习任务链，并对学习任务链组织实施，进行观察诊断，关注教学设计帮助学生迈向深度学习，促进学生在学习中学会学习，从而提升学生的学习品质，培育核心素养。整个研究过程与方法如下。

（一）解决问题的过程

　　第一阶段：调研归因，规划单元实施。针对学生高阶思维能力偏低，教师教学设计未有效指向核心素养等问题开展"单元主题学习下的问题链"调研，进行归因分析，梳理优劣势，开展专家论证。聚焦学科素养，对一到五年级的语数英教材重新解读。根据不同年段、不同单元的教材之间由易到难、由浅入深的纵向联系，以及同单元中各课间横向梯度，从学科核心素养角度、教材主线角度和主题的必要性三个方面进行分析，最终确定了一至五年级重组单元的语文"复述"、数学"统计"、英语"朋友"课例实践主题，形成各学科任务链序列手册。

　　第二阶段：课例实践，提炼校本策略。围绕"学习任务链"的设计路径，通过梳理"单元目标——课目标——课时目标"，设计学习任务链结构图，进而设计有层次、有主次的学习任务；根据课例主题，各教研组开展课例实践，开发校本指标，设计课堂观察量表进行课堂观察、分析评价，提炼教学与评价策略。在深化阶段，开启学习任务链指向深度学习的跨学科主题学习设计与实践，开展"我们的十年""要你读一本好书"等跨学科学习实践活动，探索核心素养下的课程转化和落实路径。

　　第三阶段：经验总结，成果提炼与推广。总结研究历程，梳理研究成果，提炼指向深度学习的"学习任务链"的设计实施路径和策略，形成研究报告。同时，通过两地联合教研方式，牵手学校，在福建省三明市明溪县实验第二小学、云南省楚雄彝族自治州姚安思源实验小学进行成果初步推广。

（二）解决问题的方法

本项目以单元主题的形式重构教学内容，进行大单元的主题设计，初步建构支持深度学习的资源系统；开展多轮设计与实践，在设计实践中不断发现问题，进行修改和完善。在研究上，我们采取行动研究的方式，具体研究方法如下：

1. **文献研究法**：通过对中国知网数据库、国家哲学社会科学文献中心学术资源平台以及阅读相关书目，对文献进行分析整理，为本研究提供理论和实践依据。

2. **调查研究法**：以各年级部分师生为样本，利用问卷形式，通过教师问卷和学生问卷调查当前的紫荆小学教师课堂教学现状，并分析其背后的原因。

3. **案例研究法**：以典型课例为素材，并通过具体分析、解剖和提炼，促使教师进入特定的教学情境和过程并寻求问题的解决方案。

4. **经验总结法**：总结在大单元主题设计中的成果，总结优秀教师的课堂教学的策略，推动学校课程教学改革的经验，形成课题的研究成果。

四、成果主要内容

本项目从理论角度厘清了深度学习和学习任务链的关系，到提炼课堂上实施的路径，经历了近3年的研究实践过程，形成了以下两方面的成果。

（一）理论成果：学习任务链，解锁深度学习的密码

1. **形成了深度学习"三会"校本化指征。**在深入解读"深度学习"相关文献、区品质课堂行动研究框架基础上，结合学校调研归因分析，基于学生高阶思维能力薄弱、学习方式单一、学习情绪不高、动力偏低等短板，课题组经过多轮研讨，在实践中不断修改和完善，建构了深度学习"会思考""会探究""会共情"校本化指征，并细化为以下维度。（见表1）

表 1　学校深度学习"三会"校本化指标

学习品质	校本化指征	观察点	表现评价 0 未见；　1—5 程度由低到高
会思考 核心知识 与学科思 维的建构	理解与反思	1. 经常积极参加课堂讨论，提出自己的问题。	
		2. 主动将老师教的内容转变成自己的理解。	
		3. 会从很多方面来判断、分析一个想法或问题。	
		4. 会对自己的学习状态进行审视并总结经验。	
会探究 理解学习 的过程	迁移和运用	1. 会用刚学到的知识去解决新的问题。	
		2. 会根据环境的变化调整自己的行为。	
		3. 会根据别人的建议修正自己的行为。	
		4. 会通过多种途径学习知识，完成决策、预测、问题解决、实验探究、调查等任务。	
	批判和创造	1. 会针对别人的回答，会表达自己的看法。	
		2. 敢于比别人更有想象力。	
		3. 能设计解决复杂问题的方案。	
	协作和沟通	1. 会组织小组和班级讨论。	
		2. 经常和同学交流经验，主动在讨论中分享观点。	
		3. 能清晰地表达自己的观点，聆听他人的观点。	
		4. 乐于分享合作学习的成果，积极改进。	
会共情 积极的学 习情感		1. 能管理好自己的情绪，具有基本同理心。	
		2. 能信任老师，主动与老师进行对话。	
		3. 对学习充满热情，能长时间投入学习过程。	

2. 厘清了学习任务链和深度学习的关联。指向深度学习的小学课堂学习任务链课题研究，聚焦"深度学习"和"学习任务链"两个核心概念，从深度学习视角，设计学习任务链，通过课堂实施促进学生的深度思考、探究、共情，提

升学生学习品质。我们从教师立场走向学生立场，关注教学设计帮助学生迈向深度学习，实现"教—学—评"一致性。（见图1）

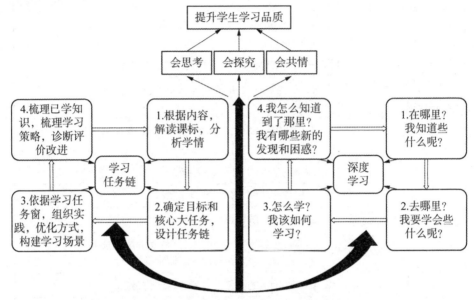

图1　学习任务链与深度学习关系图

（二）实践成果：学习任务链，让课堂走向深度

1. 聚焦核心素养，梳理单元任务序列链。从学科核心素养角度、教材主线角度和主题的必要性三个方面进行教材分析，确定研究主题，整理课程标准要求——学习内容——各年级单元学习任务——任务序列进阶要求，编撰了单元学习任务序列手册。（见表2）

表2　学习任务链结构表

年段学科		单元		执教	
班级		课题		课时	
学情分析					
单元 学习目标	1. 2.				

单元中的学习目标		单元中的课	对应学习目标
	1		1. 2.
	2		1. 2.
	3		1. 2.
	……		……
课中的学习目标	课题		对应学习目标
	1	第一课时（　　）	
	2	第二课时（　　）	

学习任务		一级任务设计	二级任务设计	学习水平"√"	功能定位
		任务指向单元目标。重点的大任务下，可以罗列出子任务			
	1	……		（1）知道	
	2	……		（2）理解	
	3	……		（3）运用	
	4	……		（4）综合	

2. 明确核心问题，设计"学习任务链"。基于学情分析，梳理单元学习目标—课的学习目标—课时学习目标，明确核心问题，设计"单元—课—课时"学习任务链，任务之间由浅入深，由表及里，层层深入，形成学习任务链结构图。

3. 落实评价任务，体现学习进阶。在课堂学习中围绕核心问题的解决，实时掌握学生学习效果，及时嵌入评价任务，调整挑战性学习任务，体现学习过程的进阶。

4. 基于"教—学—评"一致，形成观察与分析框架。基于深度学习"三会"校本化指征，形成学习任务链观察记录评价表和学习任务链分析表，记录学生课堂学习表现，分析学生学习过程，聚焦"目标——过程——任务"三者一致性开展教研，不断完善学习任务链的设计与实施，实现"教——学——评"一致性。

5. 实施"三环节"推进，提升课堂教学效率。**"任务驱动环"**课前研读课标，大任务贯穿，架构学习任务结构图，通过任务链驱动调动学生学习的主动性，使学生在核心知识与学科思维的学习掌握上走向深度，让学生真正"会思考"；**"问题引导环"**是为达成教学目标，教师搭建指向提升学生思维的支架，在合作探究中，解决问题，让学生真正"会探究"；**"情感互动环"**是以评价指导的形式，帮助学生梳理知识点，引导学生交流反思学习感受，从而产生成就感，激发学生热爱学习的热情，建立自我认识和信心，让师生真正"会共情"。（见图2）

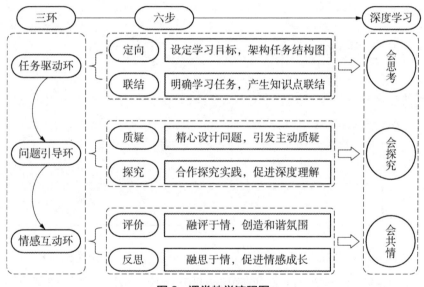

图2　课堂教学流程图

6. 采取关键教学策略，促进学习方式深度变革。我们采取三大关键策略，通过"分学科到跨学科"的路径，开展指向深度学习的**学习任务链的设计、实施与评价**课例研究，基于课堂观察、教学研究、评价分析等手段，这三大关键教学策略如下：**一是深度思考的外显策略：铺设整体框架的学习设计。**立足学科立场，目标导向下的任务序列、评价关注助力知识的构建、方法的迁移运用。

任务设计体现思维层级，任务构建提升思维品质，在整体推进中引导学生"会思考"。　**二是深入探究的互动策略：构建学生主体的学习支架**。在多样化学习方式中，促进学生与任务、学生与教师、学生与学生间的有效互动。调动学生学习的积极性和主动性，用好学习支架的同时，促进学生不断发现问题、提出问题、解决问题，助力"会探究"。　**三是入境共情的链接策略：链接真实情境的学习场域**。基于素养导向，将学习的知识条件化、结构化、情景化，让学生获得真实的体验感悟，形成价值认同或升华，促进学生"会共情"。

7. 研修并行，培育了深度学习"共融成长"的教研生态。一方面，我们**架构校本研修课程，**构建教师校本研修整体框架。　**前瞻性"规划发展"**聚焦个人专业思想、知识结构和技能的薄弱点，拟定专业成长计划。　**适切性"子课题"**组织教师进行相关子课题研究，进行课例实践，撰写课例研究报告，提升专业发展水平。另一方面，我们打造融合型**"主题教研"，　探索深度教研模式**。依托各学科大教研活动，开展行动研究，聚焦学习任务链课堂观察诊断，分析学生深度学习品质，优化学习任务链设计与实施，在团队合作与深度教研中提升专业素养。通过专业研读、专题讲座、微论坛、师说心语、成果展示等形式推及全体教师，淬炼职业情感、滋育专业情怀。

五、 实践成效与反思

本项目有效促进了教育教学改革的进程，发展学生的高阶思维，推动学科核心素养的落地，发挥教师深度教学的能力。

（一）学生的综合素养、高阶思维得到提升，学生阳光自信、善学明德，**学业质量明显提升，获得了可持续发展的内在动力**

近几年，学校教育教学质量稳中有升，在 2023 年区小学生五年级学业质量调研分析报告中显示，理解、运用、综合等均达超区域平均水平。学校 2021—2023 年期间，各级各类集体获奖、教师获奖、学生获奖奖项数量，也呈现递增的状态。

（二）**教师专业水平提升明显，呈现了"自愿发展—自觉发展—自主发展"的样貌，做到了新的职业定位，获得新鲜的专业生活体验和科研成果**

项目的实践带动了教师的专业提升。全区学科中青年、教学新秀课堂教学评比中 21 人次获一、二、三等奖。7 项课题立项为区级课题，3 项课题获区教科研成果二、三等奖。区内公开教学展示达 23 堂，区内公开展示的量，相当于过去 10 年的总量。教师撰写的相关论文案例近 40 篇获奖或发表。5 名教师被评为市、区园丁奖，5 名教师被评为区优秀骨干教师，2 名获评区学科新星，1 名教师晋升高级教师职称。学校 95％以上教师参与项目，语数英在课例研究中深度思索，总结取得丰硕成果。2023 年，学校语文教研组、英语教研组双双被评为嘉定区优秀教研组。

（三）学校辐射引领作用明显提升，办学经验和成效具有可复制性和推广性，促进了学校教育教学方式和育人方式的变革

随着项目实践，学校办学质量不断提升，先后获评嘉定区综改示范校，入选区域品质课堂项目校、项目化领衔校。自 2020 年起，连续四年获评为嘉定区教育系统办学先进单位。近年来，学校积极与福建省三明市明溪县第二实验小学、云南省楚雄彝族自治州姚安思源实验小学开展教学共建活动，将研究实践成果进行推广和应用。

（撰稿者：上海市嘉定区紫荆小学　张亚萍）

第一章

深刻性：教学的价值在灵魂深处

教学具有认识价值、智力价值和教育价值。教师应把握知识的活跃性、知识应用的情境性以及思维挖掘的深刻性，从本源上去观察现实并通过内心活动去把握现实。一句话，课堂教学应以知识为抓手，集中促进课堂教学在认识、思维和精神方面的深刻性，实现以最优的内容和方式促进儿童最有价值的发展，真正理解"教学的价值在灵魂深处"这句话的深刻意蕴。

有人认为，教学价值的决定性因素在于知识的价值，知识的价值可以使教学完成培养人的使命，具体一点讲，可以分为认识价值、智力价值和教育价值。我们认为，教学价值是以知识为抓手，集中体现在认识、思维和精神的深刻性上。因此，我们提出的单元学习任务链具有价值的深刻性，主要体现在以下三方面。

　　第一，认识促进的深刻性。教师的格局在很大程度上决定着教学的深度与质量。教师拥有什么、能站多高、能看多远，决定了学习活动的设计质量与活动实施过程中的驱动水平。单元学习任务链的价值，就在于很大程度上促进教师认识的深刻性：一是知识的宽度，教师设计时除知晓本单元的教学内容外，还知道本学科及其他的更大范围的内容；二是知识的厚度，既需要有一定的文化底蕴，也能把握时代脉络与未来发展的主要趋向；三是知识的深度，能从学科思想与思维的高度把握学科知识的整体架构与学科教学价值；四是知识的力度。知识就是力量，教师更应该把握知识的活跃性、知识应用情境的多样性和灵活性，能在具体教学活动中灵活应用与整合有宽度的知识、有厚度的素养和有深度的学科，使之为学生的必备品格与关键能力的发展服务。

　　第二，思维挖掘的深刻性。新课标鲜明而突出地强调坚持素养导向，探索学生学习方式的改革。单元学习任务链，最重要的价值在于真正构建以学习者为中心的学习，其核心就是需要培养学生良好的思维品质，挖掘其思维的深刻性。一是探寻学科深度的过程，让学生在学科单元任务链中掌握学科核心素养。即学习学科思想及其思维方式，并实践运用，在知识现象、思想思维、方法习惯等的学习发展节点中抵达学科深处，体现课程学习之后在学生身上体现出来的正确价值观、必备品格与关键能力。二是深入学生的参与过程，让学生的参与轨迹"看得见"。从学习前的学习目标确定、到学习过程中的学习进阶发展、再到最后学习成效的评估，有层次、有意识地引导学生在单元学习过程中实现知识建构、思维发展、能力进阶、问题解决、应用创新。

第三，灵魂唤醒的深刻性。存在主义哲学家雅斯贝尔斯认为，人要从本源上去观察现实并通过内心活动去把握现实。因此，单元学习任务链最重要的价值就在于唤醒学生的灵魂，让学生在学习的过程中培养良好的学习品质，既能接受表扬和赞美，又能接受批评和指责。有学者提出鼓励性教学原则，指教师用自己的态度、语言和教学技巧，创设一种宽松、和谐、愉快的教学气氛，使学生以自信、自强和进取的态度完成学习任务。单元学习任务链，提倡创设良好的教学气氛，帮助学生形成积极进取的学习态度。具体实施可分三步：课前，明确学生的认知起点，设计学习任务，利用任务挑战性来引发学习兴趣；课中，创设任务情境，促进学生知识迁移，帮助学生在任务学习的过程培养学习的态度；课后，引导学生将所学知识应用于新的情境中，促进学生迁移、内化知识，具有学习持续力。

总而言之，单元学习任务链的价值，在于培养学生成才的必备素质，即通过有设计的学习驱动，以最优的内容和方式引导学生最有价值的发展，实现深刻的价值追求。

（撰稿者：上海市嘉定区紫荆小学　张亚萍）

实践智慧 1-1

移步换景，介绍中国的世界文化遗产

【单元学习设计】统编语文五年级下册第六单元学习任务链设计

单元学习任务链，基于课程标准和教材内容，确定单元核心学习任务，进行整体教学设计，指向学生核心素养的发展。它像一条红线贯穿整个单元的教学过程，将学生的学习活动、教师的教学指导和单元的教学目标紧密地连接在一起。

一、理念与价值

统编小学语文教科书五年级下册（五四学制）第六单元以"足下万里，移步换景，寰宇纷呈万花筒"为单元导语，围绕人文主题"世界各地"，编排了精读课文《威尼斯的小艇》《牧场之国》，略读课文《金字塔》《口语交际：我是小小讲解员》《习作：中国的世界文化遗产》和《语文园地》。为关照人文主题，设置了两个语文要素：体会静态描写和动态描写的表达效果；搜集资料，介绍一个地方。

（一）解读课程标准要求，把握认识促进的深刻性

《义务教育语文课程标准（2022年版）》总目标明确提出：学生能"感受语言文字的美，感悟作品的思想内涵和艺术价值，能结合自己的经验，理解、欣赏和初步评价语言文字作品，丰富自己的情感体验和精神世界。能借助不同媒介表达自己的见闻和感受，学习发现美、表现美和创造美，形成健康的审美情趣"。也就是说，学生能够在学习语言文字的同时，不断提升和发展语文

素养。

统编版小学语文教材五年级下册第七单元人文主题为"世界美景"，意在让学生学会在品读语言文字的过程中，欣赏不同地域不同风景之美，体会人与自然的和谐之美。课文所选取的写作对象极具代表性和影响力。这样编排不仅能让学生感悟本单元的人文主题，同时也是为了落实本单元的读写训练要素，实现语文学习能力的螺旋式上升发挥。

（二）明晰单元育人价值，把握灵魂唤醒的深刻性

整个单元的学习内容呈现出世界各地的美丽画卷，展现出独特的自然与人文特色，学生在"阅读并感受世界各地的文化遗产"中产生探索世界多元文化的兴趣，获得独特的审美体验，同时聚焦中国的世界文化遗产介绍，指导学生"讲好中国故事"，赞叹异域文化的时候不要妄自菲薄。通过收集资料，让学生了解我们伟大祖国举世瞩目的文化遗产；通过筛选、整合资料，撰写成文，推广我们的文化遗产。在学科实践中激发学生热爱祖国大好河山和灿烂文化的情感，领略世界之美，树立起文化自信。

（三）确定单元学习价值，把握思维挖掘的深刻性

对标《义务教育语文课程标准（2022 年版）》本单元隶属于"文学阅读与创意表达"学习任务群，课文的学习旨在引导学生通过整体感知、联想想象等感受动态与静态描写的表达效果，感受异域风光之美，体会作者表达的情感，增强审美能力。口语交际和习作教学要让学生搜集、整合材料，通过口头语言和书面文字创作，运用动态静态描写清楚地介绍一处中国的世界文化遗产。在学习过程中增强学生的语言能力、审美能力和创意表达，发展学生的高阶思维，获得个性化的审美体验，增强民族自豪感。

二、主题与目标

（一）教材分析

本单元教材编排的思维逻辑是：单元导语和课后习题直接指出要"学什么"。几篇课文和交流平台实践操作"怎么学"，是归纳法。口语交际、词句段运用、习作等学习将课文学习和"交流平台"梳理总结提炼的方法加以运用，是演绎法。两种思维交互使用，增强了学生的读、说、写的能力。

1. 阅读训练要素及其所处位置分析。这一单元阅读教学要指导学生"体会静

态描写和动态描写的表达效果"。五年级上册第七单元的语文要素是"初步体会课文中的静态描写和动态描写"。在《四季之美》《鸟的天堂》《月迹》和《古诗三首》学习中，学生能在把握课文内容的基础上，借助关键语句，初步体会静态描写和动态描写，并能根据动态静态描写想象出具体、丰富的画面。五年级下册第七单元的语文要素是"体会静态描写和动态描写的表达效果"，这是在五年级上册教材的基础上，进一步引导学生体会其表达效果。这对学生的理解能力和审美能力提出了更高要求。这种编排旨在对学生阅读鉴赏能力进行专项训练，梯度进阶，这充分尊重了学生的认知发展规律，做到了知识点的循序渐进、螺旋上升式引导。（见表1-1）

表1-1　阅读训练要素及其所处位置分析

册序	单元	单元语文要素（指向阅读）
三下	第一单元	试着一边读一边想象画面，体会优美生动的语句。
四上	第一单元	边读边想象画面，感受自然之美。
五上	第七单元	初步体会课文中的静态描写和动态描写。
五下	第七单元	体会静态描写和动态描写的表达效果。

2. 表达训练要素及其所处位置分析。从三年级到五年级，学生搜集资料的能力得到了有意识地训练。同时，这一语文要素与单元阅读训练要素有一定的关联性，尤其是与第三篇选文《金字塔》联系紧密。一是写的内容上有关联，三篇课文都是关于某一地方的景物或事物的。二是与《金字塔》的写作手法相关联，通过搜集大量的资料分类详细介绍。课文的学习为完成习作打下基础。（见表1-2）

表1-2　"搜集资料，介绍一个地方"在统编教材中的训练点

册序	单元	语文要素（指向习作）
三下	第三单元	收集传统节日资料，交流节日的风俗习惯，写一写过节的过程。
三下	第七单元	初步学习整合信息，介绍一种事物。

册序	单元	语文要素（指向习作）
四下	第三单元	根据需要收集资料，初步学习整理资料的方法。
五上	第五单元	搜集资料，用恰当的说明方法，把某一种事物介绍清楚。
五下	第七单元	搜集资料，介绍一个地方。

3. 单元语文要素横向分析。本单元三篇课文在静态和动态描写上各有侧重。精读课文《威尼斯的小艇》静态描写与动态描写穿插交织，生动描写了威尼斯白天与晚上动静相宜的独特之美。精读课文《牧场之国》以动衬静，用拟人化的语言展现荷兰牧场的宁静与闲适之美。略读课文《金字塔》在静态描写中融入想象，展现金字塔的神奇壮观，是非连续性文本，采用了多样化的文本呈现方式。"语文园地"中的"交流平台"引导学生围绕语文要素进行交流、总结，强调了静态描写和动态描写是表现景物独特魅力的好方法。而"词句段运用"的第一部分呈现了本单元课文中的典型片段，引导学生细细体会，学习其写法，写出景物的动、静之美。"口语交际"和"习作"是对阅读所得的情景化迁移运用，在口头或书面介绍一个事物时，对语言文字表达进行真实的实际运用，同时也为学生提供了情境化、生活化的运用场所。这一学习内容的编排充分考虑了学生的学习实际。学生如果能在完成"口语交际"和"习作"的学习内容时，根据自己所介绍对象的特点，有所选择地进行动态描写和静态描写的恰当运用，那么目标的达成就是自然而然的事情了。（见图 1-1）

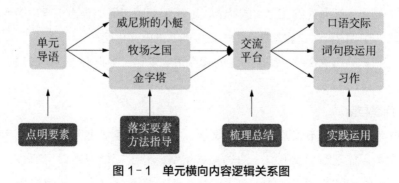

图 1-1 单元横向内容逻辑关系图

（二）学情分析

在五上第七单元《四季之美》《鸟的天堂》《月迹》和《古诗三首》学习中，学生已能初步体会课文中哪些是静态描写，哪些是动态描写。五下这一单元着重体会动态描写和静态描写的表达效果，这种编排旨在对学生阅读鉴赏能力进行专项训练，梯度进阶，学生"踩在梯子摘桃子"并不是很难。

学生见过的景观有很多，但是未必能从动态与静态角度去欣赏其中的美。有不少学生已经去过很多地方旅游，但未必做到细致观察认真体会，未必能把自己感受到的动态美和静态美表达清楚。因此，本单元要指导学生现学现卖，提升素养。

对于"搜集资料"这项能力，学生明确了查询资料的途径，但如何根据需要搜集资料，以及如何整理筛选资料、为己所用，则是难点。

（三）学习主题与目标

在尊重学生学习规律、关注学生差异性的前提下，结合《义务教育语文课程标准（2022年版）》中第三学段"阅读与鉴赏""表达与交流"领域的要求，以及"文学性阅读与表达"任务群的学习要求，确定本单元学习主题为"移步换景，介绍中国的世界文化遗产"。具体的学习目标如下：

1. 识记24个生字，读准1个多音字，会写27个字，会写30个词语；正确、流利、有感情地朗读课文，背诵古诗《乡村四月》。

2. 结合具体内容，分辨并欣赏文中静态描写和动态描写的效果；根据情境写句子，恰当地运用静态描写和动态描写，呈现景物独特的魅力。

3. 初步了解非连续性文本的特点，能从中获取所需的信息，学以致用；结合搜集、整理的资料，清楚地介绍一处中国的世界文化遗产。

4. 根据列出的提纲，按照一定的顺序讲解事物，根据听众反应改进自己的讲解。

三、问题与驱动

本单元的学习不仅要落实语文要素，更旨在引导学生留心观察生活中的景物之美，梳理写景类散文一般的阅读策略，并学习恰当地运用静态、动态描写等表达方式将感受到的景物之美描写下来推荐给别人，从而进行创意表达。结合口语交际和习作"中国的世界文化遗产",将本单元的学习核心任务设计为:聚焦景观之美,体会静态描写和动态描写的表达效果;做中华世遗推荐人,搜集材料,介绍中国的世界文化遗产。并创设单元学习情境:足下万里,移步换景,寰宇纷呈万花筒。本单元师生一起领略世界风情,品味名家笔下的动静之美,并学做中国世界文化遗产推荐人,结合搜集、整理的资料,清楚地介绍一处中国的世界文化遗产,形成《中国世界文化遗产旅行手册》。

四、 任务与序列

围绕单元核心任务,基于构建语文学习任务群具有一定的关联性、系统性、递进性的理念,我们整合教学单位,重组教学内容,基于《指向深度学习的单元学习任务链结构》,梳理解构单元学习任务链。(见表1-3)

表1-3 指向深度学习的小学课堂"学习任务链"设计结构

学习主题:移步换景,介绍中国的世界文化遗产

年段学科单元	五下语文第六单元	设计		公维莹
单元核心任务	1. 聚焦景观之美,体会静态描写和动态描写的表达效果。 2. 做中华世遗推荐人,搜集材料,介绍一处中国的世界文化遗产。			
单元学习任务链	任务目标	学习任务序列	任务情境	学习内容
学习任务一 走近世界风光美	阅读三篇课文,抓住文章中描写景物动态和静态的语句,体会景物独特的美。	1. 趣识"威尼斯的小艇",把握写作方面;通过想象、抓关键语句体会动静结合表达效果。 2. 趣赏"牧场之国",聚焦关键语句体会静态描写、以动衬静的表达效果。 3. 趣游"金字塔",在静态描写中融入想象,感受金字塔的神奇壮观;初步了解非连续性文本的特点,能从中获取所需的信息,并能学以致用。 4. 对比阅读,在多样、多层次的对比阅读中深入理解动态描写和动态描写的表达效果。	环球风情我来赏	《威尼斯的小艇》 《牧场之国》 《金字塔》

单元学习任务链	任务目标	学习任务序列	任务情境	学习内容
学习任务二 仿写景物风光美	根据情境写句子，恰当地运用静态描写和动态描写，呈现景物独特的魅力。	1. 积累、欣赏、有感情地朗读描写静态美和动态美的语句，丰富语言积累。 2. 结合《语文园地》，选择情景进行仿写。	动静之美我来写	语文园地
学习任务三 推荐世遗风光美	在搜集资料、筛选整理资料后，借助图片、表格等辅助形式，用自己的话表达整理后的资料，最终能清晰地、有条理地介绍一处中国世界文化遗产。	1. 以"我眼中的中国世界文化遗产"为主题，搜集、整理资料。 2. 撰写作文，配以表格、图片等资料，注意同学交流，修改习作，真实地运用静态描写和动态描写的方法，形成能力。 3. 尝试做小小讲解员，讲解自己的作品，并能根据听众的反应做调整。 4. 整理编辑形成班级《中国世界文化遗产旅行手册》。	中国世遗我来荐	习作：中国的世界文化遗产口语交际：我是小小讲解员

单元任务链设计将核心任务分解为三个学习任务"走近世界风光美""仿写景物风光美""推荐世遗风光美"，对标学习目标梳理每个任务的学习任务序列，这样结构化的设计，将核心任务层层分解，步步落实，并引导学生在真实有趣且有挑战的任务情境中开展语文学习实践，培养核心素养。

五、学习与活动

学习任务一：走近世界风光美

学习目标是：阅读三篇课文，抓住文章中描写景物动态和静态的语句，体会景物独特的美；结合文章内容，体会作者表达的情感。

学习活动安排如下：

1. 趣识"威尼斯的小艇"。初读课文，整体感知，了解课文围绕小艇写了哪几方面的内容；聚焦语段，体会作家笔下威尼斯的动、静之美；抓关键句体会动态描写和静态描写的表达效果，感受小艇给威尼斯带来的情趣，体会作者表达的情感；结合"阅读链接"对比阅读，鉴赏三位作家的表达方法，加强体会动态描写和静态描写的表达效果。

2. **趣赏"牧场之国"**。初读课文，整体感知，了解课文描写了荷兰牧场的哪几幅画面；依据课后习题第2题的问题：作者眼中"真正的荷兰"是什么样的，作者为什么反复强调"这就是真正的荷兰"，引导学生进一步了解荷兰牧场的特点，通过体会动态描写和静态描写的表达效果，体会荷兰牧场的宁静之美；关键词句，感受作者把牛、羊等动物当成人来写的独特情趣，感受作者表达的情感。

3. **趣游"金字塔"**。对比阅读，发现课文两部分在内容、表达方式上的异同，初步梳理金字塔的相关信息；边读边想象画面，体会《金字塔夕照》中动态描写和静态描写的表达效果，体会作者对金字塔的赞美之情；围绕关键词"不可思议"阅读《不可思议的金字塔》，以小组合作的方式，提出问题、处理信息、大胆推测、小组汇报，如提出"金字塔是如何建成的"这一问题；了解非连续性文本的特点，分享自己更喜欢哪一种介绍方式，说明理由。

学习任务二：仿写景物风光美

学习目标是：回顾课文中的典型片段，交流总结对静态描写和动态描写表达效果的体会；学习故事《乡村四月》，尝试用静态动态描写说说古诗描绘的画面。记诵古诗；能仿照例句，选择一个情景写句子，表现出景物的动态美或静态美；能说出两组语句所描写的情景，体会集中反复强调一种颜色的表达效果。

学习活动安排如下：

1. **回顾经典片段，再品动静之美**。朗读交流平台中学习伙伴的对话，回顾本单元学习的课文，哪几段描写体现了静态、动态之美，令你印象深刻，并交流体会；小结方法，恰当地运用静态描写和动态描写，能够呈现景物独特的魅力。

2. **学习《乡村四月》，想象动静之美**。正确朗读古诗，了解作者，借助注释和插图说说古诗的大意；品味诗句，想象画面，尝试用上动态静态描写说说古诗描绘的画面；体会作者表达的情感，记诵古诗。

3. **选择情境，仿写动静之美**。读一读，说说两个句段是怎样写出景物的动、静之美的；出示图片或视频，选择一个自己熟悉的情景，照样子说一说，写一写；对比示例，修改自己所写的句段。

4. 聚焦某种颜色，写出独特魅力。读例句，说说分别描写了怎样的情景，体会它们在表达上的特点；联系生活，说说在自己看到过或阅读过的颜色集中的情境；选择一个情境，仿照例句说一说，写一写；交流修改。

学习任务三：推荐世遗风光美

学习目标是： 以"我眼中的中国世界文化遗产"为主题，搜集、整理资料；撰写作文，配以表格、图片等资料，注意同学交流，修改习作，真实地运用静态描写和动态描写的方法，形成能力；推荐世界文化遗产，能够条理清楚，语气、语速适当，可以用上恰当的动作、表情，吸引听众。

学习活动安排如下：

1. 查找名录，确定推荐遗产。通过上网查找资料，观看相关图书、视频了解"世界文化遗产"是什么和"中国的世界文化遗产"有哪些。选择自己想介绍的中国的世界文化遗产。

2. 搜集资料，筛选整理有重点。根据介绍对象的品类，搜集资料，关注介绍要点，筛选整理，形成提纲。

3. 撰写成文，动静描写有创意。依据提纲按一定的顺序撰写成文，恰当使用动态、静态描写或集中体现一种颜色等方式介绍世界文化遗产的突出特点。表达对介绍对象的喜爱之情和对中华文化的自豪感；结合非连续性文本的特点，使用图片、表格等辅助形式将对象介绍得更清楚。

4. 做小讲解员，推荐中国世界文化遗产。依据撰写的介绍文稿，讲解"中国的世界文化遗产"讲解时，条理清楚，语气、语速要适当，可以用动作、表情辅助讲解；根据听众的反应调整讲解的内容，修改完善自己的介绍文稿；评选班级优秀讲解员。

5. 集合成册，形成班级中国文化遗产旅行手册。整合班级习作（包括文稿、非连续性文本等），结合成册，小组分工设计封面、前言、目录等，形成班级中国文化遗产旅行手册。

六、 评价与成效

结合学习目标，有效制定评价体系。评价量规的设计要秉承"教—学—评"一体化设计理念，围绕核心任务与单元学习任务链的落实，增强学生的反思意识、自主学习和迁移能力。

（一）学习评价量表与评价标准

在学习任务完成过程中要关注学习行为的表现性评价，关注过程中学生的思想态度、语用能力、合作探究、习惯养成等多方面的表现，关注过程中的学情需要，及时改进教学方法，激励学生自主探究，合作学习。关注学习的过程性总结性评价。教师在设计任务时，要结合目标预测学生的作品可能呈现出的最好成效，再设计评价标准进行评估。具体评价量表与评价标准见表1-4。

表1-4 学习评价量表与评价标准

评价内容	自我评价	同伴评价	老师评价	综合总评
走近世界风光美	☆ ☆ ☆	☆ ☆ ☆	☆ ☆ ☆	
仿写景物风光美	☆ ☆ ☆	☆ ☆ ☆	☆ ☆ ☆	
推荐世遗风光美	☆ ☆ ☆	☆ ☆ ☆	☆ ☆ ☆	

评价内容	评级标准		
	达标级☆	良好级☆ ☆	优秀级☆ ☆ ☆
走近世界风光美	1. 正确地朗读课文。 2. 能通过想象画面等形式，体会动态描写和静态描写的表达效果。 3. 基本能体会作者表达的情感。	1. 正确流利地朗读课文。 2. 能通过想象画面、抓关键句等形式，体会动态描写和静态描写的表达效果。 3. 能结合课文内容，感受风光美，基本能体会作者表达的情感。	1. 正确流利有感情地朗读课文。 2. 能通过想象画面、抓关键句、对比阅读等形式，体会动态描写和静态描写的表达效果。 3. 能结合课文内容，感受风光美，体会作者表达的情感。
仿写景物风光美	1. 能够选择课文经典选段，判断选段的描写方法，说说自己的感受。 2. 能根据情景写句子，能使用动态或静态描写。 3. 仿照例句写句子，突出一种颜色。	1. 能够选择课文经典选段，基本说说静态描写和动态描写表达效果的体会。 2. 能根据情景写句子，表现出景物的动态美或静态美。 3. 仿照例句写句子，句中反复强调一种颜色。	1. 能够选择课文经典选段，说说交流总结对静态描写和动态描写表达效果的体会。 2. 能根据情景写句子，表现出景物的动态美或静态美，描写生动。 3. 联系生活情境，仿照例句写句子，集中反复强调一种颜色。

评价内容	评级标准		
	达标级☆	良好级☆☆	优秀级☆☆☆
推荐世遗风光美	1. 能够搜集、筛选、材料。 2. 使用动态、静态描写介绍世界文化遗产的突出特点。 3. 推荐世界文化遗产条理清楚，基本能根据听众反应做调整。	1. 能够有目地搜集、筛选材料。 2. 使用动态、静态描写或集中体现一种颜色等方式，介绍世界文化遗产的突出特点，表达对中华文化的自豪感。 3. 推荐世界文化遗产条理清楚，语气、语速适当，并能根据听众反应做调整。	1. 能够有目的地搜集、筛选、整合材料。 2. 恰当使用动态、静态描写或集中体现一种颜色等方式，介绍世界文化遗产的突出特点。表达对介绍对象的喜爱之情和对中华文化的自豪感。 3. 推荐世界文化遗产条理清楚，语气、语速适当，可以用上恰当的动作、表情，吸引听众，并能根据听众反应做调整。

（二）学习品质评价量表

为诊断学生学习品质，促进教师教学设计的完善，基于《紫荆小学指向深度学习的小学课堂学习品质观察记录分析表》，结合本单元学习内容和素养要求，设计学生课堂参与学习品质评价。（见表1-5）

表1-5 学生学习品质评价

学习品质分析			
学习品质	校本化指征	观察点	表现评价 0 未见；1—5程度由低到高
会思考核心知识与学科思维的建构	阅读与梳理	1. 正确朗读课文，梳理文章结构，把握文章内容	
		2. 会阅读文本，提取关键信息	
		3. 能判断课文使用的描写方法	
会探究理解学习的过程	想象与赏析	1. 在朗读中想象画面，并用自己的话描述	
		2. 抓住关键语句，体会静态动态表达效果	
		3. 能够发现文章在内容与写法上的异同	

学习品质	校本化指征	观察点	表现评价 0 未见；1—5 程度由低到高
	迁移和运用	1. 会用静态、动态描写情境	
		2. 会根据情境特点选择恰当的描写方式	
		3. 会根据别人的建议修正自己的行为	
		4. 会通过多种途径学习知识，完成决策、预测、问题解决、实验探究、调查等任务	
	协作和沟通	1. 会组织小组和班级讨论	
		2. 经常和同学交流经验，主动在讨论中分享观点	
		3. 能清晰地表达自己的观点，聆听他人的观点	
		4. 乐于分享合作学习的成果，积极改进	
会共情积极的学习情感		1. 能积极参与课堂，有感情地朗读，感受文中描绘的风光美	
		2. 能管理好自己的情绪，信任老师，主动与老师、同学进行对话	
		3. 能从字里行间体会作者表达的情感，能在写作和推荐中表达民族自豪感	

本单元的教学设计，从课单元要素的训练目标出发，解读课程标准，分析学生学情，确定核心学习任务，分解成学习任务序列，建构单元学习任务链，引导学生在连续的学科实践活动中阅读、梳理、联想、赏析、表达，形成清晰的学习路径，并有效迁移运用，关注学生学习经历，重视学习过程中的思考、探究、协作和共情能力的发挥，实现深度学习。

（撰稿者：上海市嘉定区紫荆小学　公维莹）

实践智慧 1-2

感受多彩世界，制作校园四季颜色手册

【单元学习设计】牛津英语 3BM3U2 Colours 单元学习任务链设计

《义务教育英语课程标准（2022 年版）》明确指出："英语课程要培养的学生核心素养包括语言能力、文化意识、思维品质和学习能力等方面。"[①] 思维品质作为核心素养心智特征的反映，它指的是："人的思维个性特征，反映学生在理解、分析、比较、推断、批判、评价、创造等方面的层次和水平。思维品质的提升有助于学生学会发现问题、分析问题和解决问题，对事物作出正确的价值判断。"

在小学英语单元教学中，教师要聚焦思维，以单元教学为抓手，结合语言情境和教学主线，将语篇内容和学习目标转化为由简到繁、由易到难、层层递进的任务链，吸引学生在逐步完成链式任务的过程中自发参与课堂阅读，主动思考，积极探究，帮助学生综合运用语言知识，锻炼思维能力。

一、理念与价值

（一）关注学生认知基础，强化认识促进的深刻性

单元学习任务链的设计和实施要符合学生当下的思维认知特点。根据皮亚杰的认知发展阶段理论，小学生的认知心理处于具体运算阶段。低年级学生相对更加好奇、好动，依赖性强。因此课程的设计要更加注重趣味性和系统性，

---

① 中华人民共和国教育部. 义务教育英语课程标准（2022 年版）[S]. 北京：北京师范大学出版社，2022.

充分调动学生的好奇心，满足学生的好动特征。在轻松愉悦的课堂氛围中，激发学生对英语学科的学习兴趣，培养良好的学习态度，初步了解系统性的学习方法。高年级学生的独立能力和自控力逐渐增强，课程的设计要更加侧重开放性和启发性，创设丰富的语境，培养学生的思维能力和核心素养。

Colours 处于牛津英语（上海版）三年级下册第三模块的第二单元，语篇内容由 Listen and enjoy，Look and say，Read a story，Learn the sound 四个板块构成，属于人与自然的主题范畴。三年级学生的认知心理处于过渡期，学生的心理情感从外露到内控发展。因此，在本单元的任务链设计中，要更加注意设计的多样性，从纵向出发，利用学生已有的旧知来激发新知，帮助学生从低年级的听说练习顺利过渡到读写训练的强化。

对于同一年级的不同班级和同一班级的不同学生，教师还要注意进行横向分析。以笔者的两个班级为例：一个班级的口头表达能力稍强、课堂气氛活跃，但是落实到笔头时却容易出错。而另一个班级的学生在课堂发言上相对拘束，但是笔头能力却比较强。与此同时，同一个班级里的不同学生的能力也是有差异的。因此，教师在设计任务时，不仅要确保子任务围绕核心任务有思维梯度，做到环环相扣，还要充分考虑班级和学生的特点，注意发挥学生的优势，补足劣势，设计分层性和个性化的任务。注重对学生多种智能的刺激和开发，为后续高年级的学习做好铺垫。

（二）研读课程标准要求，具化思维挖掘的深刻性

指向思维提升的英语单元教学要以目标为导向。在任务设计之前，要研读新课标，明确本学段的思维品质目标定位。以思维品质为抓手，围绕单元主题，确定单元主题意义和指向思维品质的教学目标。

根据课程标准的要求，学段目标是对本学段结束时学生学习本课程应达到的学业成就的预设或期待，是总目标在各学段的具体化。本单元是三年级的内容，其对应的是一级学段，相对应的思维品质目标表现为观察与辨析，归纳与判断，批判与创新三个层面，具体如下：

观察与辨析：能通过对图片、具体现象和事物的观察获取信息，了解不同事物的特点，辅助对语篇意义的理解；能注意到不同的人看待问题是有差异的；能从不同角度观察周围的人与事。

归纳与推断：能根据图片或关键词，归纳语篇的重要信息；能就语篇信息或观点初步形成自己的想法和意见；能根据标题、图片、语篇信息或个人经验等进行预测。

批判与创新：能根据个人经历对语篇内容、人物或事件等表达自己的喜恶；初步具有问题意识，知晓一问可有多解。

基于学段目标的要求，本单元的教学目标和任务设计也将从这三个角度进行开展和探索。

（三）搭建单元育人主线，催化灵魂唤醒的深刻性

教育作为社会生活延续的工具，它的本质是"育人"。课程标准特别强调了课程的育人导向，它指出：随着义务教育全面普及，教育需求从"有学上"转向"上好学"，必须进一步明确"培养什么人、怎样培养人、为谁培养人"，优化学校育人蓝图。同时，教师要强化素养立意，围绕单元主题，充分挖掘育人价值，确立单元育人目标和教学主线；深入解读和分析单元内各语篇及相关教学资源，并结合学生的认知逻辑和生活经验，对单元内容进行必要的整合或重组，建立单元内各语篇内容之间及语篇育人功能之间的联系，形成具有整合性、关联性、发展性的单元育人蓝图。

因此，在单元任务链的设计过程中，要以人为本，以学生为本，帮助学生在完成任务的过程中，用英语对人际交往、社会服务、自然环境等诸多主题群下的知识进行学习理解、应用实践、迁移创新。同时，要注重单元的主题意义，明晰每一个课时的主题和意义，传播正能量和核心价值观，弘扬优秀的中国文化。当学生用英语完成蕴含教育价值的任务链的过程中，共情能力被逐步触发，并最终在共情中学会正确处理与自我、社会和自然的关系，成为德、智、体、美、劳全面发展的人。

本单元的文化知识目标为引导学生观察身边景物的色彩，感受四季的多彩与美丽，激发热爱自然、热爱生活的情感。通过对教材内涵的深度挖掘和目标话题的适当延展。教师将生活中的素材巧妙地融入单元整体教学之中，紧紧围绕单元主题，搭建单元主题意义结构图，不断深化对单元主题意义的认知和探究，实现从基础认知到深层认知的逐步推进，促进学生正确价值观的形成。（见图1-2）

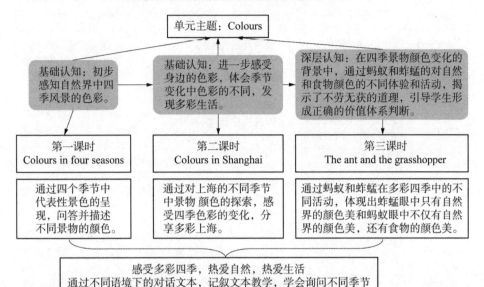

感受多彩世界，制作校园四季颜色手册

单元主题：Colours

基础认知：初步感知自然界中四季风景的色彩。

基础认知：进一步感受身边的色彩，体会季节变化中色彩的不同，发现多彩生活。

深层认知：在四季景物颜色变化的背景中，通过蚂蚁和蚱蜢的对自然和食物颜色的不同体验和活动，揭示了不劳无获的道理，引导学生形成正确的价值体系判断。

第一课时
Colours in four seasons

第二课时
Colours in Shanghai

第三课时
The ant and the grasshopper

通过四个季节中代表性景色的呈现，问答并描述不同景物的颜色。

通过对上海的不同季节中景物颜色的探索，感受四季色彩的变化，分享多彩上海。

通过蚂蚁和蚱蜢在多彩四季中的不同活动，体现出蚱蜢眼中只有自然界的颜色美和蚂蚁眼中不仅有自然界的颜色美，还有食物的颜色美。

感受多彩四季，热爱自然，热爱生活
通过不同语境下的对话文本，记叙文本教学，学会询问不同季节中自然界的色彩并作答，能简单描述四季中不同的色彩。

图 1-2　Colours 单元主题内容框架图

二、主题与目标

（一）解码语篇定主题

教材语篇是构成课程内容的要素之一，是语言学习和文化知识的载体。基于教学主题和教材语篇的分析，教师将教材内容进行提炼，抓住核心词句和中心话题，确定教学主题，并将其融入真实的教学情境中。本单元的教材语篇由四个板块组成，通过研读教材语篇，从"What""Why""How"三个层面出发，明确各板块语篇的语篇主题、语篇意义和语篇特征。（见表 1-6）

表 1-6　Colours 单元语篇分析表

语篇类型	语篇内容（What）	语篇意义（Why）	语篇特征（How）
Listen and enjoy 儿歌	该语篇是一首以彩虹为主题的儿歌，儿歌内容围绕彩虹的七种颜色展开。	通过动听的儿歌旋律，以彩虹为载体，引入色彩的主题。	该语篇是一首儿歌，通过欢快的节奏，带动学生快速进入颜色的学习情境中，在歌唱的过程中学习和巩固颜色的表达。

语篇类型	语篇内容（What）	语篇意义（Why）	语篇特征（How）
Look and say 配图对话	该语篇以对话的形式，围绕春天的图片，开展了颜色的问答。	通过问答，明确了图片中春天的天空和树叶的颜色。	该语篇是一篇配图对话，引导学生用核心句型对颜色进行询问并作出回答。
Read a story 故事文本	该语篇是关于蚂蚁和蚱蜢的故事，语篇内容围绕蚂蚁和蚱蜢在四季中看到的不同色彩和各自的不同活动而展开。	通过在四季中蚂蚁眼中的食物色彩美和蚱蜢眼中的景物色彩美的对比，以及它们在四季中的不同活动，揭示了没有付出就没有收获的道理。	该语篇是由配图独白和对话组成的一篇故事。通过对蚂蚁和蚱蜢语篇的学习和模仿，学生能尝试角色扮演，并简单复述故事内容。
Learn the sound 语音训练	该语篇为语音训练，语篇内容围绕含有辅音字母组合 'cl' 'pl' 'gl' 在 clothes, plant, gloves 等单词展开，对相关语音进行了学习。	通过有节奏的语音练习，对辅音字母组合 'cl' 'pl' 'gl' 在单词中的发音进行了练习和强化。	该语篇是一篇配图韵律诗。通过学习，学生能掌握 'cl' 'pl' 'gl' 在相关单词中的发音规律，进行正确的朗读。

通过对教材语篇的解码和语言结构化知识的提炼，明确了本单元主题群为自然生态，单元子主题内容则为热爱自然，欣赏四季中自然色彩的变化。在此主题背景下，教师以思维品质为抓手，以 Colours in four seasons，Colours in Shanghai 和 The ant and the grasshopper 三个子主题为核心任务，设计层层推进的任务链，帮助学生在思维性的教学情境中，实现思维品质的提升。

（二）分析学情明目标

小学牛津英语上海版的教材内容丰富，从一年级到五年级的教材话题呈螺旋上升的形态分布。通过研读可以发现，在一、二、三年级教材中都出现过跟颜色有关的内容：

在 1AM4U3 In the park 中，学生能运用核心词汇 red，blue，yellow，green 描述物品的颜色；能初步运用核心句型 What colour is...？It's... 对颜色进行询问并回答。

在 2AM3U1 In the playground 中，学生学习了核心词汇 swing，slide，seesaw。能初步运用核心句型 What can you see？I can see ... What colour is ...? It's ...交流在操场上看到的游乐设施，并介绍其颜色。

在 2BM1U1 What can you see? 中，学生能运用核心词汇 white, purple, pink, orange, brown, black 描述物品的颜色；能运用核心句型 What colour are ...? They are ...用复数句对景物和事物的颜色进行问答。

在 3AM3U3 In the park 中，学生学习了核心词汇 boat, balloon, flower, kite；能进一步运用核心句型 Look at ... What colour is ...? It's ...对颜色进行询问并回答。

由此可见，在本单元学习之前，学生已经对颜色这个主题有了不同层次的探索。同时，三年级的学生对自然四季的风景和颜色也有一定的认知基础。在此背景下，确定本课指向思维提升的知识与技能的单元学习目标和单元下的单课目标。（见表 1-7）

表 1-7 Colours 单元目标分析表

年段学科	3B	单元	Module 3 Unit 2	执教	宋俐霖
单元学习目标	1. 学习音标/kl/、/pl/、/gl/，能够正确朗读辅音字母组合 'cl' 'pl' 'gl' 在单词中的发音。 2. 能认读 sky, sea. mountain, river 等核心词汇。做到语音语调正确，表达流利。 3. 能运用 What colour is/are ...? It's/They're ...句型对景物的色彩进行询问，用 It's/They're ... 句型来回答他人的询问。 4. 能正确运用核心词汇和句型对四季所见景物进行介绍，重点从四季的色彩方面表述自己喜欢的季节。				

单元中的学习目标		单元中的课	对应学习目标		
	1	Colours in four seasons	1. 能在语境中感知、理解核心词汇：sky, sea, mountain, river 的音、形、义。 2. 能在语境中感知、理解 What colour is/are ...? It's/They're ...的句型，尝试运用该核心词句对不同季节里某一景物的颜色进行问答。 3. 能用句型 I can see ... It's/They're ...（colour）来介绍自己所看到的事物。 4. 能感知、理解字母 cl-, pl-, gl-在某些单词中的发音，例如：clothes, plant, gloves 等。		
	2	Colours in Shanghai	1. 巩固核心词汇：sky, mountain, sea, river, 并能在语境中进一步运用。		

	单元中的课	对应学习目标
		2. 能在语境中正确使用核心句型 What colour is/are ...? It's/They're ... 初步运用该核心词句对上海的某一景物的颜色进行问答。 3. 能够用 The ... is/are ... 来介绍自己所看到事物的颜色。 能尝试朗读字母 cl-，pl-，gl-在某些单词中的发音，例如：clothes，plant，gloves 等。
3	The ant and the grasshopper	1. 能在语境中正确使用核心句型 What colour is/are ...? It's/They're ... 的句型就看到的事物进行问答。 2. 能够用 Look at the ... It's/They're ... 来介绍事物的颜色。 3. 能熟练运用核心词句描述某一个季节所看到的事物的颜色。 4. 能正确朗读字母 cl-，pl-，gl-在单词中的发音，例如：Gladys，clouds，plants 等，进一步复习语音儿歌。

在主题意义和教学目标的引领下，学生通过绘本阅读、看图说话、观看视频、问答交流、小组合作等形式学习语篇。同时，借助图片和板书等资源进行模仿跟读和角色扮演，从而使单元中各课时主题意义的探究都指向对单元整体的主题认知的不断深化。

三、问题与驱动

本单元的主题为 Colours，在教学的过程中，不仅要落实以颜色为中心的知识技能的学习，更要在教学的过程中让儿童探索四季色彩，用自己的双手制作四季颜色手册，帮助学生熟练运用本单元核心词句对四季景物的颜色进行问答和描述，观察和感受四季的多彩与美丽，做到语音、语调正确，内容完整、语言连贯有序，表达较流利。因此，本单元以"感受多彩世界，制作校园四季颜色手册"为驱动性任务，并进一步分解成三个核心任务，具体设计如下：

Colours in four seasons：通过四个季节中代表性景色的呈现，问答并描述不同景物的颜色，帮助学生初步感知自然界中四季风景的色彩。

Colours in Shanghai: 通过对上海的不同季节中景物颜色的探索，感受四季色彩的变化，分享多彩上海。引导学生进一步感受身边的色彩，体会季节变化中色彩的不同，发现多彩生活。

The ant and the grasshopper: 通过蚂蚁和蚱蜢在多彩四季中的不同活动，体现了蚂蚁眼中自然界的颜色美和食物的颜色美，而蚱蜢眼中却只有自然界的颜色美。在四季景物颜色变化的背景中，揭示了不劳无获的道理，引导学生形成正确的价值体系判断。

通过核心任务和子任务的层层推进，引导学生注意观察身边景物的色彩，感受四季的多彩与美丽。在制作校园四季颜色手册的过程中，激发学生热爱自然、热爱生活的情感。

四、 任务与序列

环环相扣的任务链式学习能避免碎片化教学、同质化学习等不良现象，帮助学生更加高效地学习，触发思维品质的提升，有效助力英语课堂。基于单元主题意义和教学目标的确定，借助教材语篇的解码和创编，确定了单元核心任务和子任务。单元里所有的子任务都要围绕核心任务进行开展，同时子任务之间的设计也要具有关联性和递进性。（见表1-8）

表1-8 Colours 单元任务设计结构表
指向深度学习的小学课堂"学习任务链"单元设计结构表
学习主题：指向思维提升的小学英语单元教学实践研究

年段学科单元	3BM2U3		设计	宋俐霖
单元核心任务	1. 在探索四季，制作四季颜色手册的语境中，熟练运用本单元核心词句对四季景物的颜色进行问答和描述，观察和感受四季的多彩与美丽。做到语音、语调正确、内容完整、语言连贯有序，表达较流利。 2. 引导学生注意观察身边景物的色彩，感受四季的多彩与美丽，并激发其热爱自然、热爱生活的情感。			
单元学习任务链	任务目标	学习任务序列	任务情境	学习内容
学习任务一 Colours in four seasons	能在探索四季，涂色四季手册的语境中，初步运用本单	1. Colours in spring（Kunming） 2. Colours in summer	了解天空、大海、山、江等自然景色的名称和表达，观	Listen and enjoy Look and learn Look and say

单元学习任务链	任务目标	学习任务序列	任务情境	学习内容
	元的核心词句对四个季节的景物色彩进行问答和描述，初步感知四季的多彩与美丽。语音基本正确、内容基本达意。	（Sanya） 3. Colours in autumn （Three Gorges） 4. Colours in winter （Harbin）	察四季的自然景色，初步感知四季的不同色彩。	Ask and answer Learn the sounds
学习任务二 Colours in Shanghai	能在探索上海，制作上海四季颜色手册的语境中，运用本单元的核心词句对四季中上海的不同景物和色彩进行问答和描述。语音正确、表达较流利，内容达意。	1. Colours in our school （spring） 2. Colours in Shanghai Blue Sands and Water Park （summer） 3. Colours in Sheshan National Forest Park （autumn） 4. Colours in Bolan Park （winter）	学会介绍大海、天空、山、江等自然景色，观察上海的四季，体会四季变化中上海的不同自然风景和色彩，感受多彩上海，发现身边的美好。	Look and learn Look and say Do a survey Learn the sounds
学习任务三 The ant and the grasshopper	能在蚂蚁和蚱蜢的故事语境中，熟练运用本单元的核心词句对四季的景物色彩进行问答和描述，感受四季的多彩与美丽。语音正确、内容完整、表达流利。	1. Cover reading 2. Book reading Story in spring, summer and autumn 3. Book reading Story in winter 4. Whole story revision	通过蚂蚁和蚱蜢在四季中不同的活动和心情，感受四季的景色，通过蚂蚁和蚱蜢的不同行为体会不劳无获的道理。	Read a story Learn the sounds

在任务的递进和语言的复现中，融合旧知，激发新知，培养学生提出问题、分析问题、解决问题的综合能力，实现了学生思维能力的锻炼。

五、学习与活动

学习任务一：Colours in four seasons

学习目标是：能感知、理解核心词汇：sky, sea, mountain, river 的音、形、义；能感知、理解 What colour is/are…? It's/They're… 的句型，尝试运用该

核心词句对不同季节里某一景物的颜色进行问答；能用句型 I can see ... It's/They're ...（colour）来介绍自己所看到的事物；能感知字母 cl-, pl-, gl-在某些单词中的发音，例如：clothes, plant, gloves 等。

学习活动安排如下：

1. Colours in spring（Kunming）：根据 Miss Fang 展示的图片，自由问答，总结春天在昆明看到的色彩，根据对话，感受在 Miss Fang 眼中春天的五彩斑斓。

2. Colours in summer（Sanya）：根据 Alice 展示的照片，了解夏天三亚海边丰富的色彩，感受 Alice 眼中色彩明亮的景象。

3. Colours in autumn（Three Gorges）：根据 Ben 展示的视频，观看三峡秋天的色彩。感受树叶的色彩变化。同时，通过视频，对扬子江有基本的了解，观察扬子江的颜色。

4. Colours in winter（Harbin）：通过欣赏 Danny 的视频，感受 Ben 眼中的冬天，了解冬天哈尔滨的色彩。

学习任务二：Colours in Shanghai

学习目标是：巩固核心词汇：sky, mountain, sea, river，并能在语境中进一步运用；能在语境中正确使用核心句型 What colour is/are ...？It's/They're ... 初步运用该核心词句对上海的某一景物的颜色进行问答；能用 The ... is/are ... 来介绍自己所看到事物的颜色；能尝试朗读字母 cl-, pl-, gl-在某些单词中的发音，例如：clothes, plant, gloves 等。

学习活动安排如下：

1. Colours in our school（spring）：通过听说对话、图片欣赏、语篇阅读与理解，巩固对风景的描述和句型的运用。走进春天里的校园，引导学生观察和欣赏身边的景色。

2. Colours in Shanghai Blue Sands and Water Park（summer）：通过听录音、视频欣赏、语篇阅读与理解，强化对风景的描述和句型的运用。走进夏日里的碧海金沙，欣赏海边美妙的夏日景色。

3. Colours in Sheshan National Forest Park（autumn）：通过图片欣赏与观察、语篇阅读与理解，再次强化对风景的描述和句型的运用。走进秋日里的余山，欣赏佘山独特的秋日景色。

4. Colours in Bolan Park（winter）：通过图片欣赏与观察，引导学生深入思考和表达，正确熟练运用描述风景的句型。走进冬日里的博览公园，再次把视角拉回到我们身边的风景，欣赏博览公园美丽的冬日景色。

学习任务三：The ant and the grasshopper

学习目标是：能在语境中正确使用核心句型 What colour is/are ...？It's/They're ... 的句型就看到的事物进行问答；能用 Look at the... It's/They're... 来介绍事物的颜色；能熟练运用核心词句描述某一个季节所看到的事物的颜色；能正确朗读字母 cl-，pl-，gl-在单词中的发音，例如：Gladys，clouds，plants 等，进一步复习语音儿歌。

学习活动安排如下：

1. Cover reading：阅读绘本封面，提取、学习并讨论角色信息，阅读书名，为绘本的阅读做铺垫。

2. Book reading（Story in spring，summer and autumn）：阅读绘本的前半部分，通过略读、精读、划线等形式，锻炼学生的文本阅读能力。同时，通过演一演、跳一跳、说一说等形式，在活动中巩固语篇信息，增强语言能力。

3. Book reading（Story in winter）：阅读绘本的后半部分，在前半部分语言积累的基础上，进行猜一猜和说一说的活动，进一步巩固核心语言结构。通过读一读、圈一圈等活动，增强阅读信息提取的能力。同时，通过给故事选择结局的环节，激发学生的思维能力。

4. Whole story revision：回顾整本绘本，通过表演/复述绘本的形式，强化语言输出。通过对蚱蜢结局的讨论，在思维引导的同时引出"没有付出，就没有收获"的道理，育人渗透。

六、评价与成效

（一）聚焦思维，制定品质评价量表

在英语单元教学中合理运用任务链，能有效激发学生的学习兴趣，吸引学生主动参与到课堂任务中，夯实学习理解能力，增强问题的解决能力，在应用实践中逐步迁移拓展，最终实现思维品质由低阶转向高阶的自然过渡。结合思

维品质三年级的学段目标和本单元的教学目标，教师从会思考、会探究、会共情三个维度出发，设计学生品质评价量表。（见表 1-9）

表 1-9 学生学习品质评价

学习品质分析			
学习品质	思维指向	观察点	表现评价 0 未见；1—5 程度由低到高
会思考 核心知识 与学科思 维的建构	观察与理解	1. 能观察图片颜色，认读图片单词。做到语音语调正确，表达流利。	
		2. 能认读 sky， sea， mountain， river 等核心词汇。做到语音语调正确，表达流利。	
		3. 能正确朗读辅音字母组合 'cl' 'pl' 'gl' 在单词中的发音。	
会探究 理解学习 的过程	分析与比较	1. 能在语境中运用 What colour is/are …？It's/They're … 句型对景物的色彩进行询问和回答。	
		2. 能对比分析四季的不同之处，并对其色彩进行描述。	
		3. 能重点从四季的色彩方面表述自己喜欢的季节。	
	推断与归纳	1. 能在语境中正确运用核心词汇和句型对四季所见景物进行介绍。	
		2. 能简单复述《蚂蚁和蚱蜢》的故事。	
		3. 会根据别人的建议修正自己的行为。	
		4. 会通过多种途径学习知识，完成决策、预测、问题解决、实验探究、调查等任务。	
	协作与沟通	1. 会组织小组和班级讨论。	
		2. 经常和同学交流经验，主动在讨论中分享观点。	
		3. 能清晰地表达自己的观点，聆听他人的观点。	
		4. 乐于分享合作学习的成果，积极改进。	

学习品质	思维指向	观察点	表现评价 0 未见；　1—5 程度由低到高
会共情 积极的学 习情感		1. 能积极参与课堂，有感情地朗读，感受四季的色彩变化。	
		2. 能管理好自己的情绪，信任老师，主动与老师、同学进行对话。	
		3. 注意观察身边景物的色彩，感受祖国河山在四季变换中的多彩与美丽。	

学生品质评价量表的实施，能有效聚集学生的思维品质，将学生在课堂中知识建构的过程，学习理解的过程和积极的学习情感进行了外显和量化，帮助教师和学生更加明晰学生的学习成效和思维的发展。

（二）课练结合，落实教学评一体化

在课堂评价的基础上，还要辅以练习评价，将课和练进行有机的结合。《新课标》强调：作业评价是教学过程的重要组成部分。教师应通过作业评价及时了解学生对所学知识的理解程度和语言能力的发展水平，为教师检验教学的效果、发现和诊断学生学习的问题、调整和改进教学提供依据。在传统的英语教学中，教师的评价形式较单一，且通常评价笔头练习为主，忽视了对口头作业的评价。因此，针对本单元的口头练习，教师采用了以下三种形式进行评价。

① 学生自评。借助简单明了的自评表，学生从四个评价维度出发，不仅对自己的语言表达有了初步的评判，更能反向激发学生在表达时主动留意到语言的准确性、流利性、生动性和肢体语言的配合，使自己的表达更加完整和立体。（见表 1-10）

表 1-10　Colours 单元口头练习自我评价表

Self-assessment		
1	I can speak correctly.	☆
2	I can speak fluently.	☆
3	I can speak vividly.	☆
4	I can act with my body language.	☆

② 生生互评。在"互联网＋"背景下，借助钉钉平台的"班级圈"功能，学生可以将自己朗读的故事内容录制下来，即时上传"班级圈"。同时，还能实时查看其他同学上传的视频作品。同学们依照自评表里的四个维度，以"送小红花"的形式，对其他同学的作业进行评价，实现了生生互评。

③ 教师评价。针对学生的朗读、发音等语言类的问题，教师可以直接进行录音点评，口头指出错误的地方，给出标准朗读示范，便于学生在家反复聆听和模仿练习，使教师评价更具即时性和针对性。

借助以上学生自评、生生互评和教师评价的三个维度，"班级圈"作业评价不仅能激发学生作业的积极性，帮助教师及时掌握学生的学习动态，更能反向促进课堂教学的调整和实施，落实"教-学-评"一体化。

首先，教师结合自己的判断，选出得红花数最多的两个视频，在下次课的课前五分钟播放，供全班同学学习和参考，进行生生互评。同时，针对"班级圈"作业里出现的共性问题，教师可以在课前进行集中讲解，并请同学们对自己的错误进行自评和总结。最后，还可以分享一两个有进步的作业，请其他同学说说他的作业有什么进步或者亮点，再次进行生生互评。针对平时比较胆小害羞、不敢互动、不敢开口的同学，"班级圈"作业也给了他们别样的平台。老师可以把这些同学提交的视频在课前选择性地播放，及时进行表扬和肯定，帮助学生勇于展示自己，增强学生学习英语的信心。

综上所述，在小学英语单元教学中，要以目标为导向，聚焦思维品质，解析问题与驱动，确定核心任务和思维指向的链式子任务。依托任务链的有效实施，帮助学生"在语言学习中发展思维，在思维发展中推进语言学习；初步从多角度观察和认识世界、看待事物，有理有据、有条理地表达观点"，推进单元整体教学，最终实现思维品质的逐步提升。

（撰稿者：上海市嘉定区紫荆小学　宋俐霖）

実践智慧 1-3

体验多维操作，化身小小测量师

【单元学习设计】沪教版数学三年级下册第六单元学习任务链设计

本单元以沪教版小学数学三年级第二学期第六单元《几何小实践》为任务链设计研究载体，在整体把握教材的基础上，以学习目标为导向，设计有效的学习任务链。旨在培养学生的空间观念、几何直观以及推理意识，给予学生再思考、再想象的时间和空间，助力知识自主生长。

一、理念与价值

（一）基于素养导向，促进思想认知的深刻性

新课标学习和单元整体学习的研究相遇，必将更加注重推进单元整体学习的实践和研究。单元学习任务链引领课堂教学，助力学生经历学习的过程，对于学生数学核心素养的培养和新课标落实至关重要。教师作为学习的引导者，需要从认知的高度、知识的广度、思维的深度等方面去提升自己。教师的思维能力决定了目标提炼的准确度，教学活动设计得越清晰，学生体验学习的过程越真实。单元教学突破了教材内容的限制，甚至突破了学科的限制，要求教师除了具备广博的本学科知识外，也要掌握一些本学科之外的知识，并找到知识之间的共性与规律，从而获得更好的学习效果。

（二）构建学习经验，助力思维进阶的深刻性

思维是提高数学能力和学习素养的灵魂。本单元学习任务以"认识周长"为开端，是在学生初步认识了三角形、长方形、正方形等平面图形的基础上展

开学习的，从平面图形或生活实物中抽象出周长的概念，这里的周长概念既包含规则图形的周长，也包含不规则图形的周长。一方面教材注重学生已有的经验，生活中存在大量不规则图形；另一方面学生摆脱局限，对周长的认识不仅限于长方形、正方形的周长。学习经验的建构，有利于学生对周长概念的深刻理解，能更好地帮助学生全面地建立起周长概念，形成表象，是后面学习计算"几何图形周长"等知识的基础。学生在多重操作、观察比较、交流碰撞中深度理解周长的概念本质，使数学思维自然生长。

（三）借助多维活动，培养灵魂创新的深刻性

在数学学习中，应注重以生为本，让学生会用数学知识思考问题、分析问题、解决问题，从而培养学生的创新意识，增强逻辑思维能力，提高学习品质。在"图形与几何"领域中，应关注培养空间观念、几何直观以及推理意识等核心素养。教材注重和实际生活中的事物紧密联系，将视野从课堂拓宽到生活，引导学生从现实世界中直观地积累"周长"的经验。单元学习任务链设计多维活动，给予学生充分的时间和空间进行数学探究，通过观察、操作、思考、推理、交流等活动，进一步帮助学生理解图形周长的含义。多维的学习活动不断促进学生在问题解决过程中潜移默化地培养保持好奇、勇于探究、敢于尝试的创新品格，并在有价值的实践探索中不断锤炼思维的敏捷性、深刻性、灵活性和创造性，从而真正促进学生创新素养的提升与发展。

二、 主题与目标

（一）教材分析

本单元重点理解周长的意义，知道求图形的周长就是求图形各边的长度之和，并能通过测量图形各边的长度求多边形的周长，掌握长方形、正方形的周长计算方法，会解决有关长方形、正方形周长、面积计算等实际问题。本单元是学生第一次接触到"周长"的概念，学生只有真正理解"周长"的概念，形成表象，才能对接下来周长的计算、测量及应用有更好的理解。因此，本单元的学习内容非常重要，在小学数学"图形与几何"领域的学习中起到承上启下的作用。

1. 周长所属的学习领域。本单元的教学内容属于"图形与几何"的领域，该领域又包含"图形的认识""图形的测量""图形的运动"以及"图形的位置"

这四部分内容。前三部分都属于认识图形的维度和方法，在此过程对图形有一个整体的认识，"图形的位置"是立足图形的新视角，展开对图形的全面认识。"周长"这一单元的学习属于图形的测量。（见图1-3）

图1-3　周长所属的学习领域结构图

2. 单元所处位置纵向分析。沪教版三年级下册第六单元"几何小实践"由三课组成，分别为《周长》《长方形、正方形的周长》和《周长与面积》。纵向分析教材，一年级是感知物体的形状、对线段的认识等，初步建立几何直观；二年级是图形的初步认识，包括长（正）方形、长（正）方体、三角形以及角的认识等；三年级是对长方形、正方形面积、周长的认识；四年级是角的度量、线的位置关系；五年级是体积和容积以及表面积的认识。图形研究对象从一维的线的长度，延伸到二维图形的周长、面积，最后是三维空间的体积、容积，整个学习过程是一维→二维→三维的发展过程，可以说研究的是二维图形中的一维要素，需要从二维的面上剥离出一维的线，知识之间存在着密不可分的联系。（见图1-4）

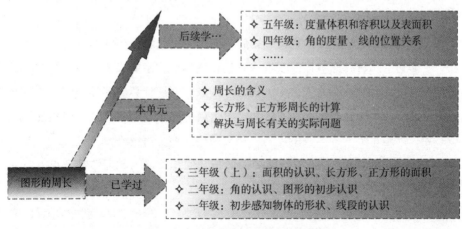

图1-4　单元纵向内容逻辑关系图

（二）学情分析

学生在此之前，已经认识了长方形、正方形、三角形等平面图形，掌握了它们的基本特征，并且学会了计算长方形、正方形的面积。本单元内容是学生第一次接触到"周长"，虽然学生对平面图形的面有较为深刻的认识，但要从平面图形中特别是生活实物中抽象出周长的概念，有一定的难度。本课以及本单元的学习，对学生今后的"图形与几何"领域的学习具有重要作用。

（三）学习主题与目标

本单元是发展学生空间观念和推理意识的关键单元，根据学生特点和教材的编排，结合《义务教育数学课程标准（2022 年版）》中第二学段"图形的认识与测量"领域的要求及对空间观念和推理意识核心素养的培养要求，确定本单元学习主题为"体验多维操作，化身小小测量师"。具体的学习目标如下：

1. 通过活动积累有关周长的经验；

2. 能通过测量图形各边的长度求多边形的周长；

3. 探索长方形、正方形的周长计算方法，会计算长方形、正方形等图形的周长；

4. 会解决有关长方形、正方形周长计算的简单实际问题。

三、问题与驱动

确定了本单元的学习目标之后，随即进行了本单元的学习任务设计。通过单元任务链活动深化学习内容，在操作中形成表象，再激发学生思考、想象、探究，最终获得知识的时间和空间。因此将本单元的学习核心任务设计为：什么是周长；如何计算出平面图形的周长。教学中首先借助直观感知概念，加强操作抽象概念，调动经验理解概念，运用完善深化概念，建构了"巧用经验设起点——借助操作建表象——发现规律学知识"的学习任务顺序，基于问题以"任务驱动"的方式，充分发挥学生的主观能动性，帮助他们经历解决问题的全过程，让学生在学会知识的同时，也能够掌握学习的方法来"会学"知识。

四、任务与序列

我们设计基于单元的学习任务链学习活动，探究图形周长的奥秘，进行实践探究。基于《指向深度学习的单元学习任务链结构》，梳理解构单元学习任务链。（见表 1 - 11）

表 1-11 "学习任务链"设计结构表

主题：体验多维操作，化身小小测量师

年段学科单元	三下数学第六单元	设计		邸雪
单元核心任务	1. 通过量、描等实际操作活动，理解周长的含义。 2. 能根据平面图形的特征归纳最合理的周长计算方法，并能灵活运用。 3. 在探究活动中发现并掌握长方形、正方形的周长计算方法。			
单元学习任务链	任务目标	学习任务序列	任务情境	学习内容
学习任务一 理解周长的含义	通过描、说、辩、想等活动，积累有关周长的经验，理解周长的意义。	 （1）情景：爬行比赛，谁跑得快？（独立思考，初感知周长） （2）指一指、描一描物体的表面，感知一周的长度。 （3）说一说：选择三幅作品的周长分别怎么描述。 （4）找一找：找找自己的、同桌的、老师的图形的周长。 （5）辩一辩：出示四个不规则图形，有周长吗？（小组讨论，质疑） （6）想一想：想象平面图形的周长，建立周长的空间观念。（同桌分享互评，纠错改错） （7）揭示周长概念。	在活动中感知周长概念	《周长①》
学习任务二 灵活运用周长概念求周长	知道求图形的周长就是求图形各边的长度之和。	 （1）你能计算这些平面图形的周长吗？ （2）你能想办法求出不规则图形（如下图：树叶）的周长吗？	在计算中深化周长概念	《周长②》

单元学习 任务链	任务目标	学习任务序列	任务情境	学习内容
		小朋友，你们知道我爬了大约多少厘米吗？		
学习任务三 长方形、正方形的周长计算	探索并理解长方形、正方形的周长计算方法；会计算长方形、正方形的周长。	➤ 探究长方形周长算法 （1）用2根黄色小棒（长度是10 cm）、2根蓝色小棒（长度是6 cm）搭一个长方形。 （2）互相指一指搭好的长方形的周长，并指一指这个长方形的长与宽。 （3）探究这个长方形的周长是多少？把算法写在学习单上。 （4）评价算法并总结算法。 长方形的周长＝长＋宽＋长＋宽 长方形的周长＝2×长＋2×宽 长方形的周长＝2×（长＋宽） （5）比较这几种算法，你更喜欢哪一种？为什么？小结长方形周长计算的一般公式。 ➤ 探究正方形周长算法 （1）把上面这个长方形的长缩短，和宽一样长，变成正方形。 （2）如何算出这个正方形的周长？ （3）展示算法，评价算法并总结算法。 正方形的周长＝4×边长	在推理中运用周长概念	《长方形、正方形的周长》

单元任务链设计将核心任务分解为三个学习任务，即"理解周长的含义""灵活运用周长概念求周长""长方形、正方形的周长计算"，对标学习目标梳理每个任务的学习任务序列，这样结构化的设计，将核心任务层层分解，步步落实，并引导学生在真实有趣且有挑战的任务情境中开展数学学习实践，培养核心素养。

五、 学习与活动

学习任务一：理解周长的含义

学习目标是： 通过描、说、辩、想等活动，积累有关周长的经验，理解周长的意义。

学习活动安排如下：

1. **创设情境、感知一周边线。** 从蚕沿桑叶爬一周的生动情境引入：蚕宝宝一家进行了一场爬行比赛。介绍比赛规则：沿着树叶的边线爬一周，最先爬完的蚕获胜。互动交流：蚕小宝获胜。因为蚕大宝没有沿边线爬，蚕二宝没爬完一周，蚕小宝绕边线爬完了。

2. **初步认识周长。** 演示蚕小宝的爬行路线；像蚕小宝这样爬一周的长度，在数学上叫做周长；小结桑叶一周的长度就是桑叶的周长；初步认识并积累周长的经验，在真实的情境中产生探索新知的需求。

学习任务二：灵活运用周长概念求周长

学习目标是： 知道求图形的周长就是求图形各边的长度之和。

学习活动安排如下：

1. **指、描边线，辨周长。** 指一指身边的数学书，文具盒等物体表面的一周，说一说它们的周长；出示枫叶图，描出枫叶一周的边线（动画演示）；打开课本 P59，描出荷叶、白玉兰叶、地毯，以及课本封面的一周边线；辨析周长概念。

2. **度量多边形的周长。** 量一量，算一算，求直边图形的周长，计算梯形和多边形的周长，进一步感悟和理解规则图形的周长。

3. **测量不同形状的物体，感知周长。** 实践操作：计算不规则图形的周长，测量不规则图形的周长，进一步感悟和理解不规则图形的周长。

学习任务三：探究长方形、正方形的周长

学习目标是： 探索并理解长方形、正方形的周长计算方法；会计算长方形、正方形的周长。

1. **认识并计算长方形的周长。** 用 2 根黄色小棒（长都是 10 cm）、2 根蓝色小棒（长都是 6 cm）搭一个长方形；同桌互相指一指搭好的长方形的周长，并指一指这个长方形的长与宽；现在要求算出搭好的这个长方形的周长是多少，把你的算法写在学习单上；评价算法并总结算法：长方形的周长＝长＋宽＋长＋宽，长方形的周长＝2×长＋2×宽，长方形的周长＝2×（长＋宽）；比较算法，小结计算长方形周长的一般公式。

2. 探究并计算正方形的周长。把上面这个长方形的长缩短，和宽一样长，变成正方形，算出这个正方形的周长；展示算法，评价算法并总结算法；根据周长的含义探索长方形、正方形等平面图形周长的计算方法，会计算长方形、正方形等平面图形的周长；积累长方形、正方形的周长计算方法，解决实际问题。

六、 评价与成效

结合学习目标，有效制定评价体系。评价量表的设计要秉承"教—学—评"一体化设计理念，围绕核心任务与单元学习任务链的落实，增强学生的空间观念、推理意识和创新能力。

（一） 学习评价量表与评价标准

在学习任务完成过程中要关注学习行为的表现性评价，从学习兴趣、学习习惯、学业成果三个维度进行关注评价。通过观察学情需要，及时改进教学方法。教师在设计任务时，要结合目标预测学生学业成果可能呈现出的最好成效，再设计评价量表与评价标准。（见表1-12、表1-13）

表1-12 学习评价量表与评价标准

评价内容	自我评价	同伴评价	老师评价	综合总评
理解周长含义	☆ ☆ ☆	☆ ☆ ☆	☆ ☆ ☆	
灵活运用周长的概念求周长	☆ ☆ ☆	☆ ☆ ☆	☆ ☆ ☆	
计算长（正）方形的周长	☆ ☆ ☆	☆ ☆ ☆	☆ ☆ ☆	

表1-13 "几何小实践"单元评价标准

评价维度	评价内容	观测点示例	评价方式建议
学习兴趣	活动兴趣	1. 通过观察、比较、操作等活动，知道周长的含义。 2. 对身边的几何图形有好奇心，有欣赏触摸的欲望。	达标☆ 良好☆ ☆ 优秀☆ ☆ ☆

评价维度	评价内容	观测点示例	评价方式建议
	阅读兴趣	1. 对阅读材料中的几何图形感兴趣的情况。 2. 寻找相关资料或观察，感受正方形、长方形等图形的几何美。	达标☆ 良好☆☆ 优秀☆☆☆
学习习惯	听说习惯	1. 课堂学习中，听清观察的要求并用规范的语言表达观察结果。 2. 用数学语言描述图形的周长。 3. 乐于与他人合作完成数学任务。	达标☆ 良好☆☆ 优秀☆☆☆
	操作习惯	1. 数学学具摆放合理。 2. 独立观察，根据要求探究长方形、正方形等图形周长。 3. 按要求完成拼、搭等操作。	达标☆ 良好☆☆ 优秀☆☆☆
	练习习惯	1. 按时完成练习。 2. 运用工具（铅笔和刻度尺）认真计算。 3. 练习后自觉检验、改错。	达标☆ 良好☆☆ 优秀☆☆☆
学业成果	计算掌握	1. 利用长方形、正方形周长计算公式正确计算周长。 2. 运用适当的观察、操作、比较等，探索周长相等的图形，面积不一定相等的情况。 3. 借助工具正确测量并计算。	达标☆ 良好☆☆ 优秀☆☆☆
	概念理解	1. 联系实际，认识物体周长。 2. 理解长方形、正方形等图形的周长。	达标☆ 良好☆☆ 优秀☆☆☆
	简单应用	1. 能通过测量图形各边的长度求多边形的周长。 2. 会解决有关长方形、正方形周长计算的简单问题。	达标☆ 良好☆☆ 优秀☆☆☆

（二）学习品质评价量表

为诊断学生学习品质，促进教师教学设计的完善，基于《指向深度学习的小学课堂学习品质观察记录分析表》，结合本单元学习内容和素养要求，设计学生课堂参与学习品质评价表。（见表 1-14）

表 1-14　学生学习品质评价

学习品质分析			
学习品质	校本化指征	观察点	表现评价 0 未见；　1—5 程度由低到高
会思考 核心知识 与学科思 维的建构	观察与整理	1. 通过观察，知道什么是一周、边线。	
		2. 通过比较、操作，知道周长的含义。	
		3. 根据图形特征，灵活计算规则图形的周长。	
会探究 理解学习 的过程	推理和创新	1. 通过图形辨析，体会周长的内涵。	
		2. 选择合理的方法，求出不规则图形的周长。	
		3. 会求长方形、正方形的周长，总结一般 公式。	
	迁移和运用	1. 会通过活动积累有关周长的经验。	
		2. 会通过测量图形各边的长度求多边形的 周长。	
		3. 会正确计算长方形、正方形等图形的周 长，解决简单实际问题。	
		4. 会通过多种途径学习知识，完成决策、预 测、问题解决、实验探究、调查等任务。	
	协作和沟通	1. 会组织小组和班级讨论。	
		2. 经常和同学交流经验，主动在讨论中分享 观点。	
		3. 能清晰地表达自己的观点，聆听他人的 观点。	
		4. 乐于分享合作学习的成果，积极改进。	
会共情 积极的学 习情感		1. 能积极参与课堂，对身边的几何图形有好奇心，敏感 度、有探究欲望。	
		2. 能管理好自己的情绪，信任老师，主动与老师、同学进 行对话。	
		3. 能在同伴的分享中获得知识的共鸣。	

　　本单元学习任务链的设计与实施，打破了以往按照每单元的例题顺序按部

就班进行讲授的旧习，这次单元整体设计"学习任务链"能有效推动课堂实施。课堂教学中的任务，直指教学内容的本质，蕴含丰富的数学信息，具有极强的探究性，给予学生足够的时间和空间来完成学习任务，用有限的时间，打造无限的可能，学生能更好地提高自身的学科素养，增强综合运用能力，充分体现学科的育人价值。

（撰稿者：上海市嘉定区紫荆小学　邸雪）

第二章

聚焦性：课程育人目标的精准导向

聚焦性的学习目标不仅关乎知识传递，更注重学生核心素养的发展。首先，素养指向性确保任务链设计能培养关键能力，涵盖知识积累、能力增强与价值观塑造。其次，基础达标性强调学生必须具备坚实的基础，才能理解更高阶的概念。再次，个体差异性允许不同水平的学生根据自身需求参与学习，增强学习的包容性。最后，赋能连续性帮助学生在逐步挑战中增强能力，确保学习的连贯与递进。

教学目标作为某阶段教学工作的具体行为准则，应该建立在知识内容与学习活动两大基础之上。学习目标是教学过程中师生预期达到的学习结果和标准，它指导着教师的教学和学生的学习，既要做得到，又要可检测，从而让教师教中有的放矢，学生学中有据可依。学习目标的确立，立足学生核心素养发展，集中体现课程育人价值。

学习目标是单元教学设计的关键依据，统领着整个单元教学过程的设计和实施，从碎片化课时目标到系统化设计单元目标，实现目标构成链条，形成单元学习任务链的目标。我们认为，单元学习任务链的目标是聚焦的，所有学习任务都指向单元的核心目标，它的聚焦性具体体现在四个方面：素养指向性、基础达标性、个体差异性、赋能连续性。

第一，单元学习任务链具有素养指向性。美国教育家杜威提出的"教育即生长""教育即生活"和"教育即经验的改组或改造"，对应了教学目标的多个维度，包括"知识是基础，能力是关键，素养是核心"。素养指向性是指单元学习任务链的设计以发展学生的关键能力为目标，不仅聚焦于学生知识的获取，而且更侧重于通过一系列相互关联的任务来促进学生核心素养的发展。具有素养指向性的单元学习任务链是全面而具体的，不仅要关注学生的知识积累，还要重视能力培养、情感态度价值观的发展，以及批判性思维和创新能力的增强。这样的目标有助于构建一个更加丰富、灵活且高效的教育体系，为学生的终身发展打下坚实的基础。

第二，单元学习任务链具有基础达标性。单元学习任务链具有基础达标性，它的重要性在于，如果学生没有坚实的基础，那么他们可能无法理解更高级的概念，从而影响整个学习过程的效果。课程标准中规定的课程目标、学业质量标准也是分层次的、递进的和进阶的，符合学生的认知特点和阶段性。因此，在设计单元学习任务链时，教师需要认真分析学情，明确列出学生在每个阶段应该达到的基本目标，比如数学运算的能力、阅读理解的能力等。当学生达到一定的基础知识和技能水平，掌握了基本方法后，就能顺利进行后续的学习。

第三，单元学习任务链具有个体差异性。新课程理念倡导以学生为本，遵循个体差异，因此单元学习任务链应具有个体差异性。个体差异既是影响核心素养发展的前提，也是制约课堂教学有效实施的基础。认识到每个学生的学习速度和方式不同，在设计单元学习任务链时需考虑多样性，确保目标清晰的层次设计，允许不同程度的学生根据自己的能力水平进行学习，让每个学生都能参与到学习过程中。在实施中，教师可以采用分层任务的方法，即为同一学习任务设定不同难度级别的版本，以满足不同水平学生的需求。此外，还可以通过提供选择性任务的方式，让学生能够根据自己的兴趣选择想要探索的内容领域。

第四，单元学习任务链具有赋能连续性。单元学习任务链的设计，围绕学生发展的总目标，基于真实的问题情境，融合学科学习全过程，尊重学生的主体体验发现，当学生面对复杂的情景能够适应变化和解决复杂问题，具有赋能连续性。在一个单元内，学习任务之间存在逻辑性和连贯性，前一个任务为后一个任务奠定基础，逐步构建更复杂的高阶能力。为了进一步强化赋能连续性，教师可以利用反馈机制来跟踪学生的学习进展，并根据需要调整任务的难度。当学生成功完成一项任务时，他们会被鼓励去尝试下一个更具挑战性的任务，以此来不断推动自己的学习边界。

总之，单元学习任务链在目标管理上有宏观、中观和微观意识。宏观管理从全局、总体上考虑，新课标中各学科的课标都凝练了学科核心素养，将党的教育方针关于人的全面发展要求具体化、细化到各学科课程之中。中观管理则是在明确了学生学习该学科课程后应形成的正确价值观念、必备品格和关键能力后，围绕学科核心素养的落实，精选、重组教学内容，设计学习活动，既满足学生基础达标需求，又尊重学生个体差异。而微观管理，则是从学习过程的局部上来考虑，以保证教学活动的循序渐进，确保每个环节都能有效促进学生的学习成长，助力连续赋能。由此可见，单元学习任务链的目标始终是聚焦的，它不仅关注知识的传递，更重视学生素养的全面形成，帮助学生建立起清晰的学习路径。

（撰稿者：上海市嘉定区紫荆小学　张茜）

实践智慧 2-1

走进寓言世界，争做会讲故事的小青蛙

【单元学习设计】统编语文二年级上册第五单元学习任务链设计

统编小学语文教科书二年级上册第五单元学习任务链设计围绕课程标准和教材内容，确立了单元核心学习任务。通过整体教学设计，本单元旨在促进学生在理解表达、思维能力、审美感悟等核心素养上的全面发展。它是贯穿整个单元教学过程的纽带，将学生的主动学习、教师的引导和单元教学目标紧密联系。

一、理念与价值

统编小学语文教科书二年级上册第五单元围绕人文主题"中华优秀传统文化"，编排了精读课文《坐井观天》《寒号鸟》《我要的是葫芦》，口语交际和《语文园地》。三篇课文都是寓言故事，意在培养学生遇到问题要开动脑筋思考解决问题的办法。根据寓言故事单元的特点，设置了两个语文要素：联系生活实际，初步体会寓言故事中蕴含的道理；感受和体会语言表达的多样性，学会表达。

（一）走进寓言世界，体验智慧与美

寓言故事的学习，有其独特的育人价值。在这个单元的学习中，学生们将走进这些蕴含着深厚历史和文化积淀的寓言世界，踏上一段探索和发现的旅程，领略中华民族丰富的智慧和文化之美。通过阅读和感受这些古老而生动的故事，学生们不仅能够获得深刻的道德启示和审美体验，还能更深入地了解世

界和认识自我，更能在多元文化的交流和碰撞中，不断成长和发展，从而增强对中华文化的自豪感和自信心。

（二）挖掘思维深度，指向语言表达

本单元属于《义务教育语文课程标准（2022年版）》发展型学习任务群中的"思辨性阅读与表达"。寓言故事的学习，旨在引导学生通过深入理解、思考反思等方法，领悟故事背后的寓意和哲理，感受故事的趣味性与教育性。教学中，利用插图激发学生主动阅读，大胆质疑，深入思考，合作释疑，培养勤思善问的习惯；激励他们说出自己的阅读感受，评价故事中的人和事，从而理解、懂得故事中的道理。阅读学习后引导学生模仿课文中人物的神态、动作演绎课文内容。通过学习寓言故事，可以增强学生深度思考的能力，培养批判性思维能力，理解不同文化背景下的价值观和行为准则，体会作者通过故事传达的深层含义。同时，寓言故事的学习还能激发学生的想象力和创造力，增强他们的语言表达和逻辑推理能力。通过这些故事，学生不仅能够享受到阅读的乐趣，更能在思考和讨论中提升自我认知和道德修养。

二、主题与目标

（一）素养指向性

《义务教育语文课程标准（2022年版）》指出：语文课程致力于全体学生核心素养的形成与发展，为学生学好其他课程打下基础；为学生形成正确的世界观、人生观、价值观，形成良好个性和健全人格打下基础；为培养学生的实践能力和合作交流能力，促进德智体美劳全面发展打下基础。单元学习任务链不仅仅是一系列教学活动的简单串联，而是一个有目的、有计划、系统化的学习过程，旨在全面促进学生素养的提升，具有素养指向性。

本单元的三篇精读课文《坐井观天》《寒号鸟》《我要的是葫芦》和"我爱阅读"中的略读课文《刻舟求剑》都是通俗易懂、能给人以启迪的寓言故事，这类简单的小故事常常要表达的是复杂的思想，具有丰富的道德教育意义。学生在阅读中识字，在阅读中感悟生活的道理，而要真正悟透小故事中的大道理，就需要在解读的过程中，运用分析、综合、评价、批判性思维等高阶思维技能去探究故事背后的深层含义和作者的意图，并发挥想象将故事中的情节和寓意转化为自己的口头或书面表达语言。因此，寓言故事的学习不仅能增强学

生的阅读理解、创意表达能力，而且能促进思维的深度和广度。寓言故事中的情感表达和道德教育，能帮助学生培养同情心、正义感等良好的品德，形成正确的行为准则和价值观念；通过了解和讲述这些故事，学生还能感受到中华文化的丰富和魅力，增强文化自信。

义务教育语文课程培养的核心素养，是学生在积极的语文实践活动中积累、建构并在真实的语言运用情境中表现出来的，是文化自信和语言运用、思维能力、审美创造的综合体现。寓言故事的学习，让学生感受和体会到了语言表达的多样性，口语交际和《语文园地》则给学生提供了语言运用和实践的平台。主题为商量的口语交际与学生生活紧密结合，通过多种情境的创设，指导学生学习使用商量的语气与人交流，商量时要清楚地表达自己的想法。《语文园地》中的"字词句运用"板块内容丰富，形式灵活，是学生语言构建与运用这一核心素养培养发展的有效契机；"日积月累"帮助学生积累语言素材，更能引导学生养成阅读中国优秀传统文化的习惯，不断提升自我文化修养。

（二）赋能连续性

单元学习任务链强调将学习内容组织成一系列相互关联的任务或活动，这些任务或活动按照一定的逻辑顺序排列，以促进学生对知识的深入理解和应用。单元学习任务链的目标具有赋能连续性，学生在完成一系列学习任务的过程中能够持续地获得必要的知识和技能，以及发挥批判性思维、解决问题的能力和其他终身学习所需的能力。

学生通过学习一年级课文《乌鸦喝水》这一寓言故事，初次领略了寓言的魅力，激发了他们对这类富有趣味性又言简意赅故事的浓厚兴趣。进入二年级后，尽管学生们已具备一定的理解与分析能力，但在深入思考与概括总结方面仍显稚嫩，难以自如地将寓言中的哲理与自身生活经历相融合。鉴于此，精读课文《坐井观天》《寒号鸟》及《我要的是葫芦》成了教学蓝本，旨在引导学生进一步探索寓言世界的奥秘。这些故事不仅语言丰富多彩，还巧妙地运用感叹与反问句式，深刻描绘出角色的内心世界，其深层含义则指向了观察世界、理解事物及面对生活的正确态度。学生需在全面理解故事情节的基础上，细细品味字里行间的深意，通过深度思考方能领悟其中真谛，并将其与个人生活相映照。

"读寓言以启智，品寓言以明理，悟道理以修身"，这一学习过程不仅锤炼了学生的理解力、思维力与表达力，还使他们初步掌握了寓言学习的法门。在后续的略读课文探索中，学生将能自主运用这些技能，深化理解，拓宽视野，更加深刻地洞察生活的本质。然而，阅读寓言并领悟其道理仅是旅程的起点，而非终点。通过"讲寓言"活动，鼓励学生将所学故事与深刻哲理以表演或讲述的形式展现出来，不仅能够巩固并拓展所学知识与技能，还能促进学生在实践中不断成长，让寓言的智慧之光照亮他们的成长之路。

（三）学习主题与目标

在充分尊重二年级学生认知发展规律，关注每个学生学习差异性的基础上，依据《义务教育语文课程标准（2022 年版）》中第一学段"阅读与鉴赏""表达与交流"的核心要求，并融合"思辨性阅读与表达"的学习要求，特设定本寓言故事单元的学习主题为"走进寓言世界，争做会讲故事的小青蛙"。具体的学习目标如下：

1. 识记 44 个生字，读准 3 个多音字，会写 24 个字，会写 27 个词语。

2. 能分角色朗读课文，读好对话；读出反问句、感叹句和陈述句的不同语气，感受和体会语言表达的多样性；初步感受与人商量的语气与表达要求，尝试在生活中运用。

3. 能联系生活实际，初步体会课文讲述的道理。

4. 结合课文内容以及课外了解的寓言故事，尝试用表演或讲述的方式进行展示；能根据评价标准，对自己和他人的讲故事表现进行评价、改进。

三、问题与驱动

本单元的学习不仅要让学生掌握寓言故事的基本知识，更是在引导学生通过寓言故事学习生活智慧，培养良好的道德品质。我们鼓励学生联系生活实际，体会寓言故事的道理，并学习运用生动、完整的语言将这些故事表演或讲述出来，推荐给同学们，从而进行创意表达。结合单元语文要素，将本单元的学习核心任务设计为：深度阅读寓言，领悟寓意精髓；演绎分享寓言，争做会讲故事的"小青蛙"。并创设单元学习情境：同学们，今年的"小青蛙讲故事比赛"即将开始！为了准备迎接这场比赛，我们将一起走进寓言世界，领悟其中智慧；再跃上舞台，化身故事小能手，用创意和热情，争做最闪亮的那只小青蛙吧！

四、 任务与序列

为了强化单元教学的连贯性、整体性和层次性，我们依据构建语文学习任务群的核心理念，对教学内容进行了精心整合与重组，基于《指向深度学习的单元学习任务链结构》，梳理解构单元学习任务链。（见表2-1）

表2-1 指向深度学习的小学课堂"学习任务链"设计结构

年段学科单元	二上语文第五单元	设计	刘菲菲	
单元核心任务	1. 深度阅读寓言，领悟寓意精髓 2. 演绎分享寓言，争做会讲故事的小青蛙			
单元学习任务链	任务目标	学习任务序列	任务情境	学习内容
学习任务一寓言小世界，智慧大启迪	阅读四篇寓言故事，联系生活实际，体会课文中讲述的道理。	1. 抓住"坐井观天"中小鸟和青蛙的对话，明确它们争论的问题，深入探究说法不一致的原因，初步体会课文讲述的道理。 2. 按照时间顺序，理清"寒号鸟"的故事脉络；聚焦造成喜鹊和寒号鸟不同结果的原因，加深对故事寓意的理解。 3. 了解"我要的是葫芦"中种葫芦人最后没有得到葫芦的原因，懂得其中的道理。 4. 分角色朗读课文，读出不同的感情和语气；通过对比朗读，体会感叹句、反问句和陈述句的不同表达作用。 5. 借助插图和语境，猜测"刻舟求剑"故事内容，初步体会寓意，感受阅读的乐趣。	寓言故事我会读	《坐井观天》《寒号鸟》《我要的是葫芦》我爱阅读《刻舟求剑》
学习任务二情境练表达，知识善迁移	根据情境练习表达，运用恰当的句式来增加表达效果，将懂得的道理加以迁移运用。	1. 创设情境，对寓言故事的情节进行创意表达。 2. 结合《口语交际》《语文园地五》，进行书面和口语表达练习。	情境表达我来练	课文口语交际语文园地

单元学习 任务链	任务目标	学习任务序列	任务情境	学习内容
学习任务三 争做小青蛙，寓言共演绎	借助图片、板书等提示把所学的或自己知道的寓言故事演绎出来；可以和同伴一起表演，也可以独立讲故事。	1. 采用合作表演或独立讲述的形式，对本单元的寓言故事进行创意演绎。 2. 演绎自己阅读过并深刻理解的其他寓言故事，邀请观众聆听后，分享他们从中领悟到的道理。 3. 依据评价标准，对每位参与的小青蛙进行评审，选出"故事之星"——会讲故事的小青蛙、"表演达人"——表演生动的小青蛙（们）、"慧心观众"——善于思考、勇于交流的观众。	小青蛙来讲故事	课文 我爱阅读

学习主题：走进寓言世界，争做会讲故事的小青蛙

本单元的任务链设计将核心学习任务细化为"寓言小世界，智慧大启迪""情境练表达，知识善迁移""争做小青蛙，寓言共演绎"。这一结构化布局，不仅层层剥茧般地将核心任务拆解为可操作的步骤，还巧妙地在每个环节中融入了真实、趣味且充满挑战的任务情境，引领学生深入语文学习。通过这样的设计，我们旨在全方位地培养学生的核心素养，让他们在探索寓言世界的过程中，不仅增长智慧，更能在实际情境中灵活运用所学，实现知识与技能的有效迁移与创造。

五、学习与活动

学习任务一：寓言小世界，智慧大启迪

学习目标是：精读三篇课文，略读"我爱阅读"，联系生活实际，初步体会寓言故事中蕴含的道理；感受和体会语言表达的多样性，学习表达。

学习活动安排如下：

1. 精读《坐井观天》。初读课文，借助图片，理解"坐井观天"的意思，并质疑课题；聚焦对话，了解青蛙和小鸟争论的问题，以及它们各自的观点；分角色朗读三次对话，进一步了解青蛙和小鸟说法不一样的原因；交流总结：这个寓言故事让你明白了什么道理？

2. 精读《寒号鸟》。初读课文，整体感知，了解故事的人物、写作顺序和主要内容；阅读相关段落，了解喜鹊和寒号鸟的住处并抓住关键词句，体会它们不同的特点；从喜鹊和寒号鸟的行为和对话中，了解造成它们不同结局的原因；联系生活，加深对寓意的理解。

3. 精读《我要的是葫芦》。整体感知，观察比较插图，寻找对应的课文内容；聚焦第一自然段，了解葫芦的生长顺序，并借助板书说一说；了解葫芦的变化，探究种葫芦人最后一个葫芦也没有得到的原因；通过对比朗读，感受反问句和感叹句的不同表达效果，体会故事中的道理。

4. 略读《刻舟求剑》。观察题目和插图，猜测"刻舟求剑"讲了一个什么故事；围绕"刻舟求剑"提出问题，进一步研读故事；交流：你想对"刻舟求剑"的人说什么？初步体会寓言包含的道理。

学习任务二：情境练表达，知识善迁移

学习目标是：创设与课文相关的情境练习口头表达，将懂得的道理加以迁移运用；根据生活经验和不同的情境，以"商量"为主题，与伙伴进行对话练习；积累词语和古诗，感受优秀传统文化的魅力，开展书面表达练习，增强表达能力。

学习活动安排如下：

1. 练习情境表达，内化迁移所学。《坐井观天》：一天，青蛙跳出井口，看到了什么？它会对小鸟说些什么？《我要的是葫芦》续编故事：第二年，这个人又种了一棵葫芦，又碰到了蚜虫，他会怎么做呢？《刻舟求剑》：如果你也坐在那条船上，你会怎么劝他？如果到了岸上，那个人要跳下去捞剑，你又会怎么劝他？

2. 围绕主题"商量"，与同伴练习日常表达。谈话导入，揭示主题"商量"；创设情境，指导学生用合适的交流方法与人商量；选择一个情境，与同伴实战练习；邀请学生上台演示，观看的学生进行评价，巩固交流方法。

3. 语文奇趣园，探索与创造之旅。汉字探险记：学习区别识字的方法；词句魔法师：积累关于语言的词语，学会使用恰当的形容词来增加表达效果；诗词朗诵会：学习古诗《江雪》，初步了解诗句意思，体会诗人表达的情感，记诵古诗。

学习任务三：争做小青蛙，寓言共演绎

学习目标是：以"小青蛙讲故事"为主题，通过讲述或合作表演的形式将所学的、了解的寓言故事演绎出来；表达时，做到内容完整、条理清楚，并用上恰当的语气、动作和表情，吸引听众；最终进行评选。

学习活动安排如下：

1."小青蛙讲故事"比赛筹备会。回顾单元学习内容，揭示比赛主题。选定寓言故事，选择合适的演绎方式（合作表演或独立讲述），为比赛做准备。

2.角色演绎准备。每位参与者根据自己的角色，准备台词、动作、道具等，可以借助图片或板书来加深理解和记忆。

3.小青蛙寓言剧场。正式进行寓言故事的演绎，老师和同学作为观众，通过表演或讲述的方式，将本单元的故事或自己了解的寓言故事生动地展现出来。演绎课外寓言故事的参赛者，可以随机邀请观众来分享自己领悟到的道理。

4.总结活动，深化寓意，评选表彰。比赛结束后，进行简短的反思与分享，讨论如何通过表演更好地传达寓言的寓意。根据明确的评价标准，评选出"故事之星"——会讲故事的小青蛙、"表演达人"——表演生动的小青蛙（们）、"慧心观众"——善于思考、勇于交流的观众。

六、 评价与成效

为了确保学习目标的达成，我们融合"教—学—评"一体化理念，精心构建了评价体系。这一设计，紧密围绕核心任务与贯穿整个单元学习任务链的实施情况，旨在促进学生反思能力的培养，激发其自主学习的动力，并增强其在不同情境下的知识迁移与应用能力，推动学生的全面发展。

（一）学习评价量表与评价标准

在学习任务完成的过程中，要关注学习行为的过程性评价，细致观察学生在学习过程中的思维深度、语言表达的灵活性、合作能力与探究的积极性，以及良好学习习惯的逐步形成。关注过程中的学情需要，适时调整教学策略，以激发学生内在的学习动力，鼓励他们相互启发、勇于创新。重视学习活动的总结性评价，帮助学生梳理学习轨迹，明确成长亮点与待提升之处，为后续学习提供有力指导。具体评价量表与评价标准见图2-2。

表 2-2　学习评价量表与评价标准

评价内容	自我评价	同伴评价	老师评价	综合总评
寓言小世界，智慧大启迪	🐸🐸🐸	🐸🐸🐸	🐸🐸🐸	
情境练表达，知识善迁移	🐸🐸🐸	🐸🐸🐸	🐸🐸🐸	
争做小青蛙，寓言共演绎	🐸🐸🐸	🐸🐸🐸	🐸🐸🐸	

评价内容	评级标准		
	达标级	良好级	优秀级
寓言小世界，智慧大启迪	1. 正确地朗读课文。 2. 能根据课后题的提示，简单说明故事中的道理。 3. 能识别不同的表达方式，并尝试简单模仿使用。	1. 正确流利地朗读课文。 2. 能联系生活实际，深入理解故事的道理。 3. 在理解不同表达方式的基础上，能根据情境灵活运用。	1. 正确流利有感情地朗读课文。 2. 能在深刻理解故事道理的基础上，提出自己的新见解。 3. 能理解、分析不同表达方式的效果，并根据情境灵活运用。
情境练表达，知识善迁移	1. 能在给定的情境下，展开一定的想象，用清晰、连贯的语言表达出来。 2. 能用较为温和的语气进行交流，简单表达自己的想法。 3. 能认读新词和古诗；模仿例句，简单补充句子。	1. 能在情境中展开丰富的想象，运用多样的词汇和句式，详细生动地表达出来。 2. 能用自然、礼貌的语气进行交流，并考虑对方的感受，清晰、完整地表达自己的想法。 3. 对新词和古诗有初步的理解，主动积累；能模仿例子，把句子补充得更丰富多样。	1. 能在给定情境的基础上，进行大胆的创新想象，进行创意表达。 2. 能在清晰、礼貌表达想法的基础上，根据对方的反应灵活调整自己的语言。 3. 对新词和古诗有深入的理解，能运用、赏析；在仿照例句补充句子的基础上，能进行较高的创意表达。

评价内容	评级标准		
	达标级	良好级	优秀级
争做小青蛙，寓言共演绎	1. 演绎的故事情节连贯，能传达基本的信息和情感。 2. 声音清晰，语速适中，能基本完成故事的演绎。 3. 能吸引观众的基本注意力。	1. 演绎的故事情节紧凑且富有想象力，能激发观众的兴趣。 2. 能运用适当的语调变化、表情和肢体语言来增强故事的感染力，使演绎更加生动有趣。 3. 能通过互动保持观众的注意力，观众有正面反馈。	1. 演绎的故事寓意深刻，能引发观众的深思和共鸣。 2. 演绎技巧高，能灵活运用各种声音效果、角色模仿等手法，使故事活灵活现地展现出来。 3. 能通过故事的演绎引导观众参与讨论和分享，观众反馈热烈。

（二）学习品质评价量表

为诊断学生学习品质，优化教师的教学规划与设计，提升教学质量，基于《指向深度学习的小学课堂学习品质观察记录分析表》，结合本单元学习内容和素养要求，设计学生课堂参与学习品质评价。（见表2-3）

表2-3 学生学习品质评价

学习品质分析			
学习品质	校本化指征	观察点	表现评价 0 未见；1—5 程度由低到高
会思考核心知识与学科思维的建构	阅读与梳理	1. 正确朗读课文，梳理文章结构，把握文章内容	
		2. 会阅读文本，提取关键信息	
		3. 能判断课文使用的描写方法	
会探究理解学习的过程	想象与赏析	1. 在朗读中想象画面，并用自己的话描述	
		2. 抓住关键语句，体会静态动态表达效果	
		3. 能够发现文章在内容与写法上的异同	

学习品质	校本化指征	观察点	表现评价 0 未见； 1—5 程度由低到高
	迁移和运用	1. 会用静态、动态描写情境	
		2. 会根据情境特点选择恰当的描写方式	
		3. 会根据别人的建议修正自己的行为	
		4. 会通过多种途径学习知识，完成决策、预测、问题解决、实验探究、调查等任务	
	协作和沟通	1. 会组织小组和班级讨论	
		2. 经常和同学交流经验，主动在讨论中分享观点	
		3. 能清晰地表达自己的观点，聆听他人的观点	
		4. 乐于分享合作学习的成果，积极改进	
会共情积极的学习情感		1. 能积极参与课堂，有感情地朗读，感受文中描绘的风光美	
		2. 能管理好自己的情绪，信任老师，主动与老师、同学进行对话	
		3. 能从字里行间体会作者表达的情感，能在写作和推荐中表达民族自豪感	

　　本单元的教学设计紧密围绕课程标准的单元要素、训练目标展开，通过深入解读标准与学生现有学习状况，明确了核心教学任务，并巧妙地将其细化为一系列有序的学习任务链。此设计旨在引导学生经历一系列连贯的学科实践活动，涵盖阅读理解、信息提取、逻辑思维及个性化表达等多个环节，从而构建出一条清晰的学习轨迹。在此过程中，学生不仅能够有效掌握并迁移所学知识，还将经历丰富的学习体验，增强思考能力、探究精神、想象力、创造能力，以及情感与道德等综合素养，促进深度学习的实现。

（撰稿者：上海市嘉定区紫荆小学　刘菲菲）

实践智慧 2-2

探寻"绳"秘时光，争做运动小达人

【单元学习设计】沪教版体育与健康三年级花样跳绳单元学习任务链设计

随着《义务教育体育与健康课程标准（2022 年版）》的实施，花样跳绳作为义务教育阶段的新兴体育类项目，专注于水平二至水平四的学生群体。因此，精心挑选了花样跳绳作为本单元学习内容，旨在通过系统学习，使学生不仅掌握花样跳绳的规则与裁判知识，还能通过观赛分析提升体育素养，积极参与技战术训练与比赛实践。在学、练、赛的循环中，学生将全面强化体能，深入体验新兴体育的魅力，最终实现运动技能的熟练掌握与综合素养的提升。

一、理念与价值

花样跳绳是一项融合了舞蹈、身体技巧、武术与音乐等多元艺术形式的现代体育运动，它将速度、力量、难度与花样有机结合，集健身、娱乐、竞技和表演于一体。无论是个人展示还是团队协作，花样跳绳都能展现出独特的魅力与活力，满足学生对新颖、时尚、独特体验的追求。其灵活多变的形式，不受季节、年龄或场地条件限制，仅需简单的器材即可展开练习，使之成为一项全民皆宜的运动。通过专业的教学指导，花样跳绳不仅能增强个人技能，还能强化团队精神，是适合各种水平学习者的新兴体育项目。

（一）依托新课标，明晰单元主题

在新课标框架下，"花样跳绳"作为单元教学主题，巧妙地融合了技能传授与核心素养培养。此主题以跳绳为媒介，旨在通过系统的教学活动，不仅让学

生掌握跳绳的基本技能，更在增强体质、提升身体协调性的同时，促进健康行为的养成。教学内容层层递进，从单人花样跳绳的基础——双摇跳与正反编花跳开始，通过精细化的技能学习与强化训练，让学生在挑战中增强心肺功能与耐力。随后，引入双人合作跳绳，这一环节强调同步协作，通过默契配合的练习，增强学生的沟通与合作能力，体验团队合作的乐趣。最后，多人跳绳环节将教学推向高潮，三人跳绳、跳长绳及多人"8"字跳绳等多样活动，不仅考验学生的技能水平，更在复杂多变的情境中培养其应变能力与团队精神。学生在实际操作中，不仅锻炼了身体，更学会了如何在团队中发挥个人优势，共同达成目标。

（二）聚焦新课标，把握学科核心素养

在新课标指导下，单元任务链的设计是整个教学过程的核心，旨在确保教学内容和活动能够全面、系统地达成预定的教育目标。这些目标应围绕学生核心素养的发展，涵盖运动能力、健康行为和体育品德等方面，以促进学生在体育活动中的全面成长。学生应掌握花样跳绳的基本技巧，例如开合跳、吸腿跳、点地跳等花样跳绳方法。同时，学生需要理解花样跳绳对增强个人体能的重要性，并认识到持续练习的价值。教学活动应鼓励学生形成持久参与体育锻炼的习惯，并实践健康的生活方式。通过花样跳绳，学生能够体验到锻炼对增强体力、改善体型和增进健康的积极影响。此外，学生还需掌握基本的运动安全知识，学会预防伤害，并养成适当的热身与拉伸习惯。通过花样跳绳的练习和比赛，培养学生的团队合作精神、公平竞争态度以及尊重他人的美德。同时，通过集体活动和比赛的组织，增强学生的责任感与领导力，教会学生在团队中承担责任并积极应对问题。

二、主题与目标

（一）教材分析

本单元结合《体育与健康课程标准（2022 年版）》中水平二花样跳绳的目标要求，进行大单元开发，通过"学、练、赛"一体化系统设计，形成一个指向组合与展示的大单元主题。将原本"1 人绳""2 人绳""多人绳"等内容整合为 18 个课时，教学内容包括学习活动、练习活动、比赛与展示活动 3 个部分，课时之间有一定的进阶，并与课时分配表相互呼应，保持学习的持续性及学习的完整性，循序渐进地促进学生学科素养的养成。

1. **花样跳绳所处位置分析**。花样跳绳是一项融合多种艺术元素的运动，结合舞蹈、体操等，强调速度、力量与耐力的结合。在小学阶段，尤其是三年级，花样跳绳教学注重基本功，如摇绳与双脚依次跨跳的协调训练，旨在提升学生的身体协调性与动作连贯性。通过教师与学生的共同练习，学生不仅掌握花样跳绳的基本动作，还通过跳绳比赛与游戏，增强团队协作能力、竞争意识及集体荣誉感。这一过程不仅提升了学生的身体素质，更在运动中培养了他们的核心素养，让他们在快乐与成就中感受体育的魅力。

2. **花样跳绳技术动作分析**。花样跳绳的技术动作主要包括基本跳法（如单脚跳、交叉跳等）和组合跳法两大类。基本跳法是学习花样跳绳的基础，包括双脚交替跳、双脚同时跳、侧摆跳等；而组合跳法则是在基本跳法基础上加入旋转、交叉、双摇等元素，形成各种复杂的动作组合。例如，"交叉跳"要求跳绳者在跳跃过程中将绳子从一侧肩部向另一侧交叉后挥动，然后在下一次跳跃前恢复到正常跳绳状态。"双摇"则需要跳绳者在一次跳跃中完成两次绳子绕身的动作。这些动作都需要良好的节奏感、身体控制力和快速反应能力。

3. **花样跳绳对运动能力影响的分析**。花样跳绳作为一种富有趣味性和挑战性的运动项目，对学生运动能力的增强具有显著效果。它不仅能够全面提高学生的柔韧性、力量、速度、耐力和灵敏度，还能有效增强心肺功能，促进身体健康。同时，通过学习花样跳绳，学生能够培养独立思考、解决问题的能力，形成协作、探究学习的良好习惯，进而增强竞争意识和团队协作精神，有助于个性的全面发展和社会适应能力的增强。

（二）学情分析

三年级学生对跳绳已经有两年的学习基础，完全掌握了并脚跳短绳并有一定的脚踝力量和运动基础，而对于花样跳绳以及双人、多人跳绳接触得不多，缺乏比赛和观赏比赛能力。三年级学生好模仿，他们对教师有着强烈的依恋感，喜欢与老师一起活动，喜欢在教师和同学面前展示自己。他们的团队意识在不断加强，除对个人竞争有兴趣外，对团队竞争也有着浓厚兴趣。他们具备一定的运动能力，并且在这个阶段男女生身体差异也并未完全显现，为整体性的花样跳绳水平提升提供较有利的条件，有能力逐步掌握单脚轮换跳、双人花样跳等技术。有一小部分学生应对比赛活动的体能不足，人绳结合能力相对薄弱是他们共同的问题。

（三） **学习主题和目标**

《体育与健康课程标准（2022 年版）》指出，为了避免结构化孤立地、静态地进行单一知识或技能的传授，在课堂上，学生要多方面学习运动技能，从基本技能与知识、技战术的运用、体能、展示与比赛、规则与裁判法、观赏与评价六个方面出发，把"教会、勤练、常赛"以"学、练、赛、评"一体化的形式实现。确定了学习主题为探寻"绳"秘时光，争做运动小达人。具体学习目标如下：

1. **运动能力**：知道花样跳绳运动的起源与发展、健身价值和安全防护；学练单人跳绳、双人跳绳和"8"字长绳等基本动作和花样组合动作。能在比赛中运用所学到的技术动作；观看 8 次以上跳绳比赛，在跳绳练习中发展灵敏性和下肢力量。

2. **健康行为**：乐于与同伴一起参与跳绳的各种学练活动，能适应新的合作环境，做到互爱互助、表现出稳定的情绪；能在教师的指导下参与跳绳体能练习；具备一定的团队合作意识；知道安全合理的锻炼方法。

3. **体育品德**：知道基本的跳绳规则，按照规则和要求参与各种跳绳活动，建立安全意识，在游戏和比赛情境中表现出勇于挑战、礼貌待人、坚持不懈的好品质。

三、 问题与驱动

本单元学习不仅落实花样跳绳技术动作，更旨在引导学生在花样跳绳学习中体会学科核心素养，梳理花样跳绳的不同跳法，并在任务链教学的理念之下，将本单元的学习核心任务设计为："学跳绳——夯实基础、练跳绳——实践运用、赛跳绳——深化技能、评跳绳——增质增效"一体化的教学方式。并创设单元学习情景："绳"秘时光，鼓励学生将自己学会的花样跳绳动作进行创意组合，并在班级内或全校范围内进行展示。展示会前，学生可以自主搜集资料，了解各种花样跳绳动作，并结合个人特点进行编排。

四、 任务与序列

花样跳绳作为新兴体育项目中的一项重要内容，旨在通过系统的学习与训练，提升学生的身体协调性、力量、柔韧性及勇敢果断的心理素质。本单元学习任务链设计围绕核心素养导向，兼顾基础达标、个体差异与技能发展的连续性，旨在让每位学生在安全、积极的环境中实现自我突破。基于《指向深度学习的单元学习任务链结构》，梳理解构单元学习任务链。（见表2-4）

表2-4 指向深度学习的小学课堂"学习任务链"设计结构表

学习主题：探寻"绳"秘时光，争做运动小达人

年段学科单元	三年级体育花样跳绳	设计		倪鹏
单元核心任务		1. 基础技能学习：专注于掌握基本跳绳技巧，如单脚跳、交叉跳等，并逐步引入简单的花样动作。通过定期练习和技能测试，确保每位参与者都能安全且正确地完成这些基础动作。 2. 创意编排与团队协作：鼓励学生将所学的基本技巧创造性地组合成独特的表演序列。组织小组合作，共同设计并准备一段完整的表演，强调沟通与协作的重要性。 3. 展示与分享：设定一个公开演出的目标日期，各小组完善表演内容并通过彩排提升表现力。最终，在班级或学校范围内进行公开展示，庆祝大家的努力成果及个人成长。		
单元学习任务链	任务目标	学习任务序列	任务情境	学习内容
学习任务一 探索单脚轮换跳短绳的方法	学习无绳左、右脚单脚跳，慢速单脚轮换跳、中速单脚轮换跳、听音乐节奏轮换跳的练习方法，体会单脚轮换跳的技术动作。	1. 知道单脚轮换跳短绳的相关知识，学会单脚轮换跳短绳的动作方法，做到能有节奏地单脚轮换跳，并能增强手脚协调配合、平衡等能力，发展灵敏、力量等身体素质。 2. 学生通过教师的讲解示范尝试有绳左、右脚单脚跳，感受单脚发力跳跃。积极参与各种单脚轮换跳短绳的练习及综合活动的挑战，能在与伙伴主动交流、团结协作，分享跳绳活动乐趣的同时，提升节奏跳跃水平。 3. 各小组合理分配进行练习，按照教师要求，利用不同方式到达指定地点后听音乐节奏进行单脚轮换跳，组长统计其他小组正确个数，比一比固定时间哪一组失误次数少。培养对民间体育单脚轮换跳短绳运动的兴趣，在小组学	"绳"秘的时光守护者	单脚轮换跳

单元学习 任务链	任务目标	学习任务序列	任务情境	学习内容
		练中沟通交流，学会相互评价，互相协助，养成勇于挑战、团结协作的良好品质。		
学习任务二探寻多种形式的双人合作跳短绳	通过学习双人一带一摇、一带一摇连续不断、双人花样创编的技术动作，体会双人合作跳短绳的乐趣。	1. 组织学生两人一组，两名同学相互合作，一人手持跳绳，另一人协调配合，跟随教师喊的节奏以及鼓点的节奏，共同完成双人一带一摇跳绳练习。 2. 组织学生两人一组进行练习，两名同学相互合作，一人手持跳绳，另一人协调配合，共同完成双人一带一摇跳绳练习，做到不间断，并通过辅助性练习：①双人徒手叉腰并脚跳练习；②一人带一人单摇跳绳练习，让学生做到动作一致，配合默契。 3. 两人一组创编组合跳绳方法，自由分组，相互配合，引导学生发挥想象进行创编，鼓励学生大胆展示自我，提升学生自信心。创编出一个双人跳绳动作可获得一个星星贴纸，比一比规定时间内哪组获得的贴纸数量最多。	"绳"秘宝盒探寻	双人跳绳
学习任务三探秘"8"字绕长绳	通过学习持绳和甩绳绳中连续跳、多人绳中连续跳的动作方法，体会"8"字跳长绳的乐趣	1. 通过学生学习跳绳知识进行过渡提问，导入"8"字绕长绳的教学内容，摇绳时以肩为轴，摇绳手臂伸直在体前用小臂画圆，连续进行摇绳，摇绳时，两名同学要统一节奏，有力。 2. 尝试绳中连续跳跃，在练习过程中巩固动作的技能要点，各组成员可按照练习时的情况重新调整前后顺序。 3. 讲解比赛活动的游戏方法与规则后，学生自由分组，探究合作，在完成规定的个数后进行小组比赛，相同时间内连续跳得最多的小组获胜。	"绳"韵传文化"8"字世界	"8"字绕长绳

单元任务链设计在体育教学中扮演着至关重要的角色，它通过将核心任务"掌握单脚轮换跳短绳及其衍生的多人合作与团队技巧"精心分解为三个循序渐进的学习任务——"探索单脚轮换跳短绳的方法""探寻多种形式的双人合作跳短绳"以及"探秘'8'字绕长绳"，实现了学习目标的精准对标与深度落实。这一结构化设计不仅遵循了从基础技能到高级技巧的自然进阶，还巧妙地将体育核心素养的培养融入其中，包括提升学生的体能水平、运动技能、体育品德以及健康行为和体育意识。

在"探索单脚轮换跳短绳的方法"任务中，学生将通过反复练习与自我反思，逐步掌握单脚轮换跳的基本技巧，同时培养耐心与坚持的体育品德，以及自我调整与优化的健康行为。随后，"探寻多种形式的双人合作跳短绳"任务则进一步挑战学生的团队协作能力，鼓励他们在互动中探索不同的配合方式，增进默契，增强沟通协调与社交能力，这也是体育核心素养中不可或缺的一部分。最终，"探秘'8'字绕长绳"任务将学生的技能水平推向新高度，要求他们在动态变化的团队环境中，灵活应对、快速决策，展现出高超的运动智慧与团队协作能力。这一任务不仅考验了学生的身体协调性、灵敏度和耐力，还促进了他们创新思维与问题解决能力的发挥，深刻体现了体育核心素养的综合提升。

因此，这一单元任务链设计通过层层分解核心任务、步步落实学习目标，并在真实有趣且充满挑战的任务情境中引导学生开展体育学习实践，不仅有效促进了学生体育技能的增长，更在潜移默化中培养了他们的体育核心素养，为他们的全面发展奠定了坚实的基础。

五、 学习与活动

学习任务一：探索单脚轮换跳短绳

学习目标是：知道单脚轮换跳短绳的相关知识，学会单脚轮换跳短绳的动作方法，能有节奏地单脚轮换跳，并能增强手脚协调配合、平衡等能力，发展灵敏、力量等身体素质。积极参与各种单脚轮换跳短绳的练习及综合活动的挑战，能在与伙伴主动交流、团结协作，分享跳绳活动乐趣的同时提升节奏跳跃水平。培养对民间体育单脚轮换跳短绳运动的兴趣，在小组学练中沟通交流，学会相互评价，互相协助，养成勇于挑战、团结协作的良好品质。

活动安排如下：

1. 无绳左、右脚单脚跳。通过学习跳绳知识进行过渡提问，导入单脚轮换跳的教学内容，引导学生模范学习单脚交换跳绳，初步了解单双脚轮换的方法，感受手脚的协调配合。

2. 中速单脚轮换跳。教师创设情境并分组，鼓励学生积极尝试、挑战，通过巡视指导以及优生展示激发学生学练积极性。教师根据班级学生动作技能的掌握程度合理安排变单脚轮换跳的速度，注意循序渐进引导学生完成相对应的挑战。

3. 听音乐节奏轮换跳。各小组合理分配进行练习，按照教师要求，利用不同方式到达指定地点后听音乐节奏进行单脚轮换跳，组长统计其他小组正确个数，比一比固定时间哪一组失误次数少。

学习任务二：探寻多种形式的双人合作跳短绳

学习目标是： 引导学生乐于参与到跳绳活动中并能掌握多种跳绳技能，并能创造多种双人跳绳的方法，发展力量、灵敏素质，提高身体协调性。积极参与跳绳练习和游戏活动，能与伙伴主动交流、团结协作，分享跳绳活动乐趣。遵守游戏规则和要求，积极参与多种形式的跳绳活动，树立敢于拼搏和挑战意识，表现出乐于助人、诚实守信的行为。

学习活动如下：

1. 双人一带一摇。教师通过视频讲解双人一带一摇的动作方法与要领，运用喊节奏、鼓点节奏的方式，让学生尝试不同速度的一带一摇合作跳，并提示学生注意跳绳的节奏。

2. 一带一摇连续不断。通过视频讲解一带一摇连续不断的动作方法及要求：学生认真听讲，明确动作方法与要求，教师带领学生进行辅助性练习：①双人徒手叉腰并脚跳练习；②一人带一人单摇跳绳练习，学生仔细观察，积极学练。

3. 双人花样创编。两人一组创编组合跳绳方法，自由分组，相互配合，引导学生发挥想象进行创编，鼓励学生大胆展示自我，增强学生自信心。创编出一个双人跳绳动作可获得一个星星贴纸，比一比规定时间内哪组获得的贴纸数量最多。

学习任务三：探秘"8"字绕长绳

学习目标： 通过学习绕"8"字跳长绳的进绳方法，并能有节奏地实行原地跳长绳练习，使学生掌握绕"8"字跳长绳的动作要领。发挥学生的灵敏、协调水平，锻炼下肢力量与弹跳力等身体素质。积极参与到跳长绳的练习和游戏中，通过伙伴主动交流、团结合作，分享运动乐趣。按照游戏规则和要求，积极参与多种形式的跳长绳活动，表现出诚实守信、乐于助人的行为。

学习安排如下：

1. **持绳与甩绳。**教师示范或借助视频讲解引导学生观察动作要点，引导学生模仿学习长绳持绳和甩绳，初步了解其方法，感受甩绳的节奏。

2. **绳中连续跳。**借助视频讲解示范单脚跳跃的练习的动作方法，包括正确跑动和单脚起跳时机。学生仔细观察模仿，积极学练。老师指导学生进行入绳练习，纠错，学生思考错在哪里，教师讲解正确技术动作，有针对性地进行练习。学生练习过程中分组讨论、互帮互助。尝试绳中连续跳跃，练习过程中巩固动作的技能要点，各组成员可按照练习时的情况重新调整前后顺序。

3. **多人绳中连续跳。**教师讲解游戏方法和规则，组织学生分组进行比赛。学生认真听游戏规范，积极投入比赛。学生自由分组，探究合作，在完成规定的个数后进行小组比赛，相同时间内连续跳得最多的小组获胜。

六、评价与成效

在《体育与健康课程标准（2022年版）》的指导下，对水平二花样跳绳单元学业质量评价体系的构建，深度融合了定性与定量评价、过程性与终结性评价的多元方法，旨在全面促进学生核心素养的发展。该体系围绕运动技能、体能、健康与安全知识及技能应用能力等关键领域，通过技能演示、体能测试、知识竞赛及模拟情境等多种评价方式，精准评估学生的学习成效。在评价过程中，我们充分考虑学生的个体差异，鼓励多元化发展，既关注学生在花样跳绳上的准确性与流畅性，又重视其体魄增强、健康知识掌握以及实际应用能力的增强。通过持续的过程性评价与终结性评价相结合，旨在促进学生的运动能力、健康行为和体育品德的整体发展，为学生终身体育习惯的养成奠定坚实基础。

（一）过程性评价表

单元评价分单元过程性评价和单元终结性评价。三年级花样跳绳单元过程性评价设计说明：根据教材特点、三年级学生特点和创设各类活动内容，主要从"运动能力""健康行为"和"体育品德"三个维度入手，选择针对性的观测点确定评价标准，给予评价。以下为本单元过程性评价如下。（见表2-5）

表2-5 "花样跳绳"过程性评价表

班级:		姓名:		课时:	
评价内容	核心素养	观测点	评价标准	自评	他评
运动能力	技能	编花跳	能学会掌握编花跳,并能连续编花跳,跟音乐节奏跳。	☆☆☆☆	☆☆☆☆
	专项体能	一分钟并脚跳	1分钟并脚跳100次以上。	☆☆☆☆	☆☆☆☆
健康行为	社会适应	沟通交流	能与同学一起参与花样跳绳的练习,在活动中主动与同学交流互助,分享花样跳绳的乐趣。	☆☆☆☆	☆☆☆☆
	课堂表现	积极参与	在花样跳绳练习中积极思考如何上下肢协调配合,主动回答老师的问题。积极参与并脚跳和单脚交换跳练习并且与同学相互鼓励。	☆☆☆☆	☆☆☆☆
体育品德	体育道德	按照规则	能按照规则进行听信号比赛练习,表现出诚实守信的行为。	☆☆☆☆	☆☆☆☆
	体育精神	勇于挑战	能在并脚跳和单脚交换跳练习中表现出勇于挑战,坚持完成学练任务。	☆☆☆☆	☆☆☆☆

(二)单元过程性评价

三年级花样跳绳大单元终结性评价设计说明:从基础知识、基本技能及运用、体能、锻炼意识与环境适应、体育观赏与课余锻炼、体育道德与体育精神的达成情况进行评价。(见表2-6)

表2-6 "花样跳绳"单元总结性评价

学生姓名		评价者		日期	
评价内容		评价标准		星级评价	
基础知识		能说出花样跳绳的5~6个动作术语,知道花样跳绳活动与比赛的基础知识与基本规则。		☆☆☆☆	
		能基本说出花样跳绳的3个动作术语,知道花样跳绳活动与比赛的基础知识与基本规则。		☆☆☆	

评价内容	评价标准	星级评价
	能基本说出花样跳绳的1动作术语,知道花样跳绳活动与比赛的基础知识与基本规则。	☆☆
	不清楚花样跳绳相关的动作术语以及花样跳绳活动与比赛的基础知识与基本规则。	☆
基本技能及运用	学会单人跳、双人跳和8字长绳等基本动作和简单组合动作,能积极运用所学的规则参与比赛。	☆☆☆☆
	初步学会单人跳、双人跳和8字长绳等基本动作和简单组合动作,能积极运用所学的规则参与比赛。	☆☆☆
	基本学会单人跳、双人跳和1~2个动作组合。	☆☆
	基本学会单人跳和双人跳。	☆
体能	知道花样跳绳运动所需要的体能学练方法,主动在课内外参与体能练习,在发展灵敏、速度、力量等专项体能练习中全部达到标准。	☆☆☆☆
	知道花样跳绳运动所需要的体能学练方法,积极参与体能练习,在发展灵敏、速度、力量等专项体能练习中全部达到标准。	☆☆☆
	了解花样跳绳运动所需的体能学练方法,能按照要求参与体能练习,在发展专项体能练习中部分达标。	☆☆
	缺乏花样跳绳运动体能学练的相关知识,缺乏体能练习,各项专项体能素质不达标。	☆
获得星星总数		( )颗
最终等第		( )

备注:优秀(19—24颗星)、良好(13—18颗星)、合格(7—12颗星)、须努力(1—6颗星)。单元评价参照《体育与健康课程标准(2022年版)》中专项运动技能的学业质量合格标准。

本单元紧密围绕课程标准,精准定位学生学情,确立了以培养综合学习能力为核心的任务导向。通过细致解构学习目标,我们精心构建了学习任务序列,编织成一条连贯且富有层次的学习任务链。在此过程中,学生被鼓励深度参与学科实践活动,历经运动启迪、技能梳理、创意联想、细致赏析到个性展示的学习旅程，不仅知识与技能得以内化，更在过程中锻炼了思考深度、探究精神、协作能力以及共情素养。这不仅是对课程内容的一次创新呈现，更是对学生综合素养全面提升的一次有力推动。

（撰稿者：上海市嘉定区紫荆小学　倪鹏）

实践智慧 2-3

回顾成长年月，策划我们的十岁生日礼

【单元学习设计】沪教版小学三年级数学《年、月、日》跨学科主题学习

《义务教育数学课程标准（2022年版）》（以下简称新课标）将有关时间的学习划分到综合与实践领域。这一跨领域的内容调整，加大了教材解读的变化跨度，也使得相应的思考具有更深的意义。既然是综合与实践领域的主题活动课，那么课中应更加重视感知活动落到实处，积累活动经验，体会思想方法，培养核心素养。基于此，确定本单元核心学习任务，进行整体教学设计，设计学习任务链，以问题解决为框架，多操作，多实践，渗透学生对时间本质的深入理解，培养"量感"。

一、理念与价值

沪教版小学数学三年级上册"时间的初步认识（三）"单元由三课时组成，分别为《年、月、日》《平年与闰年》和《制作年历》。学生在此之前已经学习过"时、分、秒"等时间单位，建立了初步的时间概念。教材编排从2016年的年历入手，引导学生通过观察、比较、讨论，从而理解年、月、日之间的关系。

（一）立足整体建构，聚焦学习能力增强

整个单元的学习围绕"年、月、日""平年与闰年""制作年历"等时间概念，引导学生尝试用学过的知识解决应用性的数学问题和简单的实际问题，体会数学的价值，增强应用意识。学生通过查阅资料，知道中国古代与量有关的

概念的由来，培养家国情怀，积累学习经验。

（二）解读课程标准，聚焦核心素养发展

从数学的角度来看，"年、月、日"属于时间单位，而时间单位与长度、质量、面积、体积、角度单位一样，都属于"量与计量"领域，作为计量单位的学习，一个重要的方面就是要培养学生的量感。

新课标指出：量感主要是指事物的可测量属性及大小关系的直观感知，会针对真实的情境选择合适的度量单位进行度量，会在同一度量方法下进行不同单位的换算；初步感知度量工具和方法引起的误差，能合理得到或估计度量的结果。建立量感有助于养成用定量的方法认识和解决问题的习惯，为形成抽象能力和应用意识奠定经验基础。

让学生参与体验是培养量感的重要方式，多维度深层次体验式活动能有效地调动学生多重感官，经历量的形成过程，建立量的表象。而"年、月、日"是较大的时间单位，具有很强的抽象性，学生无法借助视觉和身体感觉直接体验，建立量感。教学中，通过"探究这十年有多长"——"绘制十年足迹图"——"制作明年年历"——"策划'我们十岁了'仪式典礼"，让学生在观察、操作、分析等活动中经历数学学习的过程，建立量感。

二、主题与目标

（一）教材分析

本单元是学生已经学习了"时、分、秒"的相关知识，并在实际生活中积累了一些"年、月、日"方面感性经验的基础上进行教学的。有关"年、月、日"方面的知识，时常出现在学生的生活和学习中，可以说学生已经或多或少地形成了一定的时间观念。

1. **计量单位横向梳理**。横向观察教材的编排，计量单位包括计数单位、货币单位、时间单位、质量单位以及测量单位。学生在此之前已经学习了计数、时间、货币、长度等一部分单位，具有一定的单位意识，初步具有对量感的感性认识。横向对比四个版本的教材发现，人教版分三个年级的三个单元中认识时间；苏教版在二年级下册集中认识时间；沪教版和北师大版在两个年级的两个单元中认识时间。这四个版本的知识内容大体一致，人教版的教材编排由浅入深，层层递进；北师大版本更注重以真实情景为导向，引发学生认知冲突。各

个版本教材都在学习"年、月、日"之前引导学生认识钟表，并结合生活经验体验时间的长短。（见表 2-7）

表 2-7　各版本教材有关时间的内容编排

	人教版	苏教版	沪教版	北师大版
一年级上册	认识钟表	/	/	认识钟表
一年级下册	/	/	认识钟表	/
二年级上册	认识时间	/	/	/
二年级下册	/	时、分、秒	时、分、秒	时、分、秒
三年级上册	时、分、秒	/	年、月、日	年、月、日
三年级下册	年、月、日	年、月、日	/	/

2. 单元所属位置纵向梳理。学生在一年级认识了钟面的结构，学会了认读时间，积累了一些时间的感性经验，可以看出一年级的学生只是静态认识了"整时""快几时了""几时刚过"，并没有强化分针和时针联动的过程。二年级上册的"时、分、秒"一课建立在学生已经认识"整时"的基础上，进一步学习"时、分、秒"的有关知识，属于认识时间的第二阶段，既承接着一年级"认识整时"，又为学生三年级学习"年、月、日"奠定了重要的基础。（见图 2-1）

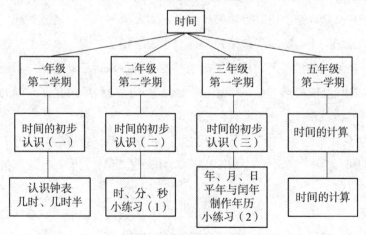

图 2-1　沪教版时间的内容编排

（二）学情分析

1. 认知起点：本单元教学起点是在学生已经学习了"时、分、秒"的相关知识，并在实际生活中积累了一些"年、月、日"方面的感性经验基础上进行教学的。学生在生活中已或多或少地形成了一定时间观念。

2. 认知特点：本节课的教学对象是三年级学生，三年级学生已经具备了一些基本的活动经验。他们能够在活动中发现问题，并能主动运用所学的知识与技能解决问题，能够主动思考，遇到问题愿意与伙伴交流，能够有条理地表达自己的想法。

3. 认知难点：时间单位抽象难懂，从原先"时、分、秒"较短时间单位跨越到"年、月、日"较长时间单位，跨度很大，对学生来说是一种挑战。同时本单元知识点较多，需要学生在不断应用、不断体验中建立正确的时间观念。时间单位"日"是最容易让学生体验和感受的，但学生理解"月"或者"年"有多长，需要借助一定想象力。

（三）学习主题与目标

本单元属于综合与实践领域的内容，旨在培养学生运用所学知识和方法解决问题的能力，适宜开展以数学课程内容为主，运用并整合其他学科知识与方法的跨学科主题学习。

1. 素养指向性。《年、月、日》原属于数与代数领域，新课标把这部分知识划分到了综合与实践领域。综合与实践是小学数学学习的重要领域，学生将在实际情境和真实问题中运用数学和其他学科的知识与方法，经历发现问题、提出问题、分析问题、解决问题的过程；感悟数学知识之间、数学与其他学科知识之间、数学与科学技术和社会生活之间的联系；积累活动经验，感悟思想方法，形成和发展模型意识、应用意识、创新意识，增强解决实际问题的能力，形成和发展核心素养。单元学习目标如下：

① 了解"年、月、日"的来源及它们之间的关系，会通过2月的天数等方法正确判断"平年""闰年"，用联系的眼光探究"年、月、日"之间的关系，提升量感。

② 在探究"年、月、日"规律和计算一年的天数过程中，逐渐学会有条理地思考问题，发展科学观念，培养推理意识和应用意识。

③ 了解"土圭之法"及"二十四节气"等中国传统文化，感受数学在生活中的应用以及与其他学科之间的联系，增强参与活动的积极性，厚植家国情怀。

④ 能够运用"年、月、日"相关知识解决实际问题，在解决问题的过程中增强推理意识和应用意识，积累数学思维活动经验。能激发阅读的兴趣，在交流、分享中发现不足，改进问题解决的思路和策略，增强反思能力。

2. 个体差异性。本次跨学科主题学习结合少先队活动每年为三年级学生举办的"十岁集体生日会"，确定本单元学习主题为"回顾成长年月，策划我们的十岁生日礼"。在设定跨学科教学目标时，需要考虑学生的个体差异和多元发展需求，确保教学目标符合学生的发展水平和特点。

根据前面制定的核心目标，对达成这一目标的层次进行水平划分。以第一课时《年、月、日》为例，设计目标层次划分。（见表 2-8）

表 2-8 学生理解《年、月、日》水平层次

水平层次	包含的内容要素	具体描述	赋分
水平 0	无	不认识"年、月、日"，不了解它们之间的关系	0
水平 1	认识"年、月、日"	能认识"年、月、日"	1
水平 2	了解"年、月、日"之间的关系	能认识"年、月、日"，并了解它们之间的关系	2
水平 3	知道大月、小月、平年、闰年	能认识"年、月、日"，并了解它们之间的关系知道大月、小月、平年、闰年	3

单元学习目标分析如下：

（1）低阶目标：

① 认识时间单位年、月、日，了解它们之间的关系。

② 知道大月、小月、二月及其相关知识，能正确判断平年、闰年。

③ 会通过查阅年历，知道某年某月某日是星期几。

（2）高阶目标：

① 通过小组合作制作年历的过程，进一步加深对年、月、日的了解，能作

出某天的时间规划；能运用年、月、日的知识解释生活中的问题。

② 通过对平年与闰年的了解，体会一般情况下每四年一闰的原因，感受数学的应用价值。

③ 在解决实际问题的过程中，养成合作意识，初步感悟统计、归纳、分类等数学思想方法。

④ 在年历上标出有纪念意义的日子，养成积极的情感，感受我国的传统文化。

在设计单元学习任务链时，考虑到不同知识基础和认知水平的学生，应当为不同学生提供更多的学习机会，激发学生的数学思考，在教学中给学生提供的学习任务需要把握以下原则：（1）开放性，任务能让不同层次的学生进入学习；（2）多层次，不同水平的学生能在任务中有不同层次的表现；（3）思考空间，任务能为学生提供良好的讨论空间。

三、问题与驱动

在确定了本单元的学习目标之后，随即进行了本单元的学习任务设计。本单元为沪教版小学数学三年级上册"时间的初步认识（三）"单元由三课时组成，分别为《年、月、日》《平年与闰年》和《制作年历》。学生在此前已经学习过时、分、秒等时间单位，建立了初步的时间概念。结合少先队活动每年为三年级学生举办的"十岁集体生日会"，将本单元的学习核心任务设计为：利用时间轴绘制十年足迹图，制作 2024 年年历并打卡；回顾成长年月，策划我们的十岁生日礼。教学中首先创设单元学习情境："学校要组织'我们十岁了'集体生日会，大队部王老师想邀请你们一起策划"，在策划之前，请同学们先来回顾一下自己这十年的成长足迹；再建构"这十年有多久"——"这一天有多重要"——"这一刻有多精彩"的学习任务，以"任务驱动"的方式，充分发挥学生的主观能动性，让学生在观察、操作、分析等活动中经历数学学习的过程，建立量感。

四、任务与序列

围绕单元核心任务，基于学习任务链构建具有一定的关联性、系统性、递进性的理念，我们整合教学单位，重组教学内容。基于《指向深度学习的单元学习任务链结构》，梳理解构单元学习任务链。（见表 2-9）

表 2‑9　指向深度学习的小学课堂"学习任务链"设计结构表

学习主题：回顾成长年月，策划我们的十岁生日礼

年段学科单元	三上数学第三单元		设计	刘娟
单元核心任务	1. 利用时间轴绘制十年足迹图 2. 制作 2024 年年历并打卡 3. 策划"我们十岁了"仪式典礼			
单元学习任务链	**任务目标**	**学习任务序列**	**任务情境**	**学习内容**
学习任务一 这十年有多久	1. 联系生活经验，知道年、月、日，初步了解它们之间的进率，建立数学量感； 2. 知道大月、小月，并会判断大月、小月，激发数学学习的兴趣，形成良好的情感； 3. 了解日常生活中年、月、日的各种表示方法； 4. 初步了解有关平年、闰年等方面的知识，感受数学的价值。	1. 搜集过去十年的年历卡片； 2. 阅读绘本故事，了解年、月、日的来源； 3. 探究过去这十年有多长； 4. 利用时间轴画出我们的十年足迹图。	年、月、日来源我知道	《年、月、日》 《平年与闰年》
学习任务二 这一天有多重要？	1. 通过年、月、日的知识的应用，体会珍惜时间的重要性； 2. 在探索年历制作方法的过程中，培养学生有条理地思考问题和解决问题的能力。	1. 推算开笔典礼的具体日期； 2. 推算自己成长中重要的一天； 3. 制作 2024 年年历，并进行任务打卡。	开笔典礼日期我来猜	《制作年历》
学习任务三 这一刻有多精彩？	1. 培养学生从多元维度看待、思考问题，加深学生对年、月、日的理解； 2. 通过年、月、日的知识，体会珍惜时间的重要性，学会合理规划时间，做时间的主人。	1. 图文结合，写出"十年里最精彩的一刻"； 2. 小组合作，讨论并策划"我们十岁了"仪式典礼的安排； 3. 绘制"我们十岁了"仪式典礼节目单。	十岁生日典礼我策划	图文结合：写出"十年里最精彩的一刻" 绘制"我们十岁了"仪式典礼节目单

单元任务链设计将核心任务分解为三个学习任务："这十年有多久""这一天有多重要""这一刻有多精彩"，对标学习目标梳理每个任务的学习序列，这样结构化的设计，将核心任务层层分解，步步落实，并引导学生在真实有趣且有挑战的任务情境中开展活动实践，培养核心素养。

五、学习与活动

学习任务一：这十年有多久

学习目标是：联系生活经验，知道"年、月、日"的知识，初步了解它们之间的进率，建立时间量感；知道"大月""小月"，并会判断"大月""小月"，激发数学学习的兴趣，养成良好的情感；了解日常生活中"年、月、日"的各种表示方法；初步了解有关"平年、闰年"等方面的知识，感受数学的价值。

学习活动安排如下：

1. 搜集过去十年的年历卡片。课前布置前置作业：搜集过去十年的年历卡片和与年、月、日有关的绘本故事、儿歌。在搜集年历卡片和绘本故事的过程中，初步了解各种年份年历卡片上的联系和区别，如"平年""闰年""大、小月""特殊月"等。

2. 了解"年、月、日"的来源。课堂对话，分享搜集的绘本故事与儿歌，丰富学生对"年、月、日"的认识，提高学生的阅读和表达水平；小组合作，创编儿歌，巩固"大小月"的记忆方法；探究"平年"和"闰年"的来源和规律，归纳判断"平年"和"闰年"的方法。

3. 探究过去这十年有多长。小组合作，完成学习单，探究过去十年的长度。通过计算或画图表示过去十年用在学习上的时间；观察名人一天的作息表，算出名人十年的学习时间；对比自己和名人用在学习上的时间，交流感受。在探究过去十年长度的过程中，建立数学量感。课后利用时间轴画出我们的十年足迹图，进一步感受这十年有多长。

学习任务二：这一天有多重要

学习目标是：运用"年、月、日"的知识解决实际问题；通过小组讨论，培养学生爱集体、爱家乡、爱祖国的情怀；在探索年历制作方法的过程中，培养学生有条理地思考问题和解决问题的能力。

学习活动安排如下：

1. 推算开笔典礼的日期。小组根据线索，推算开笔典礼的具体日期；观看视频《历史上的这一天》，小组讨论并选出最重要的一件大事，并说明"重要"的三个理由；应用"年、月、日"的知识解决问题，体会珍惜时间的重要性。

2. "你说我猜"游戏。同桌之间，根据对方给出的信息，推算出对方最重要的一天。在活动过程中，增强表达能力。

3. 制作年历。动手制作今年（2024 年）的年历，制订每月计划，根据计划打卡，增强学生有条理地思考问题和解决问题的能力。

学习任务三：这一刻有多重要

学习目标是：联系生活经验，运用"年、月、日"的知识策划十岁生日礼，建立时间量感，形成良好的情感，感受数学的价值。

学习活动安排如下：

1. 精彩的一刻。图文结合，写出"十年里最精彩的一刻"，课堂展示，交流分享并评选。从多元维度看待、思考问题，加深对"年、月、日"的理解。

2. 策划"十岁生日礼"。小组合作，讨论并策划"我们十岁了"仪式典礼的安排。绘制"我们十岁了"仪式典礼节目单，体会珍惜时间的重要性，学会合理规划时间，做时间的主人。

六、评价与成效

结合学习目标，有效制定评价体系。评价量表的设计要秉承"教—学—评"一体化设计理念，围绕核心任务与单元学习任务链的落实，牢牢抓住核心目标的具体表现，增强学生的反思意识、自主学习和迁移能力，并最终明确核心素养的达成。

（一）学习评价量表与评价标准

在学习任务完成过程中要关注学习行为的表现性评价，关注学生的推理意识、创新意识、语言建构等多方面的表现，关注学情需要，及时改进教学方法，激励学生自主探究，合作学习。关注学习的过程性总结性评价。教师在设计任务时，要结合目标预测学生作品可能呈现出的最好成效，再设计评价标准进行评估。（见表 2-10）

表 2-10　学习评价量表与评价标准

学习任务链	评价内容	自我评价	同伴评价	老师评价	综合总评
这十年有多久	任务 1：探索年、月、日的知识，计算过去十年的天数	☆ ☆ ☆	☆ ☆ ☆	☆ ☆ ☆	
	任务 2：用时间轴，绘制十年足迹图	☆ ☆ ☆	☆ ☆ ☆	☆ ☆ ☆	
这一天有多重要	任务 3：推算开笔典礼的具体日期	☆ ☆ ☆	☆ ☆ ☆	☆ ☆ ☆	
	任务 4：推算自己成长中重要的一天	☆ ☆ ☆	☆ ☆ ☆	☆ ☆ ☆	
	任务 5：制作 2024 年年历并进行任务打卡	☆ ☆ ☆	☆ ☆ ☆	☆ ☆ ☆	
这一刻有多精彩	任务 6：结合图文回顾精彩一刻，策划"我们十岁了"仪式典礼	☆ ☆ ☆	☆ ☆ ☆	☆ ☆ ☆	
核心素养	评价内容	评价标准			
量感	任务 1：探索年、月、日的知识，计算过去十年的天数	☆知道年、月、日和平年、闰年的来源，了解年、月、日之间的进率 ☆☆会判断大月、小月和平年、闰年 ☆☆☆应用年、月、日知识计算出十年的天数			
应用意识	任务 2：用时间轴，绘制十年足迹图	☆运用多种色彩，依次展现从出生到现在的每一年 ☆☆标注出重要的年、月、日并配上照片或插图，配色和谐 ☆☆☆将本节课学到的知识在十年足迹图上展现，如年、月、日的简写			
推理意识语言的建构和运用	任务 3：推算开笔典礼的具体日期	☆能推测出开笔典礼的具体日期 ☆☆认真观看视频，了解历史上这一天发生的大事 ☆☆☆积极思考，结合"道德与法治"学科知识表述自己的观点			
	任务 4：推算自己成长中重要的一天	☆仿照开笔典礼的题目，给出日期的关键信息 ☆☆仔细倾听，抓住有效信息，推算出小伙伴的重要日期 ☆☆☆综合运用各学科知识描述自己的日期，富有趣味性			

核心素养	评价内容	评价标准
美术表现 审美态度 量感	任务 5：制作 2024 年年历并进行任务打卡	☆正确制作 2024 年年历 ☆☆年历美观，配图有趣，定制打卡任务 ☆☆☆坚持打卡并进行记录
创新意识	任务 6：结合图文回顾精彩一刻，策划"我们十岁了"仪式典礼	☆图文结合，准确地展现十年中最精彩的一刻 ☆☆绘制一份完整的节目单，时间安排合理，节目编排有新意，各环节不重复 ☆☆☆排版合理，画面新颖，清晰表达自己的设计意图

（二）学习品质评价量表

为诊断学生学习品质，促进教师教学设计的完善，基于《指向深度学习的小学课堂学习品质观察记录分析表》，结合本单元学习内容和素养要求，设计学生课堂参与学习品质评价表。（见表 2-11）

表 2-11 学生学习品质评价

学习品质分析			
学习品质	校本化指征	观察点	表现评价 0 未见；1—5 程度由低到高
会思考 核心知识 与学科思 维的建构	搜集与整理	1. 正确知道年、月、日和平年、闰年的来源，了解年、月、日之间的进率。	
		2. 能推测出开笔典礼的具体日期。	
		3. 积极思考，结合"道德与法治"学科知识，表述自己的观点。	
会探究 理解学习 的过程	推理和创新	1. 应用"年、月、日"知识计算出十年的天数。	
		2. 仔细倾听，抓住有效信息，推算出小伙伴的重要日期。	
		3. 年历美观，有创意，配图有趣。	
	迁移和运用	1. 将本单元学到的知识在十年足迹图上展现，如年、月、日的简写。	

学习品质	校本化指征	观察点	表现评价 0 未见； 1—5 程度由低到高
		2. 能正确制作 2024 年年历，并坚持打卡并进行记录。	
		3. 会图文结合，准确地展现十年中最精彩的一刻。	
		4. 会通过多种途径学习知识，完成决策、预测、问题解决、实验探究、调查等任务。	
	协作和沟通	1. 会组织小组和班级讨论。	
		2. 经常和同学交流经验，主动在讨论中分享观点。	
		3. 能清晰地表达自己的观点，聆听他人的观点。	
		4. 乐于分享合作学习的成果，积极改进。	
会共情 积极的学 习情感	1. 能积极参与课堂，有感情地分享十年中最精彩的一刻。		
	2. 能管理好自己，信任老师，主动与老师、同学进行对话。		
	3. 能从同伴的分享中体会情感。		

　　本单元的跨学科主题学习设计，从教材出发，解读新课标，分析学生学情，将原来教材中"年、月、日""平年和闰年""制作年历"等较为零散的知识点有机整合起来，确定核心学习任务，分解成学习任务序列，建构单元学习任务链，加强与生活实际的联系，弱化学科之间的边界，通过任务引领学生自主迁移知识，分析问题和解决问题，开辟获取知识的新路径，创建学习实践的新形态。

（撰稿者：上海市嘉定区紫荆小学　刘娟）

第三章

境脉性：问题的创设在真实世界

　　问题的境脉性体现了学习的情境性、实践性和动态性。教师应注重问题情境的设计，确保知识的应用不局限于理论，而是融入真实情境中，以推动学生的思维发展和能力增强。通过把握问题的核心脉络，学生在解决问题的过程中，能够将内在经验与外部环境相结合，实现知识的内化和能力的增强。一句话，教学应以问题为导向，围绕情境脉络，促进学生在实践中理解和掌握知识，达到拓展认知、锤炼思维、深化理解的效果，实现学习方式的转变与升华。

学习是一种正在发生的行为并置于境脉主义视域之中的活动，学习的产生与发展离不开具体而动态的境脉，即外部的环境与内在的经验；学习的结果在于学生的经验得到再构并不断提升其水平。在教学中，境脉常被简单理解为"情境"与"脉络"的合称，指代全部教学情境或单元教学的主题式情境，意味着对全部教学情境的整体把握。单元学习任务链是立足驱动性任务的提出，具有情境性、过程性和脉络性；境脉概念具有主题趋向性、实践整合性、结构开放性和过程动态性。

第一，单元学习任务链具有主题趋向性。在设计学习任务时，我们确保所有活动都紧密围绕一个中心主题展开，以便学生能够通过完成一系列相互关联的任务来深入理解和掌握知识技能。在这一过程中，围绕中心主题设计学习任务不仅使学生能够掌握基础知识，还能通过实践操作将理论知识应用于解决实际问题，从而培养他们解决问题的能力。此外，主题趋向性有助于增强学习的兴趣和积极性，因为它提供了一个明确的学习方向，使学生能够清晰地看到自己在学习过程中的进步和成就。

教师在设计学习任务前，需要明确学习的核心主题或目标，并设计一系列紧密相连的任务，确保每个任务都指向核心主题，同时在难度和挑战性上有所递进。通过这种方式，学生能够逐步深入地理解核心主题，并通过实践操作来应用所学知识。

第二，单元学习任务链具有实践整合性。单元学习任务链的实践整合性在于将理论知识学习与实践操作紧密结合。通过设计一系列相互关联的任务，引导学生将所学应用于解决实际问题，从而深化理论理解并培养实践技能。这种方式不仅帮助学生将抽象理论与具体实践联系起来，还增强了他们的实践能力和问题解决能力，同时增强了学习兴趣和参与度。实施时，需明确核心主题，围绕其设计递进式任务，确保每个任务都包含实践操作，且难度逐渐提升。在任务执行过程中，应提供必要的技术支持和资源，鼓励学生综合运用所学知识，并给予及时反馈，以改进学习方法。通过这一系列任务，学生能够更好地理解和掌握知识，为未来的学习和职业生涯奠定坚实基础。

第三，单元学习任务链具有结构开放性。单元学习任务链的结构开放性意味着学习任务的设计并非一成不变，而是能够根据学生的具体情况灵活调整。这种设计的灵活性，赋予了学生在完成任务时一定的自主权。通过提供开放式的任务框架，学生可以根据自己的兴趣选择深入探索的方向，这不仅能够提升学习的积极性，还能促进个性化学习，帮助他们更好地适应不断变化的学习环境。

教师可以在任务链中设置一些可选的任务分支，让学生根据自己的兴趣选择不同的任务路径。同时，提供一些开放式的探究问题，鼓励学生自行寻找答案，这样的设计不仅能够激发学生的创造力，还能帮助他们在实际操作中深化对主题的理解。通过这样的设计，单元学习任务链不仅能够满足不同学生的需求，还能促进他们的自主学习和创造性思维能力的发挥。

第四，单元学习任务链具有过程动态性。在纷扰复杂的环境中，个体必须明确自己的目标，精心整合可用资源，并积极寻找合作伙伴，同时灵活运用策略，以自我意识深入理解周遭环境及其内在联系。通过跨学科知识的整合运用和跨界思维的串联资源，个体在解决错综复杂问题的过程中，能够不断增强自己的智慧和解决问题的能力。

单元学习任务链的动态性，能够根据学生的个人学习进度和理解程度进行适时的调整，同时也允许教师根据学生的反馈和实际情况对任务链进行及时的修改，提升学生的参与度和学习水平至关重要。

在设计任务链时充分考虑到学生的不同起点和学习速度，设计一些具有弹性的任务，让学生能够根据自己的实际情况选择适合的任务来完成，并适时地调整任务的难度和内容，确保学生能够在保持适度挑战的同时，避免过度的负担和压力。在每个阶段结束时，引导学生进行反思和自我评估，帮助他们识别自己的优势和劣势，并根据评估结果相应地调整自己的学习策略，以便在未来的学习过程中取得更好的成绩和进步。

学习方式的转型是当前基础教育改革的关键问题，而问题的境脉性是推进学习方式转变的有效路径之一，它侧重于解决真实问题，关注学科核心概念，强调学习过程的互动与学科实践，通过加强知识共享和共同解决问题，促进学生"理解性视界"的拓展，进而为其知识结构的内化及后续学习创造新的基础。

（撰稿者：上海市嘉定区紫荆小学　李为陈）

实践智慧 3 - 1

寻文化之根，做民间故事传承人

【单元学习设计】统编语文五年级下册第三单元学习任务链设计

　　统编小学语文教科书五年级上册第三单元学习任务链设计基于课程标准和教材内容，旨在确定单元核心学习任务，进行整体教学设计，以促进学生语文素养的发展。本单元学习任务链如同一条纽带，将学生的学习活动、教师的教学指导与单元教学目标紧密相连。

一、 理念与价值

（一）挖掘单元育人价值，把握文化认同的深刻性

　　本单元以民间故事为主题，通过学习这些故事，学生能够领略传统文化的魅力，感受民间故事中所蕴含的智慧、价值观和美好情感。民间故事是中华文化的瑰宝，它们承载着民族的记忆和精神，学生在阅读和学习民间故事的过程中，能够增强对民族文化的认同感和自豪感，树立文化自信。

（二）解读课程标准要求，把握能力增强的深刻性

　　本单元的学习有助于发挥学生的高阶思维和创意表达能力。对标《义务教育语文课程标准（2022 年版）》，本单元隶属于"文学阅读与创意表达"学习任务群，学生通过阅读民间故事，能够体会故事中的情节、人物形象和语言特色，感受作者的表达情感，增强审美能力。同时，在创造性复述和写作任务中，学生需要搜集、整合材料，运用所学知识进行创意表达，将民间故事进行改编或创作，这有助于增强学生的语言表达能力、思维能力和创新能力，发展

学生的高阶思维，获得个性化的审美体验。

二、 主题与目标

（一） 教材分析

本单元教材围绕"民间故事"这一人文主题编排，包括《猎人海力布》《牛郎织女（一）》《牛郎织女（二）》课文，以及《口语交际：讲民间故事》《习作：缩写故事》和《语文园地》。这些内容相互关联，旨在引导学生了解民间故事的特点，感受民间故事的魅力。

1. 阅读训练要素及其所处位置分析。本单元的阅读训练要素是"了解课文主要内容，创造性地复述故事"。在之前的学习中，学生已经具备了一定的阅读能力，能够初步把握课文内容。而在本单元的学习中，学生将进一步提高阅读水平，学会通过梳理故事的情节、人物关系等方式，更准确地概括课文主要内容。同时，创造性复述故事的要求也对学生的语言表达和思维能力提出了更高的挑战。

2. 表达训练要素及其所处位置分析。从低年级开始，学生就已经接触到了一些与表达相关的训练，如看图说话、简单的写话等。到了中年级，学生逐渐学习如何有条理地表达自己的想法，以及如何运用一些基本的写作技巧。在本单元中，表达训练要素主要体现在《习作：缩写故事》和《口语交际：讲民间故事》中。通过缩写故事，学生需要学会提取故事的主要信息，并用简洁的语言进行表达；通过讲民间故事，学生需要将故事生动地讲述出来，注意语言的表达和情感的传递。

3. 单元语文要素横向分析。本单元的三篇课文在民间故事的呈现上各有特点。《猎人海力布》通过讲述猎人海力布为了拯救乡亲们而牺牲自己的故事，展现了他的善良和勇敢；《牛郎织女（一）》描绘了牛郎和织女相识、相爱的过程，体现了他们对爱情的追求；《牛郎织女（二）》则讲述了牛郎织女被王母娘娘拆散后，隔河相望的悲惨结局，反映了人们对美好生活的向往。这些课文在情节、人物形象和语言表达上都具有民间故事的典型特征，为学生提供了丰富的学习资源。

《语文园地》中的"交流平台"引导学生围绕语文要素进行交流和总结，强调创造性复述故事的方法和要点；"词句段运用"则通过具体的例子，让学生体会民间故事的语言特色和表达效果。"口语交际"和"习作"与阅读教学紧密结合，是对学生阅读所得的实践运用。学生在讲民间故事和缩写故事的过程中，需要运用所学的知识和技能，将民间故事的魅力展现出来。

（二）学情分析

学生在之前的学习中已经接触过一些民间故事，对民间故事的形式和内容有一定的了解。但是，对于如何准确地概括课文主要内容、创造性地复述故事以及缩写故事，学生还需要进一步地学习和指导。此外，学生在语言表达和思维能力方面也存在一定的差异，需要教师根据学生的实际情况进行有针对性的教学。

（三）学习主题与目标

在尊重学生学习规律和关注学生差异性的前提下，结合《义务教育语文课程标准（2022年版）》中第三学段"阅读与鉴赏""表达与交流"领域的要求及"文学性阅读与表达"任务群的学习要求，确定本单元学习主题为"走进民间故事，感受传统文化魅力"。具体的学习目标如下：

1. 识记本单元的生字词，能正确、流利、有感情地朗读课文。

2. 学会创造性地复述故事，根据情节和人物特点添加细节使故事更生动；能提取故事主要信息进行缩写，做到内容完整、语言简洁。

3. 感受民间故事中朴素的价值观，体会其中蕴含的智慧和情感；对阅读民间故事产生兴趣，能自主阅读其他民间故事，拓宽阅读视野。

三、问题与驱动

（一）单元学习任务链具有主题趋向性

统编语文（五四学制）五年级上册第三单元的学习任务链紧密围绕民间故事这一主题展开，具有明确的主题趋向性。通过学习民间故事，学生能够深入感受传统文化的魅力，领悟民间故事中所蕴含的智慧和价值观。

1. 单元主题与教学目标的关联。明确本单元民间故事主题的具体内涵：本单元的民间故事主题聚焦于展现传统文化的丰富多彩，传递其中的道德观念、人生哲理和美好情感。这些故事通常具有浓厚的地域特色和民族风格，反映了人们对美好生活的向往和追求。

阐述教学目标如何围绕主题设定：教学目标旨在引导学生通过阅读民间故

事，了解其情节、人物和语言特色，感受传统文化的魅力；同时，培养学生的阅读理解、分析和表达能力，以及想象力和创造力。例如，学生要能够理解故事中所蕴含的传统文化元素，如民俗风情、神话传说等；分析故事中人物形象的特点，体会其品质和精神；并能够用自己的语言生动地讲述故事，表达对故事的理解和感悟。

2. 阅读任务与主题的契合。分析所选民间故事（如《猎人海力布》《牛郎织女》）如何体现主题：《猎人海力布》讲述了猎人海力布为了拯救乡亲们，不惜牺牲自己变成石头的故事，体现了他的善良、勇敢和无私奉献精神，展现了民间故事中赞美英雄、弘扬正义的主题。《牛郎织女》则描绘了牛郎和织女之间坚贞不渝的爱情故事，反映了人们对爱情的美好向往，同时也体现了民间故事中对勤劳善良品质的赞扬。

举例说明与主题相关的问题设计（如传统文化元素、人物形象特点等）：在阅读《猎人海力布》时，教师可以设计问题如"海力布的行为体现了哪些传统文化中的美德？""故事中关于宝石的传说反映了怎样的民俗文化？"，引导学生思考故事中蕴含的传统文化元素。在阅读《牛郎织女》时，教师可以提问"牛郎和织女的人物形象有什么特点？他们的爱情故事给你带来了怎样的启示？"，帮助学生分析人物形象，理解故事的主题。

3. 创造性复述任务与主题的融合。以不同角色视角复述故事对理解主题的作用：以猎人海力布的口吻复述故事，学生能够更加深入地理解他的内心世界，感受到他为了保护乡亲们所做出的牺牲；以乡亲们的口吻复述故事，则能够让学生体会到乡亲们对海力布的感激和敬意，从而更加深刻地领悟到故事中所传达的善良和正义的主题。

具体说明如何引导学生在复述中体现人物情感和想法：教师可以引导学生在复述时注意语言的表达和情感的投入，通过模仿人物的语气、神态和动作，来展现人物的情感和想法。例如，在复述海力布劝说乡亲们搬家的情节时，学生可以用急切的语气和表情来体现海力布的焦急和担忧；在复述乡亲们对海力布的感激之情时，可以用深情的语言和感动的表情来表达。

4. 写作任务对主题的深化。创作或改编民间故事如何培养学生对主题的深入理解：通过创作或改编民间故事，学生能够更加主动地去思考和探索民间故事的主题，将自己的理解和感悟融入故事中。例如，学生可以在创作中加入自己对善良、勇敢、爱情等主题的理解，通过故事中的人物和情节来表达这些价值观。

举例说明学生在写作中如何体现传统文化的智慧和价值观：学生在写作中可以借鉴民间故事中常用的象征、隐喻等手法，来体现传统文化的智慧。比如，用动物的形象来象征某种品质或精神，用神话传说来表达对自然的敬畏和对美好生活的向往。同时，学生还可以在故事中弘扬传统的价值观，如尊老爱幼、勤劳善良、诚实守信等。

5. 主题趋向性对学生素养的培养。提高学生对传统文化的认知和欣赏水平的具体表现：学生通过学习本单元的民间故事，能够了解到不同地区和民族的传统文化，如风俗习惯、民间传说等，从而拓宽自己的文化视野。同时，学生能够欣赏到民间故事中独特的艺术魅力，如生动的语言、丰富的想象、巧妙的情节等，增强自己的审美能力。

培养学生语文综合素养的相关方面（如语言表达、思维能力等）：在学习过程中，学生通过阅读、复述和写作等活动，锻炼了自己的语言表达能力，能够更加准确、生动地表达自己的想法和感受。同时，学生在分析故事的主题、人物形象和情节发展时，也培养了自己的思维能力，增强了分析问题和解决问题的能力。此外，学生在创作或改编民间故事时，还能够发挥自己的想象力和创造力，培养创新精神。

通过以上几个方面的阐述，可以看出本单元的学习任务链紧密围绕民间故事的主题展开，通过各种教学活动，引导学生深入理解和体验民间故事的魅力，从而提高学生的语文综合素养和对传统文化的认知和欣赏水平。

（二）单元学习任务链具有实践整合性

本单元的学习任务链注重实践整合，将阅读、写作、口语表达等多种语文实践活动有机结合起来。例如，在学习《猎人海力布》和《牛郎织女》等课文时，学生不仅要进行阅读和理解，还要通过小组讨论、角色扮演等方式，深入体验故事中的情感和情节。同时，学生还要根据课文内容进行创造性复述，锻炼口语表达能力。

在写作任务中，学生要结合自己对民间故事的理解和感悟，进行故事创作或改编，将阅读和写作有机结合起来。此外，我们还设计了口语交际活动，让学生在交流中分享自己对民间故事的理解和感受，增强口语表达和沟通能力。

通过这些实践整合性的学习任务，学生能够在实际操作中增强语文综合能力，更好地掌握语文知识和技能。

（三）单元学习任务链具有结构开放性

单元学习任务链的结构具有开放性，能够满足不同学生的学习需求和兴趣。例如，在阅读课文时，我们提供了多种阅读方式和思考角度，让学生可以根据自己的兴趣和能力选择适合自己的学习方式。在创造性复述和写作任务中，我们也鼓励学生发挥想象力和创造力，尝试不同的表达方式和风格。

此外，我们还设计了一些拓展性的学习任务，如让学生收集其他民间故事并进行分享，或者让学生对民间故事进行深入研究，探讨其文化背景和历史渊源。这些拓展性的学习任务能够激发学生的学习兴趣，拓宽学生的知识面。

（四）单元学习任务链具有过程动态性

单元学习任务链的实施过程是动态的，我们会根据学生的学习情况和反馈及时调整和优化任务链。例如，在教学过程中，我们会关注学生对每个任务的完成情况和理解程度，及时发现学生的问题和困难，并给予针对性的指导和帮助。同时，我们也会根据学生的兴趣和需求，适时调整任务的难度和内容，以确保学生能够保持学习的积极性和主动性。

此外，我们还鼓励学生在学习过程中积极参与互动和交流，分享自己的想法和经验。通过学生之间的互动和合作，能够促进学生的共同进步和发展。

总之，单元学习任务链的主题趋向性、实践整合性、结构开放性和过程动态性，能够为学生提供一个全面、系统、有效的学习环境，帮助学生更好地掌握语文知识和技能，提高语文综合素养。

四、任务与序列

围绕单元核心任务，基于构建语文学习任务群具有一定的关联性、系统性、递进性的理念，我们整合教学单位，重组教学内容，梳理解构单元学习任务链。（见表 3 - 1）

表 3-1 指向深度学习的小学课堂"学习任务链"设计结构表

学习主题：走进民间故事，感受传统文化魅力

年段学科单元	五上语文第三单元	设计者		宣逸婷
单元核心任务	1. 了解民间故事的主要内容，体会其情节和人物特点。 2. 学会创造性地复述民间故事，感受其语言魅力。 3. 能缩写民间故事，提取主要信息。			
单元学习任务链	任务目标	学习任务序列	任务情境	学习内容
学习任务一 阅读民间故事，理解主要内容	阅读三篇课文，概括故事主要情节、分析人物性格特点、探讨主题情感，体会民间故事的发展脉络、人物形象鲜明性及朴素价值观。	1. 初读课文，整体感知：思考课文主要讲述了什么故事，找出故事中的主要人物和事件。 2. 概括情节，梳理脉络：概括每个故事的主要情节，梳理故事的发展脉络。 3. 分析人物，体会特点：分析人物的性格特点，体会民间故事中人物形象的特点。 4. 探讨主题，感受价值：思考故事所表达的主题和情感，感受民间故事中朴素的价值观。	举办"民间故事分享会"，让学生有机会展示自己对民间故事的理解和复述能力。	《猎人海力布》《牛郎织女（一）》《牛郎织女（二）》
学习任务二 学习创造性复述，展现故事魅力	学习转换人称，以不同角色口吻复述故事；添加语言、动作、心理描写等细节，增强故事生动性；注意叙述语气和节奏，增强故事感染力。	1. 学习转换人称：学生选故事以不同角色口吻复述，体会不同视角感受。 2. 添加细节：学生选故事添加细节使其更生动有趣。 3. 注意语气和节奏：练习讲述故事，注意语气和节奏的把握。	开展"民间故事创编大赛"，鼓励学生发挥想象力，对传统民间故事进行改编或创作。	《口语交际：讲民间故事》
学习任务三 练习缩写故事，提取关键信息	学会筛选概括主要信息，用简洁语言表达；对比缩写前后故事，体会缩写方法和效果。	1. 明确要求：了解缩写的具体做法。 2. 筛选概括：选择一篇故事，筛选出主要信息，并用简洁的语言进行概括。 3. 对比体会：缩写前后的故事进行对比，体会缩写的方法和效果。	进行"民间故事缩写梗概比武"，通过训练让学生逐步掌握缩写能力。	《习作：缩写故事》《语文园地》

通过以上学习任务链的设计，将核心任务层层分解，引导学生在具体的学习情境中逐步深入地学习民间故事，提高语文综合素养。

五、学习与活动

学习任务一：阅读民间故事，理解主要内容

学习目标是： 正确、流利、有感情地朗读课文，了解故事中的主要人物和事件；能够概括故事的主要情节，理解故事的发展脉络；分析故事中人物的性格特点，体会民间故事中人物形象的鲜明性；探讨故事所表达的主题和情感，感受民间故事中朴素的价值观。

学习活动安排如下：

1. *初读课文，整体感知。* 学生自主阅读《猎人海力布》《牛郎织女（一）》《牛郎织女（二）》，标注出生字词，借助工具书或与同学交流解决；思考课文主要讲述了什么故事，找出故事中的主要人物和事件。

2. *概括情节，梳理脉络。* 学生再次阅读课文，尝试用简洁的语言概括每个故事的主要情节；小组讨论，交流各自的概括结果，互相补充和完善；教师引导学生梳理故事的发展脉络，明确故事的起因、经过和结果。

3. *分析人物，体会特点。* 学生找出故事中描写人物的语句，分析人物的性格特点；小组内分享自己对人物的理解，讨论人物形象的鲜明性；教师组织全班交流，引导学生深入体会民间故事中人物形象的特点。

4. *探讨主题，感受价值。* 学生思考故事所表达的主题和情感，结合自己的生活经验进行感悟；小组讨论，分享自己对故事主题和情感的理解，感受民间故事中朴素的价值观；教师进行总结和引导，帮助学生进一步理解民间故事的内涵。

学习任务二：学习创造性复述，展现故事魅力

学习目标是： 学习转换人称的方法，以不同角色的口吻复述故事；通过添加细节，如人物的语言、动作、心理描写等，使故事更加生动有趣；注意叙述的语气和节奏，增强故事的感染力。

1. *学习转换人称。* 教师讲解转换人称的方法和注意事项，如将第三人称改为第一人称或第二人称；学生选择一篇故事，尝试用不同角色的口吻进行复述，体会不同视角下的故事感受；小组内互相倾听和评价，提出改进意见。

2. 添加细节。教师引导学生回顾故事内容，思考可以在哪些地方添加细节，如人物的语言、动作、心理描写等；学生选择一篇故事，进行细节添加，使故事更加生动有趣；小组内分享自己添加细节后的故事，互相欣赏和评价。

3. 注意语气和节奏。教师示范讲述故事，注意叙述的语气和节奏，展示故事的感染力；学生模仿教师的讲述方式，练习讲述故事，注意语气和节奏的把握；小组内进行故事讲述比赛，评选出讲述最精彩的同学。

学习任务三：练习缩写故事，提取关键信息

学习目标是：明确缩写的要求，即保留故事的主要内容，去掉细节描写和次要情节；学会筛选和概括故事的主要信息，用简洁的语言进行表达；对比缩写前后的故事，体会缩写的方法和效果。

1. **明确要求。**教师讲解缩写的要求和方法，强调保留主要内容的重要性；学生阅读示例，了解缩写的具体做法。

2. **筛选概括。**学生选择一篇故事，进行缩写练习，筛选出主要信息，并用简洁的语言进行概括；小组内互相检查和修改，确保缩写后的故事内容完整、语言简洁。

3. **对比体会。**学生将缩写前后的故事进行对比，体会缩写的方法和效果；小组讨论，分享自己的体会和感悟，总结缩写的经验；教师进行总结和评价，帮助学生进一步掌握缩写的技巧。

通过以上学习与活动，学生能够逐步掌握阅读民间故事、创造性复述故事和缩写故事的方法，增强语文综合能力，感受民间故事的魅力和传统文化的价值。

六、评价与成效

结合学习目标，我们将有效制定评价体系，以确保学生的学习效果得到准确评估。评价量规的设计将秉承"教—学—评"一体化设计理念，围绕核心任务与单元学习任务链的落实，注重增强学生的反思意识、自主学习和迁移能力。

（一）学习评价量表与评价标准

在学习任务完成过程中，我们将关注学生学习行为的表现性评价，包括学生在学习过程中的思想态度、语用能力、合作探究、习惯养成等多方面的表现。同时，我们也会关注学习的过程性和总结性评价，及时了解学生的学习情况，改进教学方法，激励学生自主探究和合作学习。教师在设计任务时，会结合目标预测学生的作品可能呈现出的最好成效，并以此为依据设计评价标准进行评估。具体评价量表与评价标准见表3-2。

表3-2　学习评价量表与评价标准

评价内容	自我评价	同伴评价	老师评价	综合总评
阅读民间故事，理解主要内容	☆ ☆ ☆	☆ ☆ ☆	☆ ☆ ☆	
学习创造性复述，展现故事魅力	☆ ☆ ☆	☆ ☆ ☆	☆ ☆ ☆	
练习缩写故事，提取关键信息	☆ ☆ ☆	☆ ☆ ☆	☆ ☆ ☆	
评价内容	评级标准			
阅读民间故事，理解主要内容	达标级☆：能基本理解课文内容，概括故事主要情节。 良好级☆☆：能较好地理解课文内容，准确概括故事主要情节，分析人物性格特点。 优秀级☆☆☆：能深入理解课文内容，准确把握故事的主题和情感，分析人物形象深刻。			
学习创造性复述，展现故事魅力	达标级☆：能简单复述故事，语言较通顺。 良好级☆☆：能较生动地复述故事，注意转换人称和添加细节，语言表达较流畅。 优秀级☆☆☆：能创造性地复述故事，转换人称自然，添加细节合理，语气和节奏把握得当，故事具有感染力。			
练习缩写故事，提取关键信息	达标级☆：能尝试缩写故事，但可能存在信息不完整或语言不够简洁的问题。 良好级☆☆：能较好地掌握缩写故事的方法，提取关键信息较准确，语言较简洁。 优秀级☆☆☆：能熟练掌握缩写故事的方法，提取关键信息准确无误，语言简洁明了，表达流畅。			

（二）学习品质评价量表

为了诊断学生的学习品质，促进教师教学设计的完善，我们将基于《指向深度学习的小学课堂学习品质观察记录分析表》，结合本单元学习内容和素养要求，对学生课堂参与学习品质进行评价。具体评价量表与评价标准见表3-3。

表 3-3 学生学习品质评价

学习品质分析			
学习品质	校本化指征	观察点	表现评价 0 未见; 1—5 程度由低到高
会思考 核心知识 与学科思 维的建构	阅读与梳理	1. 能正确朗读课文,梳理文章结构,把握文章内容	
		2. 会阅读文本,提取关键信息	
		3. 能判断课文使用的表达方法	
会探究 理解学习 的过程	想象与赏析	1. 在朗读中能想象画面,并用自己的话描述	
		2. 能抓住关键语句,体会民间故事的表达效果	
		3. 能发现文章在内容与写法上的特点	
	迁移和运用	1. 能运用所学知识进行创造性复述和缩写故事	
		2. 能根据情境选择恰当的表达方式	
		3. 能根据别人的建议修正自己的作品	
	协作和沟通	1. 会组织小组讨论,与同学积极交流	
		2. 能清晰地表达自己的观点,聆听他人的意见	
		3. 乐于分享合作学习的成果,积极改进	
会共情 积极的学 习情感	1. 能积极参与课堂学习,有感情地朗读课文		
	2. 能从民间故事中体会作者的情感,感受传统文化的魅力		
	3. 能在学习中表达自己的感受和想法,具有民族自豪感		

　　通过以上评价体系的实施,我们能够全面、客观地评价学生的学习成效,及时发现学生的问题和不足,为教学改进提供依据。同时,也能够激励学生积极参与学习,提高学习质量,培养学生的语文核心素养。

（撰稿者:上海市嘉定区紫荆小学　宣逸婷）

实践智慧 3-2

探索皮影之魅，争做非遗传承人

【单元学习设计】沪教版美术四年级下册《感受民间艺术》学习任务链设计

上海教育出版社四年级第二学期第二单元"感受民间艺术"，用"学习任务链"为抓手，串联整个单元内容，促进教师大单元思维；以"学习任务链"的模式将学生的任务分成若干个阶段，每个任务与前后任务相关联，且逐层深入，环环相扣，帮助学生实现思维进阶。以此更有效地增加小学美术教学中单元整体效果。

一、理念与价值

上海教育出版社四年级第二学期第二单元主题为"感受民间艺术"，学生在欣赏、讨论、合作等美术活动中学习《大画西游—走近皮影艺术》，表达对皮影艺人的敬意，懂得皮影艺人对皮影艺术的坚守与热爱。《大话西游—会动的皮影》是让学生在了解皮影知识的基础上，来完整制作皮影人物，通过创编《西游记》皮影戏进一步让学生感知皮影艺术的魅力。

（一）单元育人价值

本单元是基于《义务教育艺术课程标准（2022年版）》进行合理的美术教学设计，旨在引导学生初步拥有对皮影艺术的感悟能力，感受传统文化的博大精深，传承传统文化，增强文化自信。皮影艺术是中华优秀传统文化的一部分，具有极大的研究观赏价值，在学习的过程中，学生需要了解皮影的历史，掌握皮影会动的原理。在欣赏的过程中，不断拓宽学生的视野，提高学生的人文素养和综合素质。新课标特别注重导向性和选择性，学生在积极参与美术活动时，能获得不同程度的发展，不断提高审美水平，了解和感受我国深厚的文化底蕴，传承和弘扬传统文化，坚定文化自信。

（二）单元学习价值

本单元教学设计也将多学科融合教学贯穿了整个课堂，开展丰富的具有综合性质的活动。不仅加强美术学科内部（设计、欣赏、造型等方面）的联系，还与音乐、科学、语文、表演等多学科进行了有机的融合。皮影艺术表演需要小组协作完成，包括如何制作让皮影人物动起来，如何配乐伴奏，如何写符合人物特征的剧本。在这个过程中，学生运用美育思想，对传统皮影不断进行思考、探究和融合现代元素，最后通过表演的方式呈现了精彩绝伦的演出，这种协作过程有助于培养学生的责任心和团结友爱的精神，也能增强学生之间良好的人际交往能力。当下我们能明显感受到，美术不只是传授学科知识技能，更要关注人文，学科融通，以美育人，从而促进学生综合素质的提升。

二、主题与目标

（一）教材分析

本课是选自上海教育出版社九年义务教育课本《美术》四年级第二学期第二单元"感受民间艺术"第一课的内容，本单元的教学要点：《大画西游—走近皮影艺术》一课是了解民间皮影艺术的基本知识，感受皮影人物造型的特点及丰富的内涵；《大话西游—让皮影人物动起来》一课是学习利用综合材料巧妙制作皮影人物的基本造型，并用纹样对皮影人物进行装饰。

（二）学情分析和重难点预设

从知识与技能方面分析，四年级学生经过几年的学习积累，大部分学生在技能掌握方面都有一定的经验，自主学习的方法与情况相对增多。但学生水平高低不同、认知不同的情况普遍存在，故需要从有利于学生个性化发展的角度提出分层次教学的要求，以适应每一位学生的实际发展是难点。学生在三年级的时候曾经学习过表现侧面奔跑人物、人物剪纸等知识技能，对于侧面人物特征、动作特点，以及绘画方法都有一定程度的认识和实践，但学生从没接触过皮影人物的动态造型和艺术形象设计，这是本课教学的重点。

从学习过程与方法方面分析，学生在手工制作上兴致高，学习更具有专注力，独立能力增强。但如何更高效地利用这些方法正确表现作品，结合非遗技艺特色表现出文化特征，需要老师提前做知识输入。让学生在欣赏皮影戏的过程中学会观察皮影的造型特点，并知道如何把皮影造型的艺术特点、纹样特点应用在皮影人物中，引导学生主动探究皮影的历史知识，激发学生对传统文化的浓厚兴趣，是本节课值得关注的点。

从学生情感、态度与价值观方面分析，四年级学生可以从一个问题的探究和思考中来慢慢感悟生活，体验艺术，增强审美观念和艺术鉴赏能力，对许多事情有自己的设计和规划。但用更丰富的作品表现出情感与氛围，以及同学之间的合作和相互学习，还需要老师的引导。

（三）学习主题与目标

以目标为导向开展教与学的活动，是美术学科课程实施的必要条件。通过以上对四年级学生的学情分析和学习难点预设，具体的单元教学目标如下：

1. 初步了解民间皮影艺术的基本知识，知道皮影人物造型的基本特点与纹样特点，以及制作程序；掌握皮影人物动态规律，初步学会小组合作制作一个会动的皮影。

2. 在收集、欣赏、交流的互动中，学习欣赏民间皮影的方法，观察皮影人物侧面造型的方法。在欣赏和观察过程中，学习皮影戏中的人物用羊角钉连接身体各部分的方法并尝试表演。

3. 感受皮影艺术的独特和人物造型的概括之美。体验制作会动的皮影和演绎皮影戏的快乐，感受中国民间皮影造型的独特美，培育传承民间艺术的意识。

三、问题与驱动

（一）基于单元课程分析，设计学习任务驱动

1. 从"问题"到"问题链"：基于单元教学目标，笔者提出以下问题：什么是皮影？皮影是如何诞生的？皮影戏由哪些道具组成？皮影的材质是怎样的？皮影的制作工序有哪些？皮影造型有什么艺术特点？皮影人物的制作步骤和方法？皮影人物纹样装饰需要注意什么？皮影人物各部分如何连接才能更灵动？在以上问题基础上，概括凝练出三个关键问题：①你能设计一张皮影小知识的探究单吗？②从皮影人物造型特点与纹样特点中，你可以借鉴些什么？③如何

将关键部位组成会动的皮影人物?（见图 3-1）

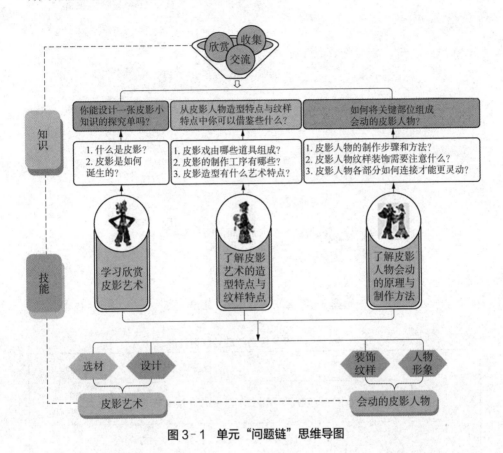

图3-1　单元"问题链"思维导图

2. 从"问题链"到"任务链"：在三个关键问题的基础上设计核心任务，在任务中落实美术学科核心素养。通过知内涵、感文化、学技艺、增自豪、会应用、体乐趣的单元逻辑思维体系，突出育人价值，达成学习目标。（见图 3-2）

（二）聚焦课时内容重点，解构课时学习任务

1. 设计课时任务驱动。学习是一个过程，而不是结果。在这个过程中，任务是推动学生前进的动力，也是学生掌握知识与技能的关键，将教学内容划分为若干个任务，然后将这些任务按照一定的顺序串联，形成任务链。因此，笔者将《大画西游—走近皮影艺术》这一课时的"学习任务驱动"逐级分解设计。（见表 3-4）

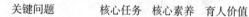

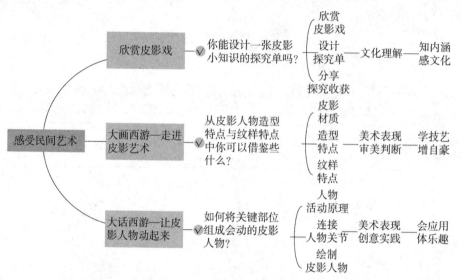

图 3-2　单元"任务链"思维导图

表 3-4　学习任务驱动分解设计表

		一级任务设计	二级任务设计	功能定位
学习任务链驱动	1	探寻皮影艺术	教师演绎皮影戏,初步了解皮影艺术。	知内涵 感文化
	2	了解皮影的材质及制作过程	1. 出示孙悟空皮影人物,小组讨论了解其材质特点。 2. 欣赏视频,寻找民间皮影的制作方法。	善观察 知审美
	3	学会观察皮影造型艺术的特点	1. 通过面部线条和头部造型,了解侧面形象的重要性。 2. 欣赏孙悟空皮影形象,了解皮影剪纸画的艺术特点。	学技艺 增自豪
	4	知道皮影头茬纹样特点	对比卡通形象和皮影形象的孙悟空,观察头茬的区别,总结皮影头茬的纹样特点。	学应用 体乐趣

2. 单元主题课例实践

活动1：情境创设，欣赏皮影戏

【关键设问①】

① 听声音，猜猜它是谁？

② 刚刚的表演中，你看到了哪些道具？

学习任务1：了解皮影道具

1-1：欣赏皮影戏，了解皮影道具

设计说明：通过听声音，猜人物，来引出大家熟悉的《西游记》人物；老师表演皮影戏，从视觉上感知皮影戏的魅力。

活动2：了解皮影的制作过程

【关键设问②】

① 皮影材质给你什么样的感受？

② 皮影到底是什么材质做成的？

③ 一张皮是怎么变成皮影的？

学习任务2：皮影材质是怎样的？

2-1：摸摸玩玩皮影游戏，看看皮影材质特点

2-2：了解皮影的制作过程

---

1. 出示孙悟空皮影人物，小组讨论了解其材质特点。

2. 欣赏视频，寻找皮影艺术的制作方法。

设计说明：从欣赏皮影戏入手，引导学生发现皮影戏的独特魅力，在玩皮影人物的过程中，激发学生制作皮影的兴趣，懂得文化传承的现实意义。

活动3：知道皮影造型的艺术特点

【关键设问③】

① 皮影人物有什么造型特点？

② 剪纸与皮影作品比较，两幅作品在造型上有哪些相似之处？

学习任务 3：皮影人物有什么造型特点？

3-1：欣赏皮影人物，了解皮影人物外形特点

3-2：观察对比，小组讨论皮影人物艺术特点

1. 小组讨论：皮影人物造型上的特点。

比较剪纸与皮影作品，两幅作品在造型上有哪些相似之处？

2. 学生交流，教师小结。

设计说明：用皮影人物与熟悉的剪纸人物对比观察，引导学生发现皮影人物的基本造型特点。总结传统皮影人物造型以侧面形象为主要表现形式，具有平面化、装饰美的艺术特点。

活动4：了解皮影头茬的纹样特点

【关键设问④】

① 观察皮影形象和卡通形象，有什么区别？

② 皮影的头茬造型有什么纹样特点？

学习任务 4：皮影的头茬造型有什么特点？观察对比，皮影形象和卡通形象的区别。

1. 皮影人物与卡通人物比较，两幅作品在纹样上有哪些不同之处？

2. 小组讨论：皮影人物的纹样特点。

设计说明：用皮影人物与熟悉的卡通人物对比观察，让学生发现皮影人物的纹样特点，总结出皮影人物的纹样有月牙纹、圆纹、花卉等纹样。

四、任务与序列

围绕单元核心任务，基于《指向深度学习的单元学习任务链结构》，确立从学科核心内容的基本问题——单元基本问题——课时关键问题——教学环节关键设问的"问题链"设计，梳理解构单元学习任务链。（见表3-5）

表3-5 指向深度学习的小学课堂"学习任务链"设计结构

学习主题：探索皮影之魅，争做非遗传承人

年段学科单元	四下美术第二单元	设计		夏婷
单元核心任务	1. 搜集材料，寻找皮影人物的制作方法，做中华非遗传承人。 2. 构建儿童视角，探趣皮影形象及创编皮影剧本，让古老的皮影艺术焕发新生机。			
单元学习任务链	任务目标	学习任务序列	任务情境	学习内容
学习任务一 大画西游—走近皮影艺术	欣赏皮影戏，了解皮影道具和皮影人物的造型特点，从视觉上感知皮影艺术的魅力。	1. 知道民间皮影艺术的基础知识和造型特点，初步学会皮影人物头部造型的制作方法。 2. 在欣赏、交流互动中，知道皮影人物侧面造型的方法，了解如何给人物头部进行纹样搭配。 3. 增加对中国民间传统艺术的了解和兴趣，体验制作皮影头部造型的快乐，激发深入学习皮影艺术的学习热情。	皮影艺术我来赏	《皮影艺术》
学习任务二 大话西游—让皮影人物动起来	通过实物观察《西游记》皮影人物，了解皮影的服饰特点，	1. 了解皮影人物会动的原理，知道皮影人物的动态变化是符合人体活动规律的，学会制作一个会动的皮影人物。 2. 在欣赏和观察过程中，学习皮影戏中人物用线连接身体各部分的制作方法及表演方法。 3. 感受中国民间皮影造型的独特美，以及皮影戏表演给人带来的快乐和艺术享受，体会皮影的艺术魅力。	皮影人物我来做	《会动的皮影》

五、学习与活动

学习任务一：大画西游—走近皮影艺术

学习目标是：知道民间皮影艺术的基础知识和造型特点，初步学会皮影人物头部造型的制作方法；在欣赏、交流互动中，知道皮影人物侧面造型的方法，了解如何给人物头部进行纹样搭配；增进对中国民间传统艺术的了解，培养对民间传统艺术的兴趣，体验制作皮影头部造型的快乐，激发深入学习皮影艺术的学习热情。

学习活动安排如下：

活动环节 1：感受皮影艺术的魅力

带着问题：1. 听声音，猜猜它是谁？2. 刚刚的表演中，你看到了哪些道具？通过听声音，猜人物，来引出大家熟悉的西游人物；老师表演皮影戏，从视觉上感知皮影戏的魅力。在这一环节中，通过学生熟悉的《西游记》人物来激发学生对皮影知识的兴趣。

活动环节 2：知道皮影造型的艺术特点

从三个关键设问切入：1. 皮影材质给你什么样的感受？2. 皮影到底是什么材质做成的？3. 一张皮是怎么变成皮影的？出示孙悟空皮影人物，玩玩皮影游戏，小组讨论了解其材质特点；欣赏视频，寻找民间皮影形象的制作方法。

活动环节 3：了解皮影头茬的纹样特点

小组交流讨论：1. 皮影人物有什么造型特点？剪纸与皮影作品比较，两幅作品在造型上有哪些相似之处？欣赏皮影人物，学生观察皮影造型了解皮影人物外形特点；观察对比，小组讨论皮影人物艺术特点。

用皮影人物与熟悉的卡通人物对比观察，让学生发现皮影人物的纹样特点，总结出皮影人物的纹样有月牙纹、圆纹、花卉纹等纹样。运用微视频演示的方法，让学生直观感受皮影人物形象及纹样的设计方法。

学习任务二：大话西游—让皮影人物动起来

学习目标是：了解皮影人物的身体结构，知道皮影人物的动态变化是符合人体活动规律，学会制作一个会动的皮影人物；在欣赏和观察过程中，学习皮影戏中的人物连接身体各部分的制作方法及表演方法；感受民间皮影艺术制作工艺的精湛，体验制作会动皮影人物造型以及皮影戏表演的快乐，激发探索民间艺术的热情。

学习活动安排如下：

活动环节 1：了解皮影服饰造型特点

带着问题：1. 它的服饰有怎样的特点？2. 和什么形状比较相似？通过实物观察《西游记》皮影人物，了解皮影的服饰特点；老师出示实物皮影，从视觉上感知皮影戏的魅力。在这一环节中，通过第一节课熟悉的《西游记》人物来延续学生对皮影知识的兴趣。

活动环节 2：了解皮影服饰纹样特点

从两个关键设问切入：1. 请仔细观察它的衣服有哪些纹样特点？2. 你想把这些纹样装饰在哪些部位呢？欣赏皮影人物服饰纹样，发现皮影服饰纹样特点，运用微视频演示，帮助学生更直观有效地了解皮影人物造型的结构与纹样设计。

活动环节 3：探索皮影人物关节部位

带着问题：动一动，玩一玩，想一想，皮影艺人用了什么方法连接身体，让皮影灵活地舞动起来的？自主探究，小组合作将皮影人物各关节连接起来。引导学生发现皮影人物各部位组合的连接，尝试仿制连接皮影人物身体和四肢。

活动环节 4：小组合作演绎皮影戏

小组合作演绎西游剧本。学生在舞台上展示三人合作的皮影人物，并跟着音乐节奏来演绎《西游记》剧本皮影戏。

六、 评价与成效

本校设计了基于深度学习的小学课堂"学习任务链"课堂观察记录表，从学生核心知识与学科思维的建构，理解学习的过程，积极地学习情感这三个方位记录，观察学生的学习状态，验证分析有效任务对于课堂逻辑的影响，便于教师反思增加课堂教学效果。（见表 3-6）

表 3-6　基于深度学习的小学课堂"学习任务链"分析表

课题：_____　　年级班级：_____　　执教者：_____　　记录者：_____

学习任务		意见建议	
学科教材	学习任务与教材目标的链接		
教师教学	任务设计匹配如何		
学习过程		学习品质体现	意见建议
学生学习	核心知识与学科思维的建构（会思考）	□掌握核心概念； □用清晰的语言提出自己的问题； □能应用学科思维方法进行判断和推理。	

学习过程			学习品质体现	意见建议
理解学习的过程（会探究）		自主学习	□能在规定的时间内完成学习任务； □积极寻找和利用资源，开展学习； □自主学习中能够呈现学习成果； □对自己的表现、学习成果展开自我评价。	
		合作学习	□明确分工与职责； □按照有效地（要求的）合作方法解决问题； □提出并解释自己的观点，并探究队员的观点； □尊重别人的不同观点，并积极沟通； □能够呈现合作学习成果，积极分享。	
积极地学习情感（会共情）			□积极参与学习，有效互动； □不怕困难，敢于挑战； □有同理心，感知别人的困境，主动帮助； □尊重他人，欣赏他人； □乐于分享，敢于表达、展示。	

此外，组内成员根据教学情况，制定了单元学习评价表。在《大画西游—走近皮影艺术》这一课中，评价标准包括学生能够知道皮影的侧面特征、生动的形象特点和独特的纹样设计，在《大话西游—让皮影人物动起来》这一课，评价标准包括学生在制作皮影人物的过程中，知道人物比例的协调美和关节连接的灵活性。（见表3-7）

表3-7 上教四年级"感受民间艺术"单元学习评价表

第1课时	多元评价	评价维度	评价标准	评价等第		
				☆	☆☆	☆☆☆
《大画西游—走近皮影艺术》	组长评	学习习惯	用心倾听			
			积极表现			
	自己评	学业成果	皮影侧脸形象生动			
			纹样独特制作精美			
	教师评	综合评价				

第 2 课时	多元评价	评价维度	评价标准	评价等第		
				☆	☆ ☆	☆ ☆ ☆
《大话西游—让皮影人物动起来》	组长评	学习习惯	积极合作			
			及时收纳			
	自己评	学业成果	纹样设计有整体美			
			人物比例有协调美			
			关节连接有灵活美			
	教师评		综合评价			

评价方法：依据课堂学习情况以打√的方式进行评价，并用一句话概述学习。

七、 结论与反思

本课例是运用学生熟悉的《西游记》皮影人物创设任务情境，基于"学习任务链"，围绕单元核心素养，以小组合作讨论的活动性以及探究皮影人物服饰特点的趣味性，提高课堂教学效率，调动学生兴趣和积极性，在观察、实践、思考的基础上完成教学目标。

1. 借助皮影戏手段，激发学生学习兴趣。在《大画西游—走近皮影艺术》的教学中，教师展示皮影人物，通过观察来吸引学生的注意力，使学生直观感受皮影戏的快乐，让学生更为深刻地感知皮影艺术。结合皮影戏与现代化教学手段来开阔学生的视野，感知皮影艺术的魅力，增强学生美术鉴赏和审美能力。

2. 引领视觉体验，感知皮影艺术情境。美术是视觉的艺术，需要通过视觉来初步感受美、培养审美感知力。在《大话西游—让皮影人物动起来》教学中，从《西游记》熟悉的人物情境入手，让学生深入感知《西游记》皮影人物纹样特点，用《西游记》皮影人物引导学生发现皮影服饰的特点。以小组合作的形式让学生在动一动、玩一玩皮影的过程中探索皮影会动的原理，达成体验、感知的教学效能。

3. 模拟戏剧情景，加强学生体验感悟。《义务教育艺术课程标准（2022年版）》指出："以各学科为主体，加强与其他艺术的融合；重视艺术与其他学科的联系，充分发挥协同育人功能；主动艺术与自然、生活、社会、科技的关联，吸取丰富的审美教育元素，传递人与自然和谐共生理念，促进学生身心健康全面发展。"小学生活泼好动，加之年龄偏小，对游戏活动的喜爱度高，参与主动性强。对此，教师围绕小学生的这一特点，开展创编西游剧本、戏剧配音表演，小组合作演绎等活动，让学生在游戏中学习并掌握知识，增加教学效果。通过《西游记》的主题，以小组合作的形式创编剧本并演绎皮影戏，营造皮影艺术创编氛围，体会皮影艺术表演乐趣。在这一过程中，无论是创作、还是表演，教师都给予了学生极大的自主权利，让学生自主讨论、自主创作、合作表演，激发学生的学习积极性。通过皮影人物的舞台展示，感受中国民间皮影造型的独特美，提升对皮影艺术的热爱，为弘扬传承民间艺术播下希望的种子。

（撰稿人：上海市嘉定区紫荆小学　夏婷）

实践智慧 3-3

走进真实情境，我是生活小能手

【单元学习设计】沪教版数学四年级下册《小数的加法》学习任务链设计

　　《义务教育数学课程标准（2022年版）》明确指出："数学教学，要紧密联系学生的生活实际，从学生的生活经验和已有的知识出发，创设生动有趣的情境，引导学生开展观察、操作、猜想、推理、交流等活动，使学生通过数学活动，掌握基本的数学知识和技能。""问题情境设计"已成为小学数学课堂教学中的一个重要策略。教学中，教师要非常重视创设教学情境，力求为学生提供良好的学习环境。

一、理念与价值

　　基于学校重点课题"指向深度学习的小学课堂'学习任务链'设计与实践研究"，笔者从"问题链"转向"学习任务链"，深入探究学生的学习路径，改变学习方式，实现教与学有效衔接，让深度学习真实发生。在此背景下，我们拟通过对课堂中"任务链"的共同设计与实践的课题研究，以"问题情境"为抓手，营造具有趣味性、贴近生活实际的情境，让学生迅速进入学习，利用各类"任务驱动"刺激学生的好奇心，进而鼓励学生自主思考，主动学习。研究设计基于"学校任务链"的情境，日趋改进并完善我们的课堂学习生态环境，逐渐形成学校的课堂学习样态，从而达到以每一堂家常课的累积，来提升学习品质的最终目标。

（一）学习的"广度"取决于数学思考，驱动数学思考是学习的重要基础。在实际教学过程中，我们创设贴近实际生活的数学情境驱动学生进行全面、深刻的数学思考，让学生独立思考，学会思考，唤起学习数学知识的兴趣。

（二）学习的"深度"取决于数学思想，体会数学思想是学习的重要保障。数学思想是学习数学知识的关键所在，主要包括转化思想、归纳思想、类比思想和演绎思想等。如在同一个情境中引导学生用多种方法运用观察、分析、类比、归纳等学习方法，可以帮助学生深入数学结构的内部，不仅学到知识，还增长了见识，更能体会到数学思想。

（三）学习的"高度"取决于数学本质，感悟数学本质是学习的根本所在。数学本质是指具体教学内容的真正含义，需要教师通过层层追问，才能精准把握，彰显数学独特的魅力。

笔者以沪教版数学教材四年级下册《小数的加法》为例，开展了相关研究与实践，力求让学生进行深度学习，驱动数学思考，体会数学思想，感悟数学本质，让数学学习不仅有"广度"，有"深度"，更有"高度"。

二、目标与主题

（一）整体解读

纵观整个小学数学知识体系，"加减"运算从整数、小数拓展到分数，深入对整数与小数算理及算法的研究，发现整数、小数二者的算法看似不同，但它们的算理实质上是相通的，本质核心是"相同计数单位的数"相加减，这一核心算理构建了整数、小数的加减运算之间的联系，形成了一个完整的知识网络。（见图 3-3）

（二）纵向对比

笔者将小学阶段加减法的运算知识进行纵向梳理，明确本单元的知识点在教材中的作用与价值。

纵向对比发现："小数加法和减法"单元知识编排顺序是《生活中的小数》《小数的意义》《小数的大小比较》《小数的性质》《小数点移动》《小数加减法》《小数加减法的应用》，与整数加减法的学习顺序是一致的，学生将经历由浅入深、由易到难的顺序进行学习，有利于学生将整数加减法知识迁移到小数加减

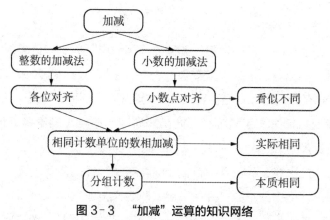

图 3-3 "加减"运算的知识网络

法的学习。通过学习小数加减法理解其算理，明白小数与以前的整数加减法的算理是相通的。

（三）横向对比

通过对"沪教版""人教版""北师大版"三个版本教材的梳理与分析，笔者逐步厘清本单元的知识脉络，更好地把握教学内容，还可以借鉴不同版本教材的编写，灵活地使用素材。具体对比如下：

相同点是，三者都采用购物的生活情境引入，通过问题引出小数加减法的学习；均有呈现范例，列竖式计算的小数加减法。不同点是，三个版本有竖式计算，沪教版还呈现正例与错例进行辨析。北师大版除了竖式计算，还借助货币、正方形、计数器等方法，帮助学生理解算理；三个版本都有通过对话揭示算法，但人教版的总结较为详细。

（四）学情分析

在本单元的第一课时《生活中的小数》的学习中，学生就已经深刻地感受到了小数与日常生活之间的紧密联系。同时，小数的计算与整数的计算在算理上又是相通的，对于小数的加法，学生会有似曾相识的感觉。紧紧抓住学生这一特点，引导学生利用已掌握的整数加减法的旧知迁移到小数的加法这一新的情境之中。这样既突破了知识之间的有机联系，又节省了教学时间，使学生能够以较快的速度形成小数加法的良好认知结构，帮助学生形成良好的计算技能。

（五） 学习目标

为了更好地开展"基于学习任务链的问题情境"的研究与探索，学校数学组先行先试，认真研读相关文献资料，从中学习相关理论与方法，将四年级下册第二单元中的单元学习目标设置为——"走进真实情境，我是生活小能手"，也将课时学习目标进行了梳理，以此初步厘清了单元主题下各课时之间的联系。具体安排如下：

《生活中的小数》对应学习目标：结合商品标价，直观认识一位、两位小数，会读商品价格中的小数，并能说出实际含义，能把"几元几角几分"用小数表示成用元做单位的形式；《小数的意义》对应学习目标：通过分数与小数的联系来认识小数，知道小数的组成，知道小数的各个数位及其含义，掌握小数的数位顺序表，经过有关长度的测量活动，体验小数的产生，能正确读写小数；《小数的大小比较》对应学习目标：会比较两个小数的大小，在比较小数大小的过程中发挥推理能力；《小数的性质》对应学习目标：通过观察比较，知道小数部分的末尾添上"0"或去掉"0"，小数的大小不变，会根据需要，利用小数的性质对小数进行简化和按要求改写小数；《小数点移动》对应学习目标：通过探究数射线，初步认识小数点位置移动引起小数大小变化的规律，会利用小数点位置移动引起小数大小变化的规律并简单计算，会利用小数点位置移动进行简单的单位换算；《小数加减法》对应学习目标：理解和掌握小数加减法的计算方法，能正确计算小数加减法，能较熟练地口算有效数字为两位的小数加减法；《小数加减法的应用》对应学习目标：通过实例验证，知道自然数加法运算定律、减法运算性质对于小数同样适用，能运用定律和性质使一些小数计算简便。

基于以上分析，数学组制定了以下的教学目标和教学重难点。具体如下：

学习目标是：理解和掌握小数加法的算理，掌握小数加减法的计算方法；能正确地进行小数加法的笔算，解决简单的实际问题；在学习过程中逐步体会迁移、比较等方法，养成良好的计算习惯。

教学重点是：理解小数加法的算理；教学难点是：掌握小数加法的计算方法，并能正确计算。

三、 问题与驱动

围绕"走进真实情境，我是生活小能手"这个研究主题，以《小数的加法》为例，先后进行了三次课堂实践，逐步调整并优化任务设计，以达到促进学生学习，提升课堂深度学习的目标，从中也发现了"问题情境"创设对于课堂效果的重要性。

（一）**第一次设计，发现问题**。第一次课例实践后，发现无论是从学生的课堂表现还是课堂环节的开展都不尽如人意，所构建的问题情境仍然无法摆脱传统教学的模式，这无疑与深度学习的理念背道而驰。主要存在以下三个问题：

1. *问题情境缺乏趣味性*。创设问题情境的初衷应该以激发学生学习兴趣为主，如果无法在课堂实施的过程中有效激发学生的学习兴趣，那么在之后的一系列学习活动中，学生的学习效率也就会随之相应降低。受到传统"一问一答"教学方式的影响，问题情境的构建就会简单而直接，在这样的情况下，学生就很难真正地开展深度学习。

2. *问题情境缺乏有效性*。与过去相比，深度学习的模式对学生的课堂参与度和学习的时间都提出了更高的要求。在这种情况下，教师如何选择适当的切入点，建构相对合理的问题情境就成了重中之重。一方面，笔者起初所设计的问题缺乏重点，另一方面，问题情境也没有贴近学生的实际生活，这无疑致使课堂教学的效果较差，学生深度学习的程度较浅，也未能注重培养学生相应的数学综合素养能力，缺乏有效性。

3. *问题情境缺乏思维性*。基于深度学习的模式，学生需要全身心地投入学习、积极思考。在构建问题情境时，需要更加注重学生的主体地位，设计有一定讨论度、有挑战性、有趣味性的学习活动。一味构建基础的、简单的、单一的问题，会导致学生的思维量不足，减弱学生学习的成就感，自然也无法有效培养学生能力。

（二）**第二次改进，完善设计**。通过第二次改进后，可以看出，新的问题情境的设计在很大程度上避免了学生思维弱化的问题，帮助学生提升了思维的活跃性。良好的问题情境的创设能让学生很快进入学习状态，养成自主思考的习惯，课堂氛围更加活跃，学生的积极性也相对较高，进而进入深度学习层次，有效提高学生的学习效率。具体安排如下：第一步，先回忆小数的相关知识点；第二步，想一想，能用什么方法帮助我们计算 5.4＋6.58；第三步，尝试计算，想一想小数和整数加法的竖式计算有什么异同点？第四步，初步探究讨论出小数加法的算法。

（三）**第三次总结，反思提升。**随着一次次的课堂实践，我们回顾了本次课例研究的过程，并针对教学流程进行了梳理与总结，及时形成了结构化流程（图3-4）；针对课例研究过程中发现不足与亮点，进行讨论并及时撰写了相关的教学反思。

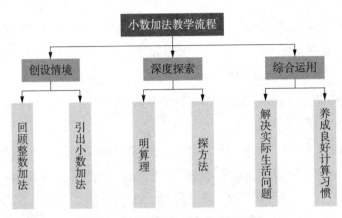

图3-4 《小数加法》教学流程图

四、任务与序列

在经过多次课堂实践之后，笔者逐步理清教学脉络，所创设的情境更加贴合教学实际。

（一）**立足多种手段，提高问题情境趣味性。**充分激发学生的学习兴趣是开展深度学习的一大前提，这需要学生充分参与其中。因此，对比上面的两次教学实践，笔者发现不同的问题情境其实对学生回答形式及反馈的影响是很大的。如果设计的任务或问题太单一，缺乏趣味性，学生会显得无所适从，甚至失去学习兴趣。可见，教师要根据学生的兴趣和认知特色，合理利用多种手段与途径，提高问题情境的趣味性，可以为学生的深度学习奠定扎实的基础。

（二）**立足核心素养，创设合理的问题情境。**教师不仅要让学生掌握所学知识，更要培养他们的核心素养。课堂上学生沉默寡言，可能是因为问题情境的创设不合理。首先，第一节课任务目标很不明确，导致学生不知从何做起、从何讲起。其次，教师所提问题很宽泛，不能帮助学生联结旧知，形成知识体系。这需要教师科学构建问题情境，将核心素养培养与实际的教学结合起来，切实培养学生的数学能力。

（三）**立足前置知识，构建递进的问题情境。**数学学习的过程是讲究螺旋式上升的，如果不能充分掌握足够的前置知识，学生就会举步维艰。从两次课堂实践来看，学生的表现确实如此。第一次尝试时，课堂模式多为"一问一答"，很大程度上限制了学生的思考空间。当第二次尝试时，笔者有意识地铺垫了大量的前置知识，再引导学生讨论新知，学生的思维空间一下子被打开了。可见，在教学中，教师需要立足前置知识，构建具有递进性的问题。

通过研究《小数的加法》一课，不难发现：基于任务链的问题情境创设的目标取向和过程认识等，都为数学核心素养的培养提供了路径。在一次次改进中，笔者对教材的理解加深，对课堂问题的生成更细腻，也更能立足学情来推动深度教学，为学生系统学习、有意义理解、提升素养创造条件，更为学生深度学习搭建平台。（见表3-8）

表3-8　修改前后的问题情境

问题情境	修改前	修改后
1	你能用什么方法算一算 5.4＋6.58?	借助"元角分""数的组成"等方法，能帮助我们计算 5.4＋6.58 吗?
2	尝试计算 7.8＋5.4，你能试着归纳计算方法吗?	尝试计算 7.8＋5.4，想一想小数和整数加法的竖式计算有什么相同点?
3	遇到小数部分末尾有 0 怎么办?	谁能帮助我们回忆小数的性质? 小数加法和整数加法有什么不一样的地方呢?

五、学习与活动

（一）学习任务1——创设情境，提出问题

开学初，同学们都喜欢去文具店选购一些文具，你从图中了解到哪些数学信息? 你能根据图片分别列出两个算式吗?

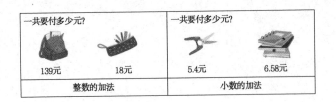

分析：数学来源于生活也应用于生活，教师用学生熟悉的"买文具"的生活情境引入新课，让学生感受小数加法是生活中很常用的数学知识，激发学生的学习数学兴趣，同时为学生借助货币单位探究算理提供情境依据。

（二）学习任务2——分层探究，明晰算理

探究位数不同的小数加法，通过问题：买一把剪刀和一个文具盒要多少元，让学生列式，尝试笔算，再通过辨析，验证计算结果的正确性。

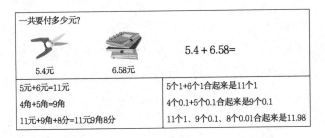

分析：学生借助直观模型验证"5.4＋6.58"的计算结果，在操作活动中理解算理，掌握算法。教师精心设置关键问题，让学生在层层追问、对比中感悟到不同验证方法的相同之处；最后通过小数加法与整数加法的对比，让学生感受整数加法与小数加法之间是相通的。

（三）学习任务3——辨析对错，归纳总结

下列各题这样列竖式对吗？		
7.8	1.45	38
+ 5.4	+ 15.3	+ 28.76

邀请同学通过说一说，判断各题这样列竖式是否正确，从而尝试归纳出小数加法的一般方法。

分析：学生已经理解了小数加法的算理，掌握了算法。通过收集展示典型错例，学生相互交流、判断分析错因的学习过程，总结归纳出小数加法竖式计算的方法。

六、 成效与评价

在本课例的研究过程中，笔者采用学校基于深度学习的小学课堂"学习任务链"课堂观察记录表，由组内多位教师分别从"会思考、会探究、会共情"三个主题观察学生的学习过程与品质，进行汇总；再基于观察结果的反馈，对每一次的课例进行详细解读与分析，从而为进一步研讨提供依据，提高课堂教学的质量与水平。

此外，我们还结合具体的教学情况，制定了具体的评价标准。例如，在"购买文具"的教学案例中，要求学生能够运用小数知识计算商品的价格。评价标准包括学生能够正确读取商品标签上的小数价格、能够运用小数进行简单的加减运算、能够解释计算结果的含义等。通过这样具体的案例，我们能够更直观地了解学生在实际情境中应用小数知识的能力，同时，我们也发现通过"学习任务链"，不但可以提升学生的自主学习精神，同时还能帮助学生掌控好自身的学习方向；而"问题情境"的创设，既可以锻炼学生收集分析信息的能力，也可以激活学生原有认知中的相应知识模块，使学生做好思考的准备，有利于指引学生思考的方向，激发学生对学习数学的兴趣，真正引发"真实"且"有深度"的学习环境。

1. 联系生活实际，创设问题情境。"生活即教育"，以学生所熟悉的生产现象和生活事实来阐述抽象枯燥的知识，既能增强学生对知识的熟悉感，又能培养学生细心观察、勤于思考的习惯，让学生从生活中发现问题，解决问题，让学生感到学有所用。更重要的是，将问题置于不同的生活情境中，会将原本抽象简单的问题范围拓展，学生学会从不同的情境中内化解决问题的规则和方法，促进知识之间的迁移和创造力的形成。例如，学生在探讨小数加法"5.4＋6.58"的计算方法时，教师通过引导学生激活"元角分"等生活经验和旧知，利用这种生活化的问题情境，让学生从具体的生活情境中学习新知，既加深了对知识的印象，也锻炼了学生从具体生活中分析归纳的思维能力。

2. 结合新旧知识，创设问题情境。新旧知识结合是创设问题情境的基本方法之一。教师通过构建以学生已学的知识为情境的问题，能引导学生实现通过已学知识向新知识的转化与过渡，帮助学生培养迁移知识的思维方法。例如，学生在归纳总结小数加法的计算方法时，教师可以首先创设之前已经学习过的"整数加法的计算方法的格式是什么？要特别注意的点有哪些？小数加法和整数加法又有哪些相同点呢？"这样的问题来让学生讨论，引导学生明确小数和整数之间的关系，从而解决本节课的重点。这种问题情境的创设符合学生的认知规律，比起单纯的死记硬背，更能让学生实实在在地感受到数学推演得出结论的过程。

3. 设置疑问猜想，创设问题情境。"疑问"是激发思维的前提，是激发思维的动力。如果问题的情境是由一系列的疑惑和问题组成的，使学生能够带着问题去思考，就更能激发思维的目的性。如果在解决"遇到小数部分末尾有0"这一特殊情况时，教师能够将这一难点分解成一个个互相关联而又彼此独立的问题情境——"谁能帮助我们回忆小数的性质？""小数加法和整数加法有什么不一样的地方呢？""小数加法和计数单位是不是有关系呢？"，再由这些问题引领学生逐步厘清思路，难点就能迎刃而解。利用这样由浅入深、由易到难、层层递进的问题情境，才能在课堂中引导学生逐步探究，将学生思维引向新的高度，从而促使学生多角度、多方位地去思考解决问题的方法。而在针对创设问题情境的研究过程中，往往会陷入过于注重教学的情境化，为了创设一个问题情境而"冥思苦想"的现象，但其结果就是，很有可能导致所创设的问题情境脱离生活，脱离实际，脱离教材，最终在教学效果中成了事倍功半。如何在教学过程中引起学生积极的、健康的情感体验，使学生有身临其境的感觉，直接提高学生对学习的积极性，使学生活动成为学生自主进行的、快乐的事情。笔者认为——

1. 教师对教材内容要熟练掌握，融会贯通。在学校龙头课题"指向深度学习的小学课堂'学习任务链'设计与实践研究"的引领下，深度把握单元目标和课时目标，以此为基础，再结合教材创设有效且合理的问题情境。

2. 要从学生已有的生活经验出发，恰当地创设课堂情境，使学生获得继续学习的自信心和兴趣。

3. 我们要在课堂上营造和谐的学习氛围，形成积极合作的关系，把学生的课堂主体地位表现出来，让他们在实践中去发现，去探索，才能充分调动他们参与课堂学习的兴趣。

综上所述，要想让数学课堂教学变得具有一定的高效性，值得我们在今后的数学教学中，进一步地钻研和探索。通过这样的课堂研究，我们也发现：正因为有了"任务链"的引领，在帮助教师理清思路的基础上，助力教师创设出有效的问题情境，才能从"深度学习"的视角提升"学习品质"，让学习真实发生。

（撰稿人：上海市嘉定区紫荆小学　王家俊）

第四章

解构性：思维的成长在探索之间

　　解构是一把钥匙，它不仅是文字的拆解，更是思维的解放与重组。单元学习任务链的设计，将大任务视为一个复杂的系统，学生们通过目标分段、场景分段、叙事分段、要素分段四驱并行，将大任务拆解为多个相互关联、相互影响的子任务。在完成一个个子任务的过程中激发学生的潜能，增强其逻辑思维和问题解决能力，从而促进学生深度学习。

解构是读者的解放，是一种开放活动，是意义的"自由游戏"。后现代哲学家德里达强调了文本之间的互文性和意义的多元性，认为任何概念都是与其他概念相互关联、相互影响的①。我们研究单元学习任务链，就是借助德里达的解构思想，将大任务视为一个复杂的系统，其中包含多个相互关联、相互影响的子任务。学生们通过完成一个个子任务，可以更好地理解其他子任务，并在整体上把握大任务的核心内容和意义，从而促进学生深度学习。

德里达的解构主义首先要消解的是"结构"概念。单元学习任务链的设计立足单元结构特点，需要准确把握单元的核心素养和主题，对单元学习内容进行深度挖掘和结构化组织，帮助学生深入理解学科知识的本质和内在联系。我们在分解大任务时，借助德里达的"拼贴"思想②，将复杂的整体分解为可操作的碎片，再通过重新组合这些碎片来构建新的意义。单元大任务由若干子任务构成，每一个任务都有自己的目标、空间、时间和内容，整体构成任务链条。因此，在实践过程中，我们通过以下四种方式，实现单元学习任务链有效"拼贴"系列子任务。

第一，目标拼贴与任务段落：**目标分段，一段一任务**。我们将每一单元总目标细化为一系列具体、可操作的课时分目标，每个分目标则对应一个或多个独立但又相互关联的子任务。这种"目标拼贴"的方式有助于学生逐步接近并最终达成单元总目标的学习，同时促进深度学习的进行。

第二，场景拼贴与任务空间：**场景分段，一段一场景**。"场景拼贴"是指在学习任务链中，根据不同的学习内容和目标，构建多样化的学习场景（即任务空间），每个场景对应一个特定的学习任务。例如，角色体验场景，学生在文本

---

① 张沛. 德里达解构主义的开拓 [J]. 北京师范大学学报，1991，（06）：100—105.
② 叶萍. 后现代主义解构性特点解析——以我国影视作品为例 [J]. 新闻传播，2018，（08）：89—90.

学习过程中，体会主人公情感，尝试角色代入，并能以主人公的身份沉浸式地思考解决相应的学习任务；实物（实地）接触场景，学生通过实际观察或动手操作，更真实直观地掌握事物的精准数据及相关知识，为解决相应的学习任务打下基础；虚拟仿真场景，利用网络软件或在线平台，帮助学生在虚拟环境中感知学习内容，让生活中未曾接触或距离遥远的事物真实地呈现，提升学生感官体验，也更积极有效地推动任务的解决；合作交流场景，组织学生进行小组讨论或团队合作，共同解决复杂任务。交流中，学生可以分享自己的学习心得和任务解决策略，促进彼此之间的学习和成长，从而达成目标任务的学习。诸如以上学习场景的构建，我们每一节课堂都在发生，这种方式不仅能激发学生的学习兴趣，提高学习效率，同时也有助于他们在实际情境中应用所学知识。

第三，叙事拼贴与任务时间：叙事分段，一段一叙事。"叙事拼贴"是指在学习任务链中，采用分段叙事的方式，将学习任务分解为一系列具有时间顺序和逻辑关联的小故事或小情节。每个小故事对应一个学习任务，通过连贯的叙事线索引导学生逐步深入学习。这种方式能够增强学习的趣味性和连贯性，帮助学生更好地理解学习内容之间的内在联系。例如，我们在解决某一课时分目标的子任务时，会采用整体引入——分步解析——主题探讨三步走的方式，先为学生搭建一个初步的任务学习框架，再将学习任务分解成若干小任务，学生需要解读并完成这些小任务，并做好相关记录，在解决所有小任务后，学生再整体解决一个完整的学习任务。通过这样分段叙事的方式，学生能够更好地按照时间和逻辑顺序解决问题，从而感知小任务到子任务再到课时目标达成的一系列进阶过程，从而实现学生深度学习。

第四，要素拼贴与任务内容：要素分段，一段一要素。"要素拼贴"是指在单元学习任务链中，将复杂的学习内容分解为若干关键要素或知识点，每个要素对应一个学习任务。通过逐一攻克这些要素点，学生可以逐步构建起完整的知识体系。例如，在跨学科综合单元学习过程中，我们会将主学科的某个学习内容，分解为各相关学科关键要素（即任务内容），关键要素之间相互交织、相互支撑，共同构成了主学科某一学习内容的完整知识体系。通过要素拼贴的方式，有助于学生更加清晰和系统地把握学习内容的重点和难点，同时培养学生的跨学科思维能力和综合素质。

总而言之，德里达的解构思想和"拼贴"思想为单元学习任务链的设计提供了新的视角和方法论指导。通过目标拼贴与任务段落、场景拼贴与任务空间、叙事拼贴与任务时间、要素拼贴与任务内容四种高效实践方法的应用，我们不仅能够将单元大任务巧妙地分解成一系列相互关联、逐层递进的子任务，还能在完成任务的过程中激发学生的潜能、培养其创新思维和问题解决能力。这种的任务设计模式不仅符合现代教育的理念和发展趋势，也为学生的全面发展提供了有力的支持。在未来的教育实践中，我们会继续探索和完善这一模式的应用策略和方法路径，以更好地服务于学生的成长和发展。

（撰稿者：上海市嘉定区紫荆小学　黄晓艳）

实践智慧 4‑1

感生活之美，悟人生之彩

【单元学习设计】英语 4BModule3Unit3 单元学习任务链设计

英语（牛津上海版） 4BModule3Unit3 单元学习任务链设计基于课程标准和教材内容，坚持育人为本，强化英语素养立意，围绕单元主题，确定单元核心学习任务，将学生的学习活动、教师的教学指导和单元的教学目标紧密地连接在一起，进行单元整体教学设计，充分挖掘育人价值，确立单元育人目标和教学主线。

一、理念与价值

《义务教育英语课程标准（2022 年版）》在课程实施板块给出的七条教学建议："1. 坚持育人为本； 2. 加强单元整体教学的整体性； 3. 深入开展语篇研读； 4. 秉持英语学习活动观组织和实施教学； 5. 引导学生乐学善学； 6. 推动"教—学—评"一体化设计与实施； 7. 提升信息技术使用效益。"① 其中，放在首位的就是坚持育人为本，要求教师在教学中要把立德树人作为英语教学的根本任务，准确理解核心素养内涵，全面把握英语课程的育人价值。

在小学英语教学中，基于单元整体的设计引导学生基于各语篇内容的学习和树立育人导向，逐步建构和生成围绕单元主题的深层认知、态度和价值判断，最终形成具有整合性、关联性、发展性的单元育人目标。

---

① 中华人民共和国教育部. 义务教育英语课程标准（2022 年版）[S]. 北京：北京师范大学出版社，2022.

（一）**聚焦单元整体设计，彰显学科育人价值**

本案例为英语（牛津上海版） 4BModule 3Unit3，模块主题是 Things around us，单元主题是"Days of the week"。深入解读和分析本单元各语篇及各年级相关教学资源，并结合学生的认知逻辑和生活经验，对单元内容进行必要的整合和重组，建立起单元内各语篇内容之间及语篇育人功能之间的联系，最终确定了育人目标。

（二）**深耕课程标准要求，指向单元学习价值**

《义务教育英语课程标准（2022 年版）》总目标是："通过英语学习使学生形成初步的综合语言运用能力，促进心智发展，提高综合人文素养。"[①] 通过统整的单元教学内容的学习，旨在引导学生通过整体感知理解，在真实语境中互动交际，用所学语言描述一周的学习生活；感受每周校园与家庭生活的充实与幸福，从而品味生活的美好，懂得劳逸结合，张弛有度；感悟生活的丰富多彩，有合理规划自己一周生活的意识。

学生在学习过程中能够整体理解不同的语篇内容，增强语言能力和学习能力；能宏观把控语境中的关键信息，培养观察和思辨意识；能判断和思考分析生活中的具体问题并予以真实交际，增强语用和综合交际的能力，不仅获得个性化的体验，也无痕化提升了思维品质。

二、**主题与目标**

（一）**教材分析**

1. 单元教材内容

本单元属于"人与自我""人与社会"范畴，隶属于"生活与学习，社会服务与人际沟通，文学、艺术与体育"学习任务群。

2. 单元内容要求

基于本单元的学习主题群，子主题内容是：学校、课程，学校生活与个人感受；家庭与家庭生活；时间管理；团队活动与集体生活，参与意识与集体精神；常见的体育运动项目，运动与健康。涉及的语用知识：在调查 Peter 及同学

---

① 中华人民共和国教育部. 义务教育英语课程标准（2022 年版）[S]. 北京：北京师范大学出版社，2022.

一周的学习和生活的语境中，与他人进行得体的交流，对一周的学习和生活进行问询及描述。

3. *教学语篇分析*

英语教材中的每一个单元本身就具有承载主题意义的功能，每个单元都围绕主题展开，具有单元的育人价值。

目标分段，一段一任务。教师将每一单元总目标细化为一系列具体、可操作的课时分目标，每个分目标则对应一个或多个独立但又相互关联的子任务。这种"目标拼贴"的方式，有助于学生逐步接近并最终完成单元总目标的学习，同时促进深度学习的进程。

教师基于单元主题，拓宽育人渠道。在设计时，对于单元教学内容有一个宏观把握，确保单元内各课时的话题不断递进，在课时教学实施的过程中逐渐凸显对于单元主题意义的探究。因此将单元的教学目标分解成序列化的课时教学目标，并划分课时教学内容、设计教学流程、规划单元板书、制定评价活动等等。

以下是语篇重整，既分化单课时目标，又落实了单课育人目标。

(学习任务一) 情境创设：以 **Alice** 的视角，在两人对话的语境中了解 **Peter**工作日的生活，感受其充实快乐的生活及原因。

语篇一：This is Alice's classmate，Peter.

He goes to school from Monday to Friday. And he's never late for school.

He often goes to the school library on Monday afternoon. He likes reading. He can learn a lot from books.

He always plays basketball with his classmates on Tuesday afternoon. He has a lot of fun. And it makes him strong too.

On Wednesday and Thursday afternoon, he usually plays Chinese chess. He is good at playing Chinese chess. It makes him so happy.

He goes home at two thirty on Friday afternoon. And he sometimes plays games with Sally and Paul at home. He likes playing with them. They always have a good time. Peter is busy but happy.

分析：主题和内容（What）：该语篇为 Peter 的上学日生活，以及其快乐充实的原因。传递的意义（why）：体会 Peter 上学日的生活，感受其快乐而充实的生活态度。文体特征、内容结构和语言特点（How）：该语篇为记叙文，围绕 Peter 的日常生活展开。情节贴近学生生活，易于理解，具有现实意义和教育意义。

（学习任务二）情境创设：以 Alice 的视角，在问答中了解 Peter 周末的生活，感受其丰富的周末生活带来的快乐。

语篇二：**Peter always has a good time with his family and friends at weekends.**

He usually does his homework and reads books at home on Saturday morning. He can learn a lot.

He sometimes goes to Haibo Park with his family on Saturday afternoon. The park is small but beautiful! He sometimes draws with his mother. He likes taking photos too. He usually takes photos with his father. How nice!

Peter helps his grandmother cook on Saturday evening. He always has a big dinner with his grandparents. How warm!

On Sunday morning, he often rides a bicycle with Sally.

Peter and his friends all like doing sports. He often plays badminton with them on Sunday afternoon. He can play it well. How happy!

Peter loves his weekends!

分析：主题和内容（What）：该语篇以 Alice 询问 Peter 的周末生活为情境，了解 Peter 丰富多彩的周末活动。传递的意义（why）：体会 Peter 周末的生活，在多姿多彩的活动中感受快乐且充实的周末生活。文体特征、内容结构和语言特点（How）：该语篇为记叙文，围绕 Peter 和家人、朋友的周末生活展开。情节贴近学生生活，易于理解，具有现实意义和教育意义。

（学习任务三）情境创设：视角由 Alice 转向 Peter，Peter 对班级同学的一周生活进行了调查，由此感受到他人一周丰富多样的生活所带来的充实与愉悦。

语篇三：Scene 1：Peter & Alice

Peter: Hi, Alice. I'm doing a survey now. Would you like to tell me your week?

Alice: Yes, I'd love to.

Peter: What do you do on weekdays?

Alice: I'm in the music club. We always have music classes on Tuesday.

It's so much fun.

Peter: Sounds great! How about weekends?

Alice: I always finish my homework on Friday evening. So I usually read books at home on Saturday. My family sometimes go to the park on Sunday. We always have a good time there. What a happy week!

Peter: Thanks for your time.

Alice: You're welcome.

Scene 2: Peter&Tony

Tony: I'm in the badminton club. We always play badminton on Friday. It makes me healthy. On Saturday morning, I often do my homework. On Saturday afternoon, my friends and I sometimes go to the pet shop. We like playing with the cute cats. What a nice week!

Scene 3: Peter&Ben

This is my classmate Ben. He always makes model planes on Monday. That's so interesting! On Saturday evening, he often goes to the supermarket with his parents. They can buy a lot of nice food there. On Sunday, he sometimes visits his grandparents. What a wonderful week!

分析：主题和内容（What）：该语篇内容是：Peter 就"一周生活"向班级同学开展调查，介绍他人一周丰富多样、充实而愉悦的生活。传递的意义（why）：了解他人丰富多彩的一周生活，感受生活的乐趣，对自己美好的生活充满期待。文体特征、内容结构和语言特点（How）：该语篇包括调查问卷、对话等不同类型，围绕 Peter 班级同学的一周生活展开。该语篇内容贴近学生生活，易于理解，具有现实意义和教育意义。

（学习任务四）情境创设：Danny 在看了大家的微信公众号推文后，发现大家的"一周生活"是张弛有度、幸福多彩的；他通过学习伙伴们的分享，通过更加合理的规划，Danny 的生活安排更加合理了，他也更加幸福了。

语篇四：Hello, I'm Danny. Peter and his classmates' life are busy but happy. My life is colourful, too.

On weekdays, I always wake up early and go to school on time. I often clean the classroom in the afternoon. I always finish my homework in the evening.

I like Wednesday afternoon best. I usually play chess with my friends. Sometimes, I play football, too.

The weekends are my favorite time of the week. I often run with my dad on Saturday morning. It keeps us fit. I usually do my homework on Saturday afternoon. On Sunday morning, I often help my mom in the kitchen. Sometimes, I do other housework, too. In the afternoon, I often play with my parents or friends.

This is my well-planned week. Do you like it?

分析：主题和内容（What）：该语篇为同学们在了解 Peter 和其伙伴在分享一周生活后，Danny（我）通过所学，从张弛有度的角度去有逻辑、有思考地分享自己的一周安排。传递的意义（why）：学习体验合理安排自己的一周生活，通过合理的安排，让自己忙碌中有幸福，让生活更美好。文体特征、内容结构和语言特点（How）：该语篇以记叙文为主，介绍自己合理的一周安排；同时，借助思维可视化工具等，帮助自己去规划一周的生活。该文本具备一定的育人功能，能够指导孩子更有效、合理地规划、设计自己的一周生活。

总结：以上四个情境的创设即是完成了场景分段，一段一场景。根据不同的学习内容和目标，完成了构建多样化的学习场景（即任务空间）。

（二）学情分析

学生在英语（牛津上海版） 1BM4 Things we do Unit1 Activities, 2BM4 More things to learn Unit1Activities, 3B M4Things around us Unit1 Seasons 分别学习了活动类的语言知识，能够对自己或者和家人或者和伙伴一起进行的活动用简单的语言进行描述，能够感受和体会到参加各类文体、户外活动所带来的乐趣。预知的内容为5BM2U1 Grandparents，学生将会学习对相关活动及活动频次进行询问和应答。学生在参与日常的学习和生活中，能够树立正确的世界观、人生观和价值观。（见表4-1）

表4-1　语言训练及不同年级所处位置分析

	年级学期	学习内容与教学要求
已知	1BM4U1 Activities	本单元的核心词汇是 skip, ride, play, fly, 核心句型是 What can she/he do? She/He can ... 通过单元学习，学生能够询问他人的能力并回答。
	2BM4U1 Activities	本单元的核心词汇是 play football, play basketball, play ping-pong, play cards, 核心句型是 Can she/he ...? Yes/No, she/he ... 通过单元学习，学生能用一般疑问句对他人的能力进行问答。
	3BM3U3 Days of the week	本单元核心词汇是 plant a tree, have a picnic, ice-skate, ski。核心句型是 What season is it? It's ..., We can ... 通过单元学习，学生能对不同的季节进行的活动进行描述。
应知	4BM3U3 Days of the week	本单元核心词汇是 always, usually, often, sometimes, never, Monday, Tuesday, Wednesday, Thursday, Friday, Saturday, Sunday, Chinese chess, at weekends 核心句型是 What do/does ... always/usually/often/sometimes/never do on ...? ... always/usually/often/sometimes/never ... do/does on ... 通过单元学习，学生能对一周生活进行问答，并描述自己的一周学习生活。
预知	5AM2U1 Grandparents	本单元核心词汇是 write an e-mail, go shopping, play chess, talk, (the) Internet, weekend, once, twice, 核心句型 How often ...? What do you do with ...? 通过单元学习，学生能对相关活动及活动频次进行询问和应答。

（三）单元设计

单元整体教学设计基于各语篇内容的学习和树立育人导向，围绕单元主题的深层认知、态度和价值判断，既注重学生学习的结果，更强调学生在学习过程中的体验与建构。结合场景分段和叙事分段，一段一任务，依托单元主题框架的方式设计，遵从三要素：1. 基于单元语篇重整，落实单科育人；2. 基于单元语篇推进，拓宽育人深度；3. 基于单元语篇整合，彰显文化育人。这样规划和引导不仅能激发学生的学习兴趣，提高学习效率，同时也有助于他们在实际情境中应用所学知识，使深度学习真实发生。（见图4-1）

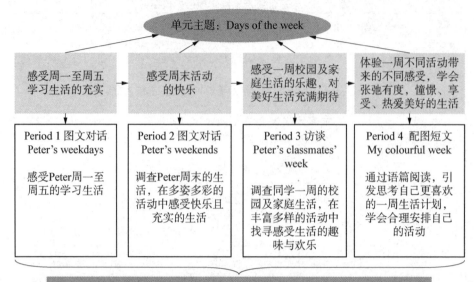

图 4-1 单元主题内容框架

三、 问题与驱动

本单元的学习不仅要用所学语言描述一周的学习生活，感受每周校园与家庭生活的充实与幸福，有合理规划自己一周生活的意识；更要通过语篇聆听、模仿跟读、观察思考、角色扮演等形式，尝试较有逻辑地介绍一周多姿多彩的学习生活。结合主题与文化，将本单元的学习核心任务设计为：感受每周生活的美好，懂得劳逸结合、张弛有度。

基于单元主题规划单课话题时，创设语境：以 Peter 和 Alice 了解同学一周课内外学习生活的这一主线开展教学。同时落实分课时话题与育人目标：在 Period1 Peter's weekday（学习任务一），同学们跟着 Alice 的视角通过对话沟通了解到 Peter 上学第一周的学习生活情况，感受 Peter 忙碌而充实的生活； Period2 Peter's weekends（学习任务二）仍旧是同学们跟着 Alice 的视角，通过调查了解 Peter 周末的学习生活情况，一起感受周末生活的快乐。Period3 Peter's classmates' week（学习任务三）以 Peter 的视角去了解他的同学一周的学习生活的情况，感受一周校园及家庭生活的乐趣。到了 Period4 My colourful week（学习任务四）要同学们说说自己的一周生活情况。根据主题语境内容要求，通过 4 课时的学习，要让学生能够用所学语言感受校内多样性的课程、积极参加课内外活动，体验丰富多彩的学校生活、合理安排周末生活。

四、 任务与序列

围绕单元核心任务，基于构建英语学习任务群具有一定的关联性、系统性、递进性的理念。基于《紫荆小学指向深度学习的单元学习任务链结构》，梳理解构单元学习任务链如下。（见表 4-2）

表 4-2　指向深度学习的小学课堂"学习任务链"设计结构表

学习主题： Days of the week

年段学科单元	英语（牛津上海版）4BMdoule 3 Unit 3	设计		顾静
单元核心任务	用所学语言描述一周的学习生活，感受每周校园与家庭生活的充实与幸福，有合理规划自己一周生活的意识。			
单元学习任务链	任务目标	学习任务序列	任务情境	学习内容
学习任务一 Peter's weekday	在介绍 Peter 上学日的生活的语境中，感知其生活的充实与快乐。	能借助信息表、语言框架及多模态语篇，初步使用第三人称及核心语言介绍 Peter 的上学日生活，感知其虽然忙碌却感到快乐的原因。语音语调基本准确，表达较清晰、流利，内容基本完整。	Peter 的上学日生活，以及其快乐充实的原因。	Listen and enjoy （P42） Look and say （P43） Learn the sounds （P46）
学习任务二 Peter's weekends	在 Peter 介绍自己周末的学习和玩耍活动的语境中，感受周末生活的多姿多彩。	能借助板书及语言框架，使用核心词句介绍 Peter 的周末生活。语音语调正确，表达清晰、流利，内容基本完整。	以 Alice 询问 Peter 的周末生活为情境，了解 Peter 丰富多彩的周末活动。	Listen and enjoy （P42） Look and say （P43） Learn the sounds （P46）

单元学习任务链	任务目标	学习任务序列	任务情境	学习内容
学习任务三 Peter's classmates' week	在 Peter 调查同学一周生活的语境中，感受他人一周生活中丰富多样的活动带来的充实感与愉悦感，对自己美好的生活充满期待。	能借助板书及多模态语篇，介绍他人的一周生活，并感受他人生活的充实与愉悦。语音语调正确，表达清晰、流利，内容较完整有逻辑。	Peter 就"一周生活"向班级同学开展调查，介绍他人一周丰富多样、充实而愉悦的生活。	Do a survey（P44）Read a story A party（P45）Learn the sounds（P46）
学习任务四 My colourful week	通过语篇阅读，引发思考自己更喜欢的生活计划，学会合理安排自己的活动。	能借助板书及思维工具，观察、分析并表达他人张弛有度、健康快乐的一周生活，并合理安排自己一周的生活。语音语调正确，表达清晰、流利，内容完整有逻辑。	同学们在了解 Peter 和其伙伴在分享一周生活后，Danny（我）通过所学，从张弛有度的角度去有逻辑、有思考地分享自己张弛有度的一周安排。	Read and say（P46）Learn the sounds（P46）

单元任务链设计将核心任务分解为四个学习任务，对标学习目标梳理每个任务的学习任务序列，这样结构化的设计，将核心任务层层分解，步步落实，并引导学生在真实有趣且有深度思考的任务情境中开展英语学习实践，培养核心素养。

五、学习与活动

学习任务一：Peter's weekday

知识与技能：能根据字母组合-ay, -ai-在不同单词中的发音规则，正确朗读含有这些音素的单词；在语境中使用核心词汇 always, usually, often, sometimes, never 以及 Sunday, Monday, Tuesday, Wednesday, Thursday, Friday, Saturday 说出 Peter 的上学日生活；在语境中感知核心句型 What does Peter... do on...? Does he... on...? 并正确使用 Peter...（s/es）on... 表达 Peter 的上学日生活；在语境中使用核心短语 play Chinese chess 以及非核心短

语 go to school, go to the school library, play basketball, play with ..., have a lot of fun, make him strong/happy, have a good time 等有选择地对 Peter 的上学日活动进行描述。

主题与文化：体会 Peter 上学日的生活，感受其快乐而充实的生活。

思维与策略：通过儿歌朗读，学习字母组合-ay, -ai-发音规则；通过文本视听、问答交流、看图说话等形式学习本课时的核心词汇和句型；通过文本朗读、信息寻找、问答交流等形式读懂语篇，完成信息归纳；借助板书理解与归纳所学内容，尝试以调查报告的形式介绍 Peter 的上学日生活。

学习任务二：Peter's weekends

知识与技能：能正确朗读含有字母组合-ay 的单词，根据发音规律正确朗读和认读含有音素/ei/的单词；能在语境中知晓并理解 always, usually, often, sometimes，等表示频度的核心单词，以及 Saturday, Sunday, weekends 等表示日期的核心单词。同时能借助语境进一步运用这些单词介绍 Peter 周末的活动安排；能正确朗读并进一步运用句型... always/usually/often/sometimes do (does) ... 来描述周末活动的频率；在语境中使用 do his homework, read books, play badminton 等活动短语对 Peter 的周末生活进行描述。

主题与文化：体会 Peter 丰富的周末活动，感受周末生活的多姿多彩。

思维与策略：通过看图回答，学习字母组合-ay 发音规则；通过文本视听、提取信息等形式学习本课时的核心词汇；通过倾听、模仿、阅读及小组合作等方式，介绍 Peter 的周末活动。

学习任务三：Peter's classmates' week

知识与技能：能根据字母组合-ay, -ai-在不同单词中的发音规则，正确朗读含有这些音素的单词和句子；在语境中运用本单元的核心词汇 always, usually, often, sometimes, never 准确表达一周不同活动的频率；能在语境中正确运用核心句型 What do you do at weekends/on weekdays? How often do you ...? 以及 I always/usually/often/sometimes/never ... 完成关于 Peter 同学一周生活的调查，并说出他人一周生活的充实与愉悦。

主题与文化：体会 Peter 同学丰富多样的一周生活，感受一周生活的充实与愉悦。

思维与策略：通过儿歌朗读，学习字母组合-ay, -ai发音规则；通过文本视听、问答交流、看图说话等形式学习本课时的核心词汇和句型；通过文本阅读、信息提炼、信息整合等形式读懂语篇，介绍 Peter 同学们一周的生活，并从中感受到他人生活的充实与乐趣。

学习任务四：My colourful week

知识与技能：能根据字母组合-ay, -ai在不同单词中的发音规则，正确朗读含有这些音素的单词、句子和语篇；在情境中结合实际，熟练应用 always, usually, often, sometimes, never 介绍自己合理的一周生活安排；能在语境中运用核心句型 What do you usually do at weekends/on weekdays? I usually/sometimes/... 进行问答，交流分享自己张弛有度的一周生活。

主题与文化：通过语篇阅读，引发思考自己更喜欢的生活计划，学会合理安排自己的活动。

思维与策略：通过儿歌朗读，运用-ay, -ai发音规则，正确、流利、有情感地朗读语篇；通过陈述文本阅读等形式，正确应用核心词汇和句型表达合理的一周生活规划；通过连续性文本和非连续性文本阅读，思辨地分析信息，交流生活规划的好方法、好经验，让自己的生活安排更合理、更多彩。

总结：以上学习任务即为要素分段，一段一要素。将复杂的学习内容分解为若干关键要素或知识点，每个要素对应一个学习任务。通过逐一攻克这些要素点，学生可以逐步构建起完整的知识体系。通过这种方式，有助于学生更加清晰和系统地把握学习内容的重点和难点，同时培养学生英语素养能力。

六、评价与成效

结合学习目标，有效制定评价体系。评价量规的设计要秉承"教—学—评"一体化设计理念，围绕核心任务与单元学习任务链的落实，增强学生的反思意识、自主学习和迁移能力。

（一）学习评价量表与评价标准

在学习任务完成过程中要关注学习行为的表现性评价，关注过程中学生的思想态度、语用能力、合作探究、习惯养成等多方面的表现，关注过程中的学情需要，及时改进教学方法，激励学生自主探究，合作学习。关注学习的过程性总结性评价。教师在设计任务时，要结合目标预测学生的作品可能呈现出的最好成效，再设计评价标准进行评估。具体评价量表与评价标准见表 4 - 3。

表 4 - 3　学习品质评价表

评价内容	自我评价	同伴评价	教师评价	综合总评
Peter's weekday	☆ ☆ ☆	☆ ☆ ☆	☆ ☆ ☆	
Peter's weekends	☆ ☆ ☆	☆ ☆ ☆	☆ ☆ ☆	
Peter's classmates' week	☆ ☆ ☆	☆ ☆ ☆	☆ ☆ ☆	
My colourful week	☆ ☆ ☆	☆ ☆ ☆	☆ ☆ ☆	

评价内容	评 级 标 准		
	达标级☆	良好级☆☆	优秀级☆☆☆
Peter's weekday	1. 能借助信息表、语言框架及多模态语篇，初步使用第三人称及核心语言介绍 Peter 的上学日生活，感知其虽然忙碌却感到快乐的原因。 2. 语音语调基本准确，表达较清晰、内容基本完整。	1. 能借助信息表、语言框架及多模态语篇，正确使用第三人称及核心语言介绍 Peter 的上学日生活，感知其虽然忙碌却感到快乐的原因。 2. 语音语调准确，表达较清晰、内容完整。	1. 能借助信息表、语言框架熟练使用第三人称及核心语言介绍 Peter 的上学日生活，感知其虽然忙碌却感到快乐的原因。 2. 语音语调准确，表达清晰、流利，内容完整。
Peter's weekends	1. 能借助板书及语言框架，初步使用核心词句介绍 Peter 的周末生活。 2. 语音语调正确，表达较清晰、内容基本完整。	1. 能借助板书及语言框架，正确使用核心词句介绍 Peter 的周末生活。 2. 语音语调正确，表达较清晰、内容完整。	1. 能借助板书及语言框架，熟练使用核心词句介绍 Peter 的周末生活。 2. 语音语调正确，表达清晰、流利，内容完整。
Peter's classmates' week	1. 能借助板书及多模态语篇，初步介绍他人的一周生活，并感受他人生活的充实与愉悦。 2. 语音语调正确，表达清晰、内容较完整。	1. 能借助板书及多模态语篇，熟练介绍他人的一周生活，并感受他人生活的充实与愉悦。 2. 语音语调正确，表达清晰、流利，内容完整。	1. 能借助板书及多模态语篇，个性化介绍他人的一周生活，并感受他人生活的充实与愉悦。 2. 语音语调正确，表达清晰、流利，内容完整有逻辑。

评价内容	评 级 标 准		
	达标级☆	良好级☆☆	优秀级☆☆☆
My colourful week	1. 能借助板书及思维工具，观察、分析并表达他人张弛有度、健康快乐的一周生活。 2. 语音语调正确，表达清晰、内容完整。	1. 能借助板书及思维工具，观察、分析并表达他人张弛有度、健康快乐的一周生活，并安排自己一周的生活。 2. 语音语调正确，表达清晰、流利，内容完整。	1. 能借助板书及思维工具，观察、分析并表达他人张弛有度、健康快乐的一周生活，并合理安排自己一周的生活。 2. 语音语调正确，表达清晰、流利，内容完整有逻辑。

（二）学习品质评价量表

为诊断学生学习品质，促进教师教学设计的完善，基于《指向深度学习的小学课堂学习品质观察记录分析表》，结合本单元学习内容和素养要求，设计学生课堂参与学习品质评价。（见表4-4）

表4-4 学生学习品质评价

学习品质分析			
学习品质	校本化指征	观察点	表现评价 0 未见； 1—5 程度由低到高
会思考核心知识与学科思维的建构	阅读与梳理	1. 正确朗读课文，梳理文章内容。	
		2. 会阅读文本，提取关键信息。	
		3. 能理解文本内容，根据提问回答。	
会探究理解学习的过程	观察和分析	1. 在语境中观察图片等信息，并用自己的话描述。	
		2. 在语境中抓住关键语句，提取所需要的信息。	
		3. 在语境中分析和收集人物的各种信息。	

学习品质	校本化指征	观察点	表现评价 0 未见； 1—5 程度由低到高
	迁移和运用	1. 在语境中用所学语言描述一周的学习生活。	
		2. 在语境中互动交流他人一周的学生生活。	
		3. 在语境中会根据别人的信息完善自己的生活。	
		4. 会通过多种途径学习知识，完成决策、预测、问题解决、实践探究、调查等任务。	
	协作和沟通	1. 会组织小组和班级讨论。	
		2. 经常和同学交流经验，主动在讨论中分享观点。	
		3. 能清晰地表达自己的观点，聆听他人的观点。	
		4. 乐于分享合作学习的成果，积极改进。	
会共情积极的学习情感		1. 能积极参与课堂，有感情地描述和表达，体验语境中的情感。	
		2. 能管理好自己的情绪，信任老师，主动与老师、同学进行对话。	
		3. 能用所学语言描述一周的学习生活，感受每周校园与家庭生活的充实与幸福，有合理规划自己一周生活的意识。	

　　本单元的教学设计，从课单元要素的训练目标出发，解读课程标准，分析学生学情，确定核心学习任务，分解成学习任务序列，建构单元学习任务链，引导学生在连续的学科实践活动中阅读、梳理、观察、分析、表达，形成清晰的学习路径，并有效迁移运用，关注学生学习经历，重视学习过程中的思考、探究、协作和共情能力的发展，实现深度学习。

（撰稿者：上海市嘉定区紫荆小学　顾静）

实践智慧 4 - 2

解故事之法　走进趣味故事会

【单元学习设计】统编语文三年级下册第八单元学习任务链解析

统编小学语文教材编写以大单元思想为指导，注重学生语文素养提升，促进学生在学习中构建完整的知识、方法与能力。小学语文三年级下册第八单元学习任务链设计基于课程标准和教材内容，聚焦故事单元核心学习任务，展开整体教学设计，指向学生语言运用、思维能力等核心素养的发展。复述能力的学习，帮助中年级学生建立系统学习概念，促进思维能力增强，巩固语文知识，发挥言说能力和写作能力。

一、理念与价值

新课程理念下的教学聚焦中国学生发展核心素养要求，即要培养学生适应社会发展的正确价值观、必备品格、关键能力。义务教育语文课程的核心素养，是学生在积极的语文实践活动中积累、建构并在真实的语言情境中表现出来，这是课程育人的体现。要发挥课程育人作用，进一步培育小学生的语文素养，就需要解决现实教学中浅、碎、杂的问题，也需要教师有探索深度学习的一些方式、策略、活动、情境、任务等。新课标中大单元教学的核心，就是将知识由零散走向关联，由浅表走向深入，由远离生活需要走向实际问题的解决。因此，建立单元学习理念是小学语文教学改革新的生发点。

小学语文新课标中"复述"单元学习的目标，主要落实在"语言运用"和"思维能力"两大核心素养上。在语文学科上，"复述"是一种阅读策略、学习方式，学生通过分析语言材料，链接新旧知识，在大脑中将言语进行再加工存储，能将获得的知识由短时记忆向长时记忆转移，语言输出的过程则锻炼了学生的语言表达能力。复述故事是在通过分析语言材料，形成忠于原文的支架，根据人物特点进行有目地再加工的言语行为。依据本单元的阅读要素：了解故事的主要内容，复述课文，提炼本单元大概念：学习复述故事的方法，记住故事中的重要情节，促进与人交流。简而言之，就是提炼讲述故事内容的方法，学会生动地表达。这种"复述"能力是分析文本的必备能力，在其他学科上；也是不可或缺的一种能力。

二、 主题与目标

本单元学习的主题是"有趣的故事，留下开心的不仅是笑声，还有许多思考"，指向阅读的语文要素是"了解故事的主要内容，复述故事"。指向写作的语文要素是"根据提示，展开想象，尝试编童话故事"。在实施时，仍一课归一课，一点对一点，很难形成知识体系的能力链，因此，我们需要梳理教材，分析基础学段复述这一能力培养是如何生长的，明确教学重点，把握好教材要求的起点和终点，防止出现教学中起点过高、过低或教学过程中拔高难度的现象。

（一） 对标课标，精准落实教学

课程标准中对基础学段"复述"能力培养及学业质量有明确的学段要求，在设计大单元教学时，要充分考虑到学生的知识储备、学段特点，也要考虑到学完这一单元后学生的复述能力将达到什么水平，以便科学落实这一区间内的语文素养。（见表4-5）

表4-5　小学阶段复述能力的学段要求和学业质量要求

课程标准学段要求	第一学段	表达与交流	"听故事、看影视作品，能复述大意和自己感兴趣的情节""能较完整地讲述小故事"
	第二学段	阅读与鉴赏	"能复述叙事性作品的大意"
		表达与交流	"听人说话时能把握主要内容，并能简要转述""讲述故事力求具体主动"

	第三学段	阅读与鉴赏	"阅读叙事性作品，了解实践梗概，能简单描述印象深刻的场景、人物、细节，说出自己的喜爱、憎恶、崇敬、向往、同情等感受"
		表达与交流	"听人说话认真、耐心，能抓住重点，并能简要转述" "表达有条理，语气、语调适当"
学业质量	第一学段		"能借助关键词句复述自己读过的故事或其他内容"
	第二学段		"能复述读过的故事，概括文本内容"
	第三学段		"独立阅读散文、小说、诗歌等文学作品，在阅读过程中，获得主要内容，用朗读、复述等自己擅长的方式呈现对作品内容的理解" "能用文字、结构图等方式梳理作品的行文思路"

（二）纵向梳理，厘清序列要求

通过查阅小学阶段全册语文教材发现专项复述能力的学习一共出现四次。纵观教材文章内容，都为引人入胜的有趣故事，是编者为培养"复述"能力创造的现实情景。此外，对于"复述故事"这一方法，从小学全册中看包含渗透方法、学方法和用方法三个螺旋式上升的层级。三下"复述"是在前期复述渗透学习及专项学习成果的基础上，进行故事内容有重点地概括，有故事趣味地详细复述，同时为下阶段简要复述做准备。（见图4-2）

图4-2 小学阶段全册语文教材复述单元序列

（三）横向比较，寻找内在联系

三年级下册第八单元共有4篇课文，其中2篇为精读课文，2篇略读课文，一次口语交际、一个语文园地及一篇习作。关于复述的语文要素为"了解故事的主要内容，复述故事"，在单元学习中，就要让学生充分理解和把握故事的主要内容，继而开展多样化的详细复述。教师根据单元复述目标及每篇课文详细复述的要求，整理复述的方法和支架，帮助学生了解精读课文学方法、略读课文学运用的特点，有效增强理解和复述能力。（见表4-6）

表4-6　小学语文三下第八单元复述策略与支架

单元复述目标	课题	复述类型及要求	复述策略及复述支架
1. 多种方式朗读课文，能读出故事中人物对话的语气，体会人物特点，读懂故事。 2. 交流自己觉得有意思的内容，体会故事的有趣。 3. 运用多种复述策略，按要求复述故事。	《慢性子裁缝和急性子顾客》	详细复述（课后第二题）	体会人物性格、语气、分角色朗读或扮演。 借助表格，按时间线索梳理故事结构。
	《方帽子店》	详细复述（略读提示：意想不到的部分）	借对比手法梳理故事情节、人物态度。 迁移运用方法，尝试抓关键词、借助插画或角色扮演等方式复述故事。
	《漏》	详细复述（课后第三题）	分角色朗读、角色扮演等，体会故事的趣味和道理。 借助示意图和文字提示，按地点变换的顺序复述。
	《枣核》	详细复述（略读提示）	自主阅读故事，了解人物。 按时间顺序、借助地点变换或连环画等方式复述故事。
	语文园地*交流平台	详细复述（交流平台提示）	梳理要素，综合运用复述方法。

　　理解和复述是两个相辅相成、互相促进的语文能力，从学的层面来看，理解促进复述，复述深化理解，帮助对主题、细节等进行把握；从教的层面来看，复述检验理解，理解引导复述。通过梳理复述单元策略支架促进学生达到相应的复述水平：一能初步了解"复述"的概念；二能找到故事的叙述顺序，并初步借助表格、示意图等方式梳理故事的主要内容；三能借助提示，按顺序详细地复述故事；四讲述故事力求具体、生动。

三、问题与驱动

　　为了让学生在大单元学习中，理解本单元"了解故事的主要内容，复述故事"中的复述为详细复述课文故事，帮助学生解决核心问题"如何复述故事?"教学中，通过借助单元"学习任务链"设置详细复述学习任务，引导学生抓住故事讲述的关键顺序、主要内容和生动的情节，助力学生学会概括故事情节，促进与他人交流的能力。单元学习的课堂在一个个真实的语用情境中，完成语用任务，调动学生思维和学习主动性，落实"语言运用"和"思维能力"两大核心素养。

四、任务与序列

明确了复述单元的大单元目标，不妨目标先行，告诉学生本单元的成果展示即为"趣味故事赛"，唤起学生的竞争意识。复述本质上是一项由繁到简、再由简到繁的活动过程，需要学生从完整的文本中剥离出事件的主线、主体，再由此描述、扩充细节，用自己的语言表述出来。

通过著名学者德里达的解构思想理论学习，在设计单元教学中，笔者将大单元大任务视为一个复杂的系统，继而将其分解出多个相互关联、相互影响的子任务。学生通过完成一个个子任务，可以更好地理解其他子任务，并在整体上把握大任务的核心内容和意义，促进学生的深度学习。通过任务引导，学生厘清故事中的人物关系、情节发展、逻辑走向，再根据提供的复述方法与支架完成复述目标。（见表4-7）

表4-7 指向深度学习的小学课堂"学习任务链"设计结构

学习主题：解故事之法 述任务之术 促复述能力增强

年段学科单元	三下语文第八单元	设计		蒋静静
单元核心目标	1. 多种方式朗读课文，能读出故事中人物对话的语气，体会人物特点，读懂故事。 2. 交流自己觉得有意思的内容，体会故事的有趣。 3. 运用多种复述策略，按要求复述故事。			
单元学习任务链	任务目标	任务场景（举例）	任务叙事（策略）	任务要素（支架）
任务一探寻关键，厘清故事逻辑	1. 默读课文，圈画故事中的人物，表示时间、地点的词语。 2. 根据情节的开端、	《慢性子裁缝和急性子顾客》通过序幕、第一天、第二天、第三天，又过了一天，分别讲述了发生的事;	整体阅读，了解故事内容 ↓ 抓关键词，理解故事讲述的逻辑	借助绘制表格、线路图理解故事的逻辑。

单元学习任务链	任务目标	任务场景（举例）	任务叙事（策略）	任务要素（支架）
	发展、高潮、结局划分结构，绘制时间线，厘清故事发展的逻辑。	《方帽子店》中通过小孩长大前后对比小孩和大人的想法和做法；《漏》按照先后顺序说明老虎和贼逃窜的地点，形成逃跑的路线。	↓ 绘制故事的时间线图	
任务二 角色扮演，进入人物内心	1. 分角色朗读或角色扮演，理解人物内心。 2. 能读出人物的语气，体会人物的特点。	《方帽子店》中"孩子们慢慢长大了，想出了许多帽子的样式，碗形的，香蕉的，圆筒形的……夏天戴宽边的香蕉形的草帽，冬天戴圆筒形的尼绒帽，春天和秋天戴碗形的布帽"的情节时，学生可以戴上如鸟的翅膀、煎鸡蛋、花篮等各种形状的帽子，还有学生把荷叶、书包、手帕等放在头顶充当帽子。	读句子，了解帽子的样子 ↓ 思考：如果你是其中的一个孩子，你会怎么想？ ↓ 带着愉快（兴奋、激动）的心情，读出孩子的内心，体会孩子们的聪慧、想象力丰富	通过多种形式的朗读，读出故事中人物对话的语气，体会人物特点，读懂故事。
任务三 绘制插图，生动表达故事	1. 了解插图的风格和作用，读懂插图的故事内容。 2. 尝试为故事配以连环插图，展示故事的主要内容。	《漏》中有一两幅插画，表达了故事中的一些重要且生动的情节，学生可以延续课文插图的风格，用自己的方式绘制故事情节，引导学生注意故事的情节、冲突和转折，确保不遗漏重要情节，使故事连贯、流畅、引人入胜；尽量表现角色的表情、动作、姿态和细节；角色的心理活动，用文字来提示，如"老虎趴在驴圈里想……贼蹲在屋顶上想……"。	观察书本插画，了解对应的故事内容 ↓ 探寻故事的重要情节 ↓ 尝试绘画插画，配上文字	借助连环插画和文字说明，建立故事的连贯性，为复述做准备。

单元学习任务链	任务目标	任务场景（举例）	任务叙事（策略）	任务要素（支架）
任务四提供示例，开展"趣味故事赛"	1. 能使用表格、示意图、插图、关键词等帮助自己快速、准确地记忆故事内容。 2. 运用语气、表情、手势等适当的方法，把故事讲得更吸引人。	借助《慢性子裁缝和急性子顾客》的课后题"假如裁缝是个急性子，顾客是个慢性子，他们之间会发生什么有趣的故事？"这是创造性复述故事，教师可以给予故事示意图提示，能清楚完整讲述故事：①（介绍背景）这是一个关于急性子裁缝和慢性子顾客间的有趣故事……②（描述角色）……③（描述问题）④（描述冲突）⑤（展示解决方案）⑥（暗示道理）并根据评价要点，将故事讲生动。	出示示意图，教师示范 ↓ 明确"趣味"讲述故事的要点，尝试讲述 ↓ 师生互评 ↓ 自己练习讲述一个故事，参与评选"故事大王"	通过厘清故事讲述方式，加上增加故事趣味的方法，讲好故事。

　　单元任务链设计将核心任务分解为四个学习任务"探寻关键，厘清故事逻辑""角色扮演，进入人物内心""绘制插图，生动表达故事""提供示例，开展'趣味故事会'"，四个任务非只是递进推进，也可并列推进，过程中要善于运用，积极引导，使用恰当的复述支架引导学生不断练习，帮助增强学生的复述能力、表达能力，进而提升其语文综合素养。

　　大单元教学中，单元目标可分解成多个单元子项目，在分课时目标中亦可将其层层分解，细化成多个一级主干任务，如课文《漏》的复述目标"借助示意图和文字等方式读懂课文内容，边读边体会老虎和贼的心理活动，学习抓重点内容进行复述故事"，被分解为"理清人物关系、了解故事内容、抓重点学习复述、尝试复述"，再配以提供助力的二级细化子任务。这些任务一段一任务、一段一场景、一段一叙事、一段一要素，由表及里，由浅入深，帮助学生理清学习思路，搭建复述训练的支架，外显思维形成的途径。（见图4-3）

五、学习与活动

　　绘制插图，生动表达故事是复述单元中学生最为喜欢和感兴趣的活动，也

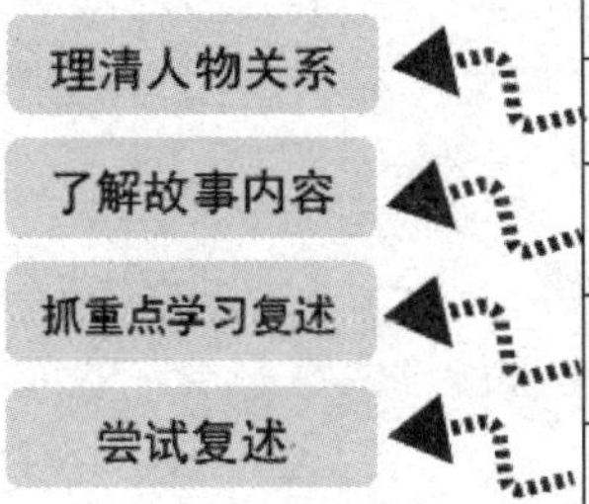

	指向复述目标的学习任务链分解	
	一级任务设计	二级任务设计
理清人物关系	1 故事人物之间发生了什么故事？	人物间有什么关系？
了解故事内容	2 快速浏览课文，找一找这五个场景分别对应了哪些自然段？	借助示意图和文字提示读懂故事内容。
抓重点学习复述	3 抓住重要的情节，帮助复述故事。	1.哪些情节很重要？ 2.如何讲述这些情节？
尝试复述	4 借助提示，尝试复述故事。	

图4-3 三下第八单元《漏》一课中复述目标层层分解图

为学生开展"有趣"复述提供了重要支架。根据《指向深度学习的小学课堂"学习任务链"设计结构图》任务三中的任务叙事步骤2，要求学生"探寻故事的抓重点内容"，但三年级学生并不能完全抓住"复述故事时需要的重要内容"这一要求，下面以《漏》第一课时教学片段为例，展示教师通过分解任务、解决关键问题，增强学生复述能力的过程。

例如学习任务3：抓住故事的重要情节，帮助复述故事。分解成2个二级子任务：**子任务1：**了解哪些是重要的情节。**子任务2：**如何复述"重要情节"。学习活动安排如下。

子任务1：了解哪些是重要的情节。教师请学生自读3—9自然段"老婆婆家"发生的故事，利用钉钉"在线课堂"的答题卡功能出示选择题。（见图4-4）

选择题：复述时，（ ）这些情节很重要，要尽可能说得具体详细。

A. 老公公老婆婆的家是怎样的？

B. 虎和贼到老婆婆家做了什么？

C. 老公公老婆婆怎么说"漏"的？

D. 虎和贼翻山越岭、走南闯北去过哪些地方？

图4-4 子任务1答题卡内容

通过在线答题的方式，教师第一时间掌握学生对文本内容的理解程度，适时引导，待学生明白"重要情节"是与故事发展有密切关系的内容后，再推进

"重要情节"的详细学习和复述。

子任务 2:如何复述"重要情节"。要想学会详细复述故事内容,可以通过模仿课文讲述的方式习得详细复述的方法。如在教学课文《漏》第三自然段时,请学生边读边思考"这段话在写法上有什么特点?"这个问题,引导学生发现人物"交替出现"的写作特点。通过圈、画"虎和贼"动作、心理的表现,引导发现"虎和贼"内心对"漏"的害怕,润物无声地理解"做贼心虚"的人物心境。最后,总结出复述这部分故事的小贴士。

教学中,将主干任务要素再细化,通过分解后的多个要素拼贴,解决主干任务问题,这是一个做"加法"的过程,但也为学生学习复述降低了难度。

六、 评价与成效

虽然教师为学生提供了复述的支架,但是对复述基础薄弱的学生来说,可能还会出现大段背诵、讲大概意思或只记住细枝末节的情况,因此教师需要厘清复述的维度和评价指标。对标三年级下册详细复述要求以及"趣味故事会"评比活动,从故事复述的"完整性、准确性、连贯性、清晰度、表达能力、故事价值、吸引力"七个方面进行评价考量,促进学生积极建构复述技巧,探究运用复述支架,准确表达故事价值,个性创造复述故事的吸引力。(见表 4-8)

表 4-8　三下第八单元"趣味故事会"评价量表

评价内容	评 级 标 准		
	达标级☆	良好级☆☆	优秀级☆☆☆
完整性	基本能讲清楚主要情节和要素,基本不漏掉关键内容。	能讲清楚主要情节和要素,不漏掉关键内容。	能说出主要情节和要素,不漏掉关键内容,听众能了解整个故事的大概情况。
准确性	基本能传达原始故事的信息和意图(创造性复述除外)。	较好地传达原始故事的信息和意图(创造性复述除外)。	准确传达原始故事的信息和意图,不添加或扭曲原有情节(创造性复述除外)。
连贯性	基本能按故事的逻辑地进行复述,有一点儿不连贯。	基本能按故事的逻辑地进行复述,基本能连贯地复述清楚。	有良好的逻辑顺序和连贯性,听众能明白故事的发展、转折和关键事件。

评价内容	评级标准		
	达标级☆	良好级☆☆	优秀级☆☆☆
清晰度	基本能讲清一些冗长的叙述和复杂的句子，听众基本能理解复述的内容。	较好地表达清楚冗长的叙述和复杂的句子，听众能较好地理解复述的内容。	简明清晰，没有冗长的叙述和复杂的句子结构，听众能轻松理解复述内容。
表达能力	较少运用故事中的语言和表达方式，不能准确传达故事的情感和氛围。	能运用一些故事中的语言和表达方式，能传达故事的情感和氛围。	语言和表达方式恰当，能准确传达故事的情感和氛围。
故事价值	能传达一点故事的主题、观点或价值观。	能比较清楚地传达故事的主题、观点或价值观。	能准确传达故事的主题、观点或价值观，听众能从中得到启示或反思。
吸引力	有一点懂得语速、语调、发音和肢体语言等非文字因素，能使复述有吸引力。	能较多运用语速、语调、发音和肢体语言等非文字因素使复述有吸引力。	能充分调节语速、语调、发音和肢体语言等非文字因素使复述有吸引力。

　　"趣味故事会"评价量表同时也是作为检验学生复述能力的评价指标，能引导学生自我反思任务链学习环节中的疏漏，对于评价对象，因其年龄较小，不必严苛，应更多关注于予以指导、正向反馈和鼓励。在评价时，采用自评、同学评和教师评多种形式的评价，给予得星最高的前5名同学"故事大王"称号、5名同学"故事达人"称号。

　　复述单元教学借助大单元任务链作为培养学生语言能力的重要工具和教学策略，使教师更加清晰"复述"这一能力在特定的学段要"教什么""怎么教"。教师要善于运用任务链，积极创设任务场景，提供恰切的任务要素，引导学生在真实的学习情境中练习，在综合评价中给予鼓励，增强学生的复述能力、表达能力，进而提升其语文综合素养。

　　　　　　　　　　　　（撰稿者：上海市嘉定区紫荆小学　蒋静静）

实践智慧 4-3

练体能之基，探体育之趣

【单元学习设计】体育与健身《山羊分腿腾越》学习任务链设计

　　单元学习任务链将大任务分解成若干个相互连接、系统化、阶梯化的基础性子任务。在体育单元学习中通过学习任务的分解与重构，有助于细化运动技能的教授过程，可以适应不同学生的学习需求，使学生经历从初步尝试到技能熟化的渐进过程，从而提高技能掌握的精确性，提升学习效率。

一、 理念与价值

　　《山羊分腿腾越》教学学习任务链设计以"深度学习"为教学理念，围绕"挑战性学习任务"这一主题，旨在通过任务链的分解与重构，实现学生在认知、技能和情感三个维度的全面发展。本设计设置以下核心教学要素：认知建构、技能掌握和情感体验。认知建构强调学生对运动技能的理解和内化，通过任务链的引导，使学生能够在理解动作要领的基础上，自主探究和实践，形成对动作的深刻认知。技能掌握则侧重于学生通过分步骤的练习，逐步掌握《山羊分腿腾越》的各个技术环节，包括助跑、踏跳、支撑、腾空和落地等，从而在动作的连贯性和协调性上达到熟练掌握。情感体验则关注学生在挑战性学习过程中的心理变化，通过设置合理的学习任务，激发学生的好奇心和求知欲，帮助学生克服心理障碍，培养勇敢、果断的意志品质。

　　（一）**明确单元育人价值，贯彻体智并育的解构性**。整个单元通过体育活动实现学生的身心协调发展。该单元以"体智并育"为指导思想，通过具体体育技能的学习与实践，培养学生的身体素质与智力发展，促进学生在认知、情感、意志等方面的全面成长。在教学过程中，教师通过设计具有挑战性的任务链，引导学生在体验中学习、在探究中成长，实现知识与技能的内化，激发学生的主动学习兴趣和合作精神。在此基础上，通过活动中的保护与帮助环节，培养学生的责任感和团队协作能力，为学生的终身发展奠定坚实的基础。

（二）**明晰单元学习价值，深化知行成长的解构性**。本单元通过任务链的设计，实现学生认知与技能的深化。该单元以任务驱动为核心，通过将复杂动作技能分解为一系列相互关联的小任务，使学生在完成每个小任务的过程中逐步构建起对整体动作的理解和掌握。分解重构的教学策略，不仅有助于学生对动作技能的深入理解，也促进学生认知结构的优化和运动技能的精准掌握。在教学实践中，教师通过设置具有递进性的学习任务，引导学生在实践中不断探索、尝试和反思，从而实现从知识理解到技能运用的转变，培养学生的自主学习能力和问题解决能力。

二、主题与目标

（一）教材分析

本单元教材编排的思维逻辑是：明确"学什么"，即山羊分腿腾越的基本技术动作，包括助跑、起跳、支撑、腾空和落地等环节。探究"怎么学"，采用任务驱动法，通过设计具有递进性的任务链，引导学生逐步掌握动作要领。运用"分解重构法"，将复杂动作拆解为若干简单环节，学生在完成每个小任务的过程中，不断积累经验，逐步构建起完整的动作模式。通过"表象训练法"，在动作学习的过程中，引导学生进行反思和总结，提炼出关键动作要点，形成清晰的动作表象，增强学生的动作技能掌握能力和问题解决能力。

1. 山羊分腿腾越所处位置分析。支撑跳跃是小学体育的一项重要教学内容，它与田径中的跳跃项目不同，是一种借助支撑的跳跃活动，山羊分腿腾越是支撑跳跃的典型动作。从低年级跑、支撑（静态、移动）、跳跃（立定跳远、单双脚跳、不同方式跳跃）到三、四年级对跳上跳下动作的发展与提高，都通过支撑跳跃为载体，五年级的山羊分腿腾越是基础动作技能的综合运用，能有效增强学生的下肢、上肢、肩带以及腰腹肌力量，发挥身体灵敏性、协调性及空间感知能力。这种编排，旨在对学生复杂运动综合运用进行训练，梯度进阶，这充分尊重了学生的身心发展规律，做到了知识与技能的循序渐进、螺旋上升式引导。

2. **动作技能维度分析**。动作技能维度下，《山羊分腿腾越》教学任务链的设计深入分解每个技能阶段的关键要素，并通过递进式练习进行重构。从准备阶段的助跑与起跳，到支撑阶段的稳定支撑，再到腾空阶段的空中控制与快速推手，最后到落地阶段的缓冲与稳定，每个阶段都进行细致的划分与针对性的训练。通过模拟跳跃、辅助器材的辅助以及保护帮助策略的实施，学生能够在逐步掌握每个技能要素的基础上，最终实现动作的整体流畅与协调，达到深度学习的目的。（见表4-9）

表4-9　动作技能维度分析

阶段	技能要素	任务分解与重构
准备阶段	助跑节奏、起跳方法	分解为助跑节奏感知、单跳双落起跳技巧，通过模拟跳跃强化助跑与起跳衔接
支撑阶段	直臂顶肩、支撑稳定	细化为直臂顶肩练习、支撑稳定性训练，结合保护帮助策略确保动作安全有效
腾空阶段	腾空分腿、快速推手	分解为腾空分腿感知、快速推手意识培养，利用辅助器材增强空中控制能力
落地阶段	落地缓冲、身体稳定	强调落地技巧、身体平衡训练，通过低高度练习逐步过渡到标准高度

3. **身体素质维度分析**。力量、柔韧、协调、灵敏与耐力是身体素质的五大维度。力量是基础，通过深蹲、俯卧撑等增强肌肉爆发力；柔韧提升动作幅度，动态与静态拉伸结合；协调确保动作流畅，助跑与腾空训练不可少；灵敏则关乎反应与变向，通过推手与绳梯训练增强；耐力支撑长时间表现，依靠持续跳跃与间歇训练提升。因此，在《山羊分腿腾越》教学任务链的设计中，身体素质维度的提升是贯穿整个教学过程的核心要素之一。（见表4-10）

表4-10　身体素质维度分析

身体素质	分解任务	重构策略
力量	1. 腿部爆发力训练	深蹲、腿举、爆发力跳跃
	2. 上肢支撑力量	俯卧撑、倒立撑
柔韧	1. 腿部柔韧性提升	动态拉伸、静态拉伸
	2. 肩部柔韧性	肩部旋转、拉伸练习
协调	1. 节奏与动作协调	助跑节奏感知、模拟跳跃
	2. 空中姿态控制	腾空分腿感知、平衡垫练习
灵敏	1. 反应速度训练	快速推手练习、绳梯训练
	2. 变向能力	侧向移动、急停急起
耐力	1. 持续性跳跃练习	连续跳跃、间歇训练
	2. 力量训练中的耐力组	分组、间歇的力量训练

4. 心理认知维度分析。在心理认知维度上，教学学习任务链的设计聚焦于学生的认知构建与心理调适过程。通过激发学生的好奇心和挑战欲，使学生从内心深处产生学习的动力。通过视频分析、示范教学等手段，帮助学生构建清晰的动作表象与规则理解，为技能的掌握奠定认知基础。在心理调适阶段，通过设置不同难度的挑战与模拟比赛，引导学生在实践中克服恐惧与犹豫，培养勇敢果断的心理品质。（见表4-11）

表4-11　心理认知维度分析

阶段	认知要素	任务分解与重构
动机激发	好奇心、挑战欲	通过设置挑战性任务、展示动作魅力，激发学生参与兴趣与探索欲望
认知构建	动作理解、规则掌握	利用视频分析、示范教学，引导学生理解动作原理与规则，构建动作表象
心理调适	勇气培养、心理韧性	通过逐步增加难度、设置模拟比赛，帮助学生克服心理障碍，培养勇敢果断品质
自我评价	观察评价、反思总结	鼓励学生自我观察、同伴互评，结合教师反馈，形成"练习—反馈—优化"循环

（二）学情分析

五年级学生的四肢力量比较弱，尤其是腿部的韧带，韧性普遍不够好，要顺利地完成分腿腾越是不太容易的。但是学生具有很强的模仿能力，对于动作比较敏感，从学习的角度来看，学生具有很强的好奇心和求知欲，以启发、探究式的教学方式，可以使学生在技能训练的过程中，身心的压力得到缓解。有过支撑跳跃经历的人，当在体育课堂上进行分腿跳跃的时候，就会感觉很轻松，但对于一些不善于跳跃的学生来讲，就会表现出畏难及恐惧的心态。

（三）学习主题与目标

在深化基础教育课程改革和促进学生核心素养发展的大背景下，结合《义务教育体育课程标准（2022年版）》中运动技能领域的要求及身体运动技能的学习要求，确定本单元学习主题为"山羊分腿腾越：练体能之基，探体育之趣"。具体的学习目标如下：

1. 初步学会助跑、踏跳、支撑分腿、落地缓冲的山羊分腿腾越技术动作，掌握提臀分腿、快速推手的动作要领，并产生浓厚的学习兴趣，增强学生的体质和对外界环境的适应能力。

2. 懂得练习的规则和方法，在游戏中发展下肢力量以及协调平衡能力，在同伴帮助与保护下完成山羊分腿腾跃。

3. 学会克服心理障碍，敢于迎接新的挑战、克服恐惧，养成小组合作、互助互爱的学习习惯，建立信心，体验山羊分腿腾越的魅力，感受成功的快乐。

三、问题与驱动

本单元的学习不仅要落实体育教学的基本要素，更旨在通过挑战性学习激发学生的探究欲望，促进学生深度学习的开展，并在实践中提升学生的身体运动技能和心理素质。结合《义务教育体育与健康课程标准（2022年版）》中关于培养学科核心素养的要求，将本单元的学习任务设计为：通过体操技能的学习，体会协调美、力量美，学会保护与帮助，懂得欣赏体操，引导学生在挑战性学习中实现深度学习，体验的魅力与乐趣。并创设单元学习情境：在体育学习中，我们不仅要学习运动技能，更要通过技能的学习培养解决问题的能力、团队合作精神和克服困难的勇气。本单元我们将通过"学习任务链"的设计，以山羊分腿腾越为例，探索如何在挑战中学习，如何在学习中成长，最终实现自我超越。

四、任务与序列

围绕"支撑跳跃技术动作学习"的核心任务，基于构建"挑战性学习任务群"的理念，并基于《紫荆小学指向深度学习的单元学习任务链结构》，梳理解构单元学习任务链。（见表4-12）

表4-12 "学习任务链"设计结构表
学习主题：五年级支撑跳跃：山羊分腿腾越

年段学科单元	五年级体育支撑跳跃	设计		刘思
单元核心任务	1. 学会山羊分腿腾越动作方法，了解技术原理，能做到支撑顶肩分腿直，推手快。 2. 懂得学练时的规则和方法，体会协调美、力量美，懂得欣赏体操，发展下肢力量、协调和平衡能力。 3. 学会克服心理障碍，懂得保护与帮助，增强合作互助精神，能在挑战中实现自我突破，敢于展示自我，体验成功的乐趣。			
单元学习任务链	任务目标	学习任务序列	任务情境	学习内容
学习任务一 助跑踏跳基础技能掌握	掌握助跑起跳技巧	1. 学会支撑跳跃的助跑节奏和单跳双落的起跳方法，体会并步上板，直膝起跳后身体腾起。 2. 发展学生力量、柔韧、协调等身体素质。 3. 培养学生相互合作、勇敢果断的意志品质。	模拟跳跃动作练习	助跑节奏与起跳方法
学习任务二 山羊分腿腾越技能训练	学习分腿腾越动作	1. 复习助跑起跳动作，学习山羊分腿腾越的直臂顶肩和腾空分腿动作，并在保护帮助下尝试做完整动作。 2. 发展下肢跳跃能力和身体协调性。 3. 培养学生勇敢、果断、勇于克服困难的精神，增强学生主动参与、团结合作的意识和能力。	保护下尝试完整动作	直臂顶肩与腾空分腿

单元学习任务链	任务目标	学习任务序列	任务情境	学习内容
学习任务三 山羊分腿腾越技能与心理强化	提升技能与心理品质	1. 学会山羊分腿腾越跑跳结合、直臂顶肩、提臀分腿动作，快速推手意识并尝试完整练习，增强超越器械能力。 2. 发展全身灵敏、协调、肩臂及下肢力量素质。 3. 克服恐惧心理，培养勇敢、果断等心理品质和互相帮助的精神，学会观察和评价同伴动作完成情况，积极展示自我，体验成功的喜悦。	压力下练习动作技巧	综合动作与快速推手
学习任务四 完整技术动作的巩固与挑战	巩固技术动作挑战自我	1. 巩固并掌握山羊分腿腾越的完整技术动作，注重动作的完整及规范性。 2. 发展下肢跳跃能力和身体协调性，增强爆发力。 3. 培养学生克服困难，战胜困难的信心。	增加难度实现自我超越	技术动作规范与挑战

单元任务链设计将核心任务分解为四个学习任务"助跑踏跳基础技能掌握""山羊分腿腾越技能训练""山羊分腿腾越技能与心理强化""完整技术动作的巩固与挑战"，对标"身体素质""协调平衡""心理障碍克服"等关键能力点梳理了学习任务序列，将"动作技能掌握"细化为"助跑节奏"与"起跳方法"，将"心理素质培养"细化为"勇敢果断"与"克服困难"，并在此基础上，通过"模拟跳跃动作练习""保护下尝试完整动作""压力下练习动作技巧""增加难度实现自我超越"等教学策略，实现学习任务的深度分解与重构，促进学生在技能掌握、身体素质提升、心理素质强化等方面的全面成长。

五、学习与活动

学习任务一：助跑踏跳基础技能掌握

学习目标是：精准掌握助跑节奏的调控技巧，实现起跳前的步态同步；系统提升下肢肌肉群的力量，增强关节的柔韧性和协调性；强化团队协作意识，培养面对挑战时的决策力和勇气。

学习活动安排如下：

1. 节奏感知训练。从助跑节奏的感知开始，通过反复练习，使学生能够准确把握助跑节奏，进而实现步态的同步性；通过模拟跳跃动作，让学生在教练的指导下，体会并步上板的动作要领，包括起跳时的直膝动作和身体腾起的技巧；整个环节要求学生在动作的准确性和协调性上下功夫，以确保动作的流畅性和有效性。

2. 力量与柔韧同步提升。下肢力量增强，包括深蹲、腿举，以增强起跳时的爆发力；通过动态拉伸、静态拉伸，增加腿部韧带的柔韧性，优化分腿动作的执行；通过肩部旋转、拉伸练习，提升肩部柔韧性，便于直臂顶肩动作的完成。

3. 团队协作与心理强化。团队合作练习通过小组接力跳、协同起跳等活动进行，让学生在实践中学会相互支持和配合；心理训练通过模拟比赛情境，培养学生在压力下保持冷静和果断决策的能力。

学习任务二：山羊分腿腾越技能训练

学习目标是： 精确掌握分腿腾越动作的助跑节奏与起跳时机；强化下肢肌肉爆发力，增强腾空时的身体协调与控制能力；塑造学生面对挑战时的心理韧性，促进团队合作精神的形成。

学习活动安排如下：

1. 动作细节剖析与实践。通过视频分析和示范教学，使学生对分腿腾越动作的每一个细节有清晰认识；将动作分解为起跳、顶肩、分腿三个阶段，逐一练习，确保学生在每个阶段都能达到技术要求，最后在教师的保护下进行完整动作的串联练习；通过反复练习，使学生能够精准控制动作节奏和力度，实现动作的流畅过渡；在保护帮助下，逐步增加动作难度，促使学生在实践中不断挑战自我，提高动作完成度。

2. 力量协调并重。进行俯卧撑、倒立撑训练，强化上肢力量，确保支撑阶段的稳定性与力量输出；通过设置不同高度的跳箱，让学生在实际跳跃中感受起跳力度和顶肩时机的调整；通过腾空分腿感知、平衡垫练习，利用辅助器材，增强空中姿态的控制能力，确保分腿腾跃动作的稳定性和准确性。

3. 反馈优化循环。通过设置模拟比赛和团队接力赛等活动，让学生在压力下练习分腿腾跃动作，培养其在紧张情况下的勇敢和果断；通过团队合作完成任务，加强学生之间的相互支持和协作，提升团队精神和集体荣誉感；在每次练习后，利用教师指导，对学生的动作进行细致分析，指出不足之处，并提出改进办法，鼓励学生根据反馈进行自我调整，形成"练习—反馈—优化"的良性循环，不断提高动作的精准度和完成质量。

学习任务三：山羊分腿腾越技能与心理强化

学习目标是：精确掌握山羊分腿腾越的跑跳结合动作，实现动作的流畅性与准确性；增强全身肌肉群的协调性与力量，特别是肩臂及下肢的爆发力；强化心理调适能力，培养面对挑战时的勇敢与果断，增强团队协作意识。

学习活动安排如下：

1. 动作技巧分解与重构。通过动作分析，将跑跳结合、直臂顶肩、提臀分腿等动作分解为独立单元，逐一练习并优化；利用视频反馈，让学生清晰地看到自身动作的不足，通过反复练习，实现动作的连贯性与协调性；在此基础上，引导学生进行动作的快速推手练习，增强超越器械的能力。

2. 灵敏与耐力训练。进行快速推手练习、绳梯训练。提高学生对动作变化的反应速度和身体灵敏度；进行侧向移动、急停急起训练，增强学生的身体变向能力，提升动作执行的灵活性；进行连续跳跃、间歇训练。增强学生的有氧耐力，确保长时间训练的持续性和稳定性；进行分组、间歇的力量训练，在力量训练中融入耐力元素，增强整体运动耐力。

3. 观察评价与自我展示。通过接力赛、小组互助团队协作练习，让学生在压力下练习动作技巧，培养其面对挑战时的心理韧性，加强学生的团队协作意识，学会在团队中互相帮助，共同进步；鼓励学生在练习过程中，学会观察同伴的动作，进行评价与反馈，创造机会让学生展示自我，体验成功的喜悦，增强自信心。

学习任务四：完整技术动作的巩固与挑战

学习目标是：精确掌握山羊分腿腾越的起跳技巧，确保动作的准确性与安全性。增强下肢肌肉爆发力与协调性，提升动作执行的流畅度与稳定性；培育学生面对挑战时的心理韧性，激发其解决问题的内在动力。

学习活动安排如下：

1. **精准化技术动作训练。**将整个动作分解为起跳、空中分腿和着陆三个阶段，对每个阶段的关键动作进行专项训练；在起跳阶段重点练习腿部力量的发力时机和方法，在空中分腿阶段练习如何有效利用腰部力量来帮助完成分腿动作，而在着陆阶段则强调稳定着陆的技巧。

2. **全身力量与协调性训练。**通过体操球、绳梯等辅助器材，提高学生的身体平衡能力和协调性；通过设置不同难度的练习，增加跳跃高度或改变落地方式，逐步提升学生的动作执行难度，促进其技术动作的完善与创新。

3. **心理韧性与挑战克服。**增加动作的复杂度，利用现有器材进行组合，尝试越过更高的"山羊"，让学生在达成小目标的过程中逐渐建立起克服挑战的信心，激发不同层次学生挑战自我的欲望，并让不同层次的学生都能尝到成功的喜悦；组织团队竞赛或挑战赛，激发学生的斗志，通过团队合作来共同解决问题，增强集体荣誉感和战胜困难的团队精神；鼓励学生在掌握基本动作的基础上，发挥创新思维，通过小组讨论形式，尝试对山羊分腿腾越动作进行创新，激发学生的创造力，培养其解决问题的能力，增强动作的趣味性和挑战性。

六、 评价与成效

结合紫荆小学指向深度学习的单元学习任务链设计目标，制定评价体系。评价设计要秉承全面性、发展性和激励性理念，围绕学习任务的分解与重构，增强学生的身体素质、协调平衡能力以及心理障碍克服能力。

（一） 自我与同伴评价量表及评价标准

在学习任务的实施过程中，要关注学生的动作技能表现性评价，关注学生在各个学习任务中的动作准确性、协调性以及完成度等多方面的表现，关注学生的心理状态，及时改进教学方法，激励学生积极参与，促进学生自我提升。同时，关注学生在团队协作中的表现，以及在面对挑战时的应对策略和心理调适能力。评价量表中主要围绕助跑踏跳基础技能掌握、腾越技能、心理及完整技术动作进行自我评价和同伴评价，最后得出"微笑章"的综合总评，评价标准见表4-13。

表 4-13 自我与同伴评价标准

评价内容	评价标准		
	需努力☺	良好☺☺	优秀☺☺☺
助跑踏跳基础技能掌握	1. 能够基本完成助跑节奏的调控，步态同步性一般。 2. 基本能够完成下肢力量和柔韧性训练，但动作完成度不高。 3. 在团队协作中能基本配合，但决策力和勇气表现一般。	1. 能够准确调控助跑节奏，步态同步性较好。 2. 能够系统增强下肢肌肉群的力量，关节柔韧性和协调性有明显进步。 3. 在团队协作中表现出较好的配合能力，面对挑战时有一定的决策力和勇气。	1. 能够精确掌握助跑节奏的调控技巧，步态同步性优秀。 2. 系统提升下肢肌肉群的力量，关节柔韧性和协调性表现出色。 3. 在团队协作中表现出色，面对挑战时表现出强烈的决策力和勇气。
山羊分腿腾越技能训练	1. 能够基本掌握分腿腾越动作的助跑节奏与起跳时机，动作完成度一般。 2. 下肢肌肉爆发力和身体协调性有所提升，但不够稳定。 3. 面对挑战时有一定的心理韧性，团队合作精神表现一般。	1. 能够精确掌握分腿腾越动作的助跑节奏与起跳时机，动作完成度较好。 2. 下肢肌肉爆发力和身体协调性有显著提升，动作稳定性较好。 3. 面对挑战时表现出良好的心理韧性，团队合作精神有所增强。	1. 能够精确掌握分腿腾越动作的助跑节奏与起跳时机，动作完成度高。 2. 下肢肌肉爆发力和身体协调性表现出色，动作稳定性优秀。 3. 面对挑战时表现出强烈的心理韧性，团队合作精神强烈。
山羊分腿腾越技能与心理强化	1. 能够基本掌握山羊分腿腾越的跑跳结合动作，动作流畅性一般。 2. 全身肌肉群的协调性与力量有所提升，但肩臂及下肢的爆发力表现一般。 3. 心理调适能力有所增强，面对挑战时的勇敢与果断表现一般。	1. 能够精确掌握山羊分腿腾越的跑跳结合动作，动作流畅性较好。 2. 全身肌肉群的协调性与力量有显著提升，肩臂及下肢的爆发力表现良好。 3. 心理调适能力较强，面对挑战时表现出良好的勇敢与果断。	1. 能够精确掌握山羊分腿腾越的跑跳结合动作，动作流畅性优秀。 2. 全身肌肉群的协调性与力量表现出色，肩臂及下肢的爆发力表现卓越。 3. 心理调适能力极强，面对挑战时表现出强烈的勇敢与果断。

评价内容	评 价 标 准		
	需努力 ☺	良好 ☺ ☺	优秀 ☺ ☺ ☺
完整技术动作的巩固与挑战	1. 能够基本掌握山羊分腿腾越的起跳技巧，动作准确性与安全性一般。 2. 下肢肌肉爆发力与协调性有所提升，动作执行的流畅度与稳定性一般。 3. 面对挑战时有一定的心理韧性，解决问题的内在动力表现一般。	1. 能够精确掌握山羊分腿腾越的起跳技巧，动作准确性与安全性较好。 2. 下肢肌肉爆发力与协调性有显著提升，动作执行的流畅度与稳定性良好。 3. 面对挑战时表现出良好的心理韧性，解决问题的内在动力较强。	1. 能够精确掌握山羊分腿腾越的起跳技巧，动作准确性与安全性优秀。 2. 下肢肌肉爆发力与协调性表现出色，动作执行的流畅度与稳定性卓越。 3. 面对挑战时表现出强烈的心理韧性，解决问题的内在动力强烈。

（二）教师观察评价量表

本量表依据《义务教育体育与健康课程标准（2022 年版）》及单元学习任务链的深度教学理念，旨在通过量化评价促进任务分解与重构的有效性，精准评估学生在技能掌握、身体素质、心理素质及团队协作等方面的成长与变化，确保教学活动的精准实施与持续优化。（见表 4 - 14）

表 4 - 14 教师观察评价量表

五年级山羊分腿腾越课堂学习效果分析			
一级指标	指标指征	二级指标	评分等级（1—5 分）
技术动作掌握度 评价学生对山羊分腿腾越技术动作的掌握情况	动作细节的精准执行	1. 起跳时直膝动作规范性	
		2. 空中分腿与直臂顶肩的协调	
		3. 着陆稳定性与姿态控制	
		4. 跑跳结合的自然过渡	
		5. 动作间的流畅衔接	
		6. 完整动作的流畅执行	

一级指标	指标指征	二级指标	评分等级（1—5分）
身体素质发展 评价学生的力量、柔韧性和协调性等身体素质的发展情况	身体素质的全面提升	1. 全身协调性提升	
		2. 起跳时的力量爆发	
		3. 空中姿态的维持能力	
		4. 落地时的缓冲控制	
		5. 连续跳跃的耐力表现	
心理素质与团队协作 评价学生在面对挑战时的心理调适能力以及团队协作精神	积极的心理状态和有效的团队互动	1. 面对挑战的自信与勇气	
		2. 挫折后的积极调整	
		3. 团队合作中的默契与配合	

　　本单元设计通过精细的任务分解与重构，有效促进学生体育技能与核心素养的深度发展。在"助跑踏跳""山羊分腿腾越"等任务链中，学生不仅在技术动作上实现从基础到高级的跨越，更在身体素质、心理素质及团队协作能力上实现质的飞跃。任务分解，明确各阶段的学习目标与策略，确保学习的连续性和有效性；而重构则通过情境模拟、心理调适等多元教学策略，增强学习的挑战性与趣味性，显著增强学生的学习成效与自我超越能力。

（撰稿者：上海市嘉定区紫荆小学　刘思）

第五章

连续性：重构教学的无限可能

　　有价值的学习任务应体现经验的连续性，具备具身经历性、经验整体性、交互关联性和活动进阶性。具身经历性强调"做中学"，培养解决实际问题的能力。经验整体性通过"主题单元"替代"课时主义"，学生围绕中心主题深入学习，构建知识框架。交互关联性主张"整体关联"，跨学科整合知识，培养学生综合应用能力。活动进阶性依据学生不同起点和发展速度提供递进式学习路径，确保每位学生在适宜挑战中成长。

杜威认为，经验是指作为个体的人在与客观事物接触过程中通过感觉器官获得的关于客观事物的现象和外部联系的认识；经验亦包括作为个体的人接触客观事物、认识客观事物的过程。① 同时，杜威提出了经验的连续性原则，所谓经验的连续性原则，是指每一个经验中总有些地方取之于从前的经验，同时又以某种方式改变以后经验的性质。在单元学习任务链设计中，将一个大的学习目标分解为一系列相互关联的小任务或活动，每个任务都是前一个任务的延伸或深化，共同构成一个连贯的学习路径。在教育过程中，学习内容、技能和经验的连贯性和累积性发展，它强调的学习经历应当是一个流畅、无间断的过程，其中每一阶段的学习都建立在前一阶段的基础之上，为下一阶段的学习做准备，这就是学习的连续性。

在教学设计中，有教育价值的学习任务是连续性的经验或学习任务，具有具身经历性、经验整体性、交互关联性和活动进阶性特征。从"离身学习"到"具身经历"，在"做中学"中生长主体性经验；从"课时主义"到"主题单元"，"散点习得"到"整体关联"，在"用中学"中丰富连续性经验；从"平行学习"到"进阶发展"，在"创中学"中培育交互性经验。这些路径承载着学生学习从"碎片经验"到"一个经验"知识生长的真实发生，也诠释了时间延展、空间创生与素养培育，重构教学的无限可能。②

第一，具身经历性：从"离身学习"到"具身经历"。传统的"离身学习"往往侧重于理论知识的记忆和理解，学生更多是被动接受信息。而"具身经历"则倡导通过身体的实际参与来学习，即"做中学"。这种方法认为，学习不仅仅是大脑的活动，更是全身的体验。通过动手操作、实地考察等方式，学生

---

① 杜威. 学校与社会·明日之学校［M］. 赵祥麟，任钟印，吴志宏，译. 北京：人民教育出版社，2005：1.
② 刘玮. 指向"一个经验"的儿童数学学习路径探索［J］. 中国教育学刊，2024，（05）：84—88.

能够将抽象概念与实际情境相联系，从而加深理解和记忆，同时也培养了解决实际问题的能力。

第二，经验整体性：从"课时主义"到"主题单元"。"课时主义"通常指的是按照固定时间安排的课程，每一节课可能独立于其他课程，导致知识碎片化。"主题单元"则是将学习内容围绕一个中心主题进行组织，形成一系列相互关联的学习活动。这种方法鼓励学生在较长的时间跨度内深入探索一个主题，有助于构建知识框架，理解概念间的内在联系，促进深度学习和长期记忆的形成。

第三，交互关联性：从"散点习得"到"整体关联"。"散点习得"指的是孤立地学习各个知识点，缺乏对知识体系的整体把握。"整体关联"则强调跨学科的整合，通过将不同领域的知识和技能融合在一起，让学生看到学科之间的联系，培养综合运用知识解决问题的能力。这种方法下的学习任务往往具有挑战性，要求学生主动探索、协作交流，从而促进创新思维和批判性思考的发展。

第四，活动进阶性：从"平行学习"到"进阶发展"。活动进阶性强调学习活动应该是递进的，从简单到复杂，从基础到高级。平行学习可能会让所有学生同时进行相同难度的任务，而忽视了个体差异。相比之下，进阶发展的学习设计考虑到了学生的不同起点和发展速度，提供了逐步增加挑战性的学习路径。这有助于学生在舒适区之外进行学习，同时避免过度挑战导致的挫败感，确保每位学生都能在适合自己的节奏上成长。

综上所述，这四种转变共同指向了一个更注重体验、整合和创造的学习模式，它不仅关注知识的传递，更注重学生个体的成长、创造力的激发以及实际问题解决能力的培养。通过实施这些原则，教育者可以设计出更符合学生需求、更具吸引力和挑战性的学习体验。

（撰稿者：上海市嘉定区紫荆小学　李琳）

实践智慧 5-1

感受地域音乐风格，了解中国民族乐器

【单元学习设计】四年级第二学期第一单元"悠扬的乐声"

随着《义务教育艺术课程标准（2022年版）》的实施，音乐学科教学理念与教学方式都有了很大的转变，从之前无计划性和无逻辑性的教学逐渐向单元化、结构化、整体化课时模式转变。本案例以上海市音乐四年级第二学期第一单元"悠扬的乐声"为例，用"学习任务链"作为单元教学设计中的核心点，从"课时主义"到"主题单元"，联结整个单元内容，促进单元整体思维，提高课堂教学的实施质量，以此来促进音乐学科的深度学习。

一、理念与价值

上海市音乐四年级第二学期第一单元"悠扬的乐声"共有四首作品，均围绕民族乐器展开教学。因此，本单元以"学习任务链"的模式串联单元教学内容，将教学环节"结构化"，使音乐课堂教学形成一个相对完善的教学模式，从而达到学习活动的经验整体性：从"课时主义"到"主题单元"。

（一）依托单元"学习任务链"，促进单元整体深度学习

深度学习理念的"深度"是强调知识的整体性与对知识的整体把握，使学生在学习时，让自身与知识还有所处环境进行一个整体的建构。在课例实施过程中，笔者发现中小学音乐课堂主要以单个教材为主，教师很少会把一个单元的教学内容有关联地呈现出来。因此，本课例选择在单元教学设计中，采取单元"学习任务链"的教学策略来促进小学音乐单元整体教学，从而培养学生的

核心素养。基于"任务链"的单元教学设计能够将知识放在具体的问题中，学生通过自主地思考将知识转化为自身必备的素养，在课时学习中体现单元学习，从而达到深度学习。因此，运用"任务链"的单元教学，不仅对于培养学生核心素养有着明显的优势与价值，还能以此来促进对音乐学科单元整体教学的深度学习。

（二）聚焦单元"学习任务链"，助推教师专业发展

课堂教学，是教师教授与学生学习同时进行的一种合作性活动，教师通过有问题、有计划、有方法的教学引导学生获得知识。为避免教学过程实施出现盲目性、无计划性和无逻辑性，教师需要精心设计每一堂课，在单元整体教学中考虑自身如何教以及将音乐知识教到哪种程度。教师需要基于单元整体教学设计用"任务链"将教学环节"结构化"，运用单元"学习任务链"逐级分解的形式展现课堂教学，从而使课堂教学形成一个比较完善的教学模式。因此，我们教师要统领好学科核心素养，基于课程标准，步骤有序地展开系统化、结构化的单元整体教学，进一步推动教师的专业发展。

（三）开展单元"学习任务链"活动，增强学生思维能力

音乐活动是指以某一具体的音乐作品作为对象，通过聆听以及其他教学手段相结合的方式来体验、感知音乐。那在音乐课中如何调动学生学习的兴趣和积极性，了解、理解这些音乐知识，从而更高质量地完成学习目标，提升课堂品质，这就需要一种全新的音乐教学模式产生。在音乐单元整体教学中开展"学习任务链"教学活动，循序渐进式地设计将音乐知识整理、拆分、提炼，以任务活动的形式展现出来，环环相扣、由浅入深，带领学生积极思考，激发学生的兴趣，调动学生的主动性，培养学生的高阶思维能力。毫无疑问，开展单元"学习任务链"的整体教学设计，影响着学生的思维方式和课堂教学的有效性，从而提高音乐课堂教学品质。

二、主题与目标

（一）教材分析

进行单元"学习任务链"设计，首先要进行对单元教材内的作品进行详细分析，聚焦单元教材的主要特点，梳理出单元主旨理解线索，把握单元内容重点。通过对上海市小学四年级第二学期第一单元"悠扬的乐声"四首作品进行

具体分析，以此提炼出单元主旨理解线索。

1. 单元作品分析（见表5-1）

表5-1 "悠扬的乐声"单元作品分析

教材内容	乐器介绍	作品关键特征
欣赏《洞庭新歌》	古筝	乐曲中连托、连抹的技法以及各种古筝奏法，生动地描绘了洞庭湖水的动态和渔船在波光粼粼的湖面上轻曳的情景，表现了洞庭湖区人民的美好的生活情景与生活情趣。
欣赏《欢乐的火把节》	扬琴	乐曲通过扬琴轮音、连续的琶音等技法，描绘了云南省彝族人民欢度一年一度传统节日火把节时载歌载舞、喜庆欢乐的情景，具有浓郁的乡土气息。
歌唱《箫》	箫	歌曲是一首2/4拍的汉族民歌，旋律抒情优美，采用了《紫竹调》的曲调，表现出了浓郁的江南民歌风味。歌曲旋律悠扬，节奏比较宽松，以八分、四分音符为主，其中"吁底吁底"衬词的运用，使歌曲更富有童趣。
歌唱《吹起我的小竹笛》	竹笛	歌曲为2/4拍，表现出少年吹着竹笛高兴的心情和活泼开朗的性格。第三、第四句八分音符与十六分音符节奏型的间隔出现，生动地描绘了一个得意洋洋吹着笛子的天真少年形象。

2. 单元主旨理解线索

本单元四首作品通过欣赏和演奏的形式，结合对音乐情绪的感受和音乐情境的联想，感知不同地域的音乐风格以及中国民族乐器的独特魅力。其中，乐曲《洞庭新歌》的主奏乐器古筝和乐曲《欢乐的火把节》的主奏乐器扬琴属于民族乐器中的弹拨乐器，歌曲《箫》和歌曲《吹起我的小竹笛》的主要乐器为箫和竹笛，属于民族乐器中的吹管乐器。因此，笔者将其作品的个性与共性进行分析归纳，以此提炼出单元主旨理解线索。

第一，民族乐器的音色、旋律特点和演奏技术展现出浓厚的地域性音乐风格。

第二，音乐旋律、节奏特点和演奏方式所表现的人们悠闲、喜悦的美好生活。

（二）学情分析

在"基于课程标准的单元整体教学"实践研究中，我们要"在把握单元内容重点的教材分析与教学内容组织、基于'问题链'技术的单元教学结构性关联以及彰显学科特质并聚焦能力培养的单元核心活动设计予以重点突破，建构'保障学科核心素养落地'的路径，形成'基于标准、目标导向'的单元教学系统化设计策略"。[①] 运用"问题链"的单元整体教学设计连结单元教学内容确立与教学环节的实施，凸显单元教学目标，建构学生的认知目标，体现音乐学科核心素养。

1. 学情分析和学习难点预设

四年级学生对音乐的整体音响会产生反应并引发联想，但对音乐结构、旋律起伏、节奏疏密、力度变化等音乐要素缺少经验和概念。

学生对于运用动作、手势和小乐器表现音乐以及对民族乐器中常见乐器的形状、音色和演奏的特点有初步了解，但如何用这些方法正确表现、分辨音乐特征，了解民族音乐相关文化需要老师的指导。

四年级的学生心理处于向高年级过渡的关键时期，他们的感知、理解能力更加丰富，对抽象事物的思考也会加强，但怎样用合适的活动形式表现出情景想象还需老师的引导。

2. 单元教学目标

以目标为导向开展教与学的活动是音乐学科课程实施的必要条件，通过对四年级学生的学情分析和学习难点预设，笔者设计了以下单元教学目标：

（1）在学习本单元音乐作品过程中，感受音乐节奏、旋律、速度、力度和民族乐器音色特征，体验悠扬乐声中人民美好的生活情景和生活乐趣。

（2）用联想、模唱、律动、小乐器伴奏和创编活动等方法，感受作品不同的音乐情绪，结合引导和学习活动，达到正确地聆听、歌唱以及合作表演的习惯。

（3）根据歌曲旋律特点及歌词内容、音乐形象主题的了解，跟钢琴视唱表

---

① 上海市教育委员会教学研究室. 中小学音乐单元教学设计指南［M］. 北京：人民教育出版社，2018：2.

现程度学唱歌曲，并能用好听的声音演唱歌曲。

（4）在对比感受聆听不同音乐作品旋律特点的过程中，运用适合表现作品形象与音乐情绪的律动，创编节奏型进行创造性表演。

三、问题与驱动

在把握单元教学目标及其结构的基础上，确立从"学科核心内容的基本问题——单元基本问题——活动（或课时）关键问题——教学环节关键设问"的"问题链"设计和逐级分解的技术策略。因此，"悠扬的乐声"这一单元"问题链"逐级分解设计见表5-2。

表5-2 "悠扬的乐声"问题链逐级分解实践研究路径

设计依据	学科核心内容："音乐的文化语境" 单元核心主题：不同地域音乐作品与风格的形式特征 理解线索1：民族乐器的音色、旋律特点和演奏技术展现出浓厚的地域性音乐风格。
单元基本问题	1. 作曲家是如何通过音乐要素来表达不同地域性音乐语汇的？ 2. 如何根据不同的音乐形式正确表现地域性音乐？
课时关键问题	1. 作曲家是如何通过音乐要素来表达不同地域性音乐语汇的？ 2. 你能用身体律动和小乐器演奏表现火把节静谧与欢腾的情景吗？

四、任务与序列

"主题单元"是将学习内容围绕一个中心主题进行组织，形成一系列相互关联的学习活动。对于学生的学习来说，明确学习任务，是实现深度学习的基础与前提。据此设计本单元课例《欢乐的火把节》"学习任务链"。（见表5-3）

表5-3 课例《欢乐的火把节》"学习任务链"课例实施结构表
学习主题：不同地域音乐作品与风格的形式特征

单元核心内容	学科核心内容："音乐的文化语境" 单元核心主题：不同地域音乐作品与风格的形式特征
单元基本问题	1. 作曲家是如何通过音乐要素来表达不同地域性音乐语汇的？ 2. 如何根据不同的音乐形式正确表现地域性音乐？

课时关键问题	课题	《欢乐的火把节》				一课时
	1. 作曲家是如何通过音乐要素来表达不同地域性音乐语汇的？ 2. 你能用身体律动和小乐器演奏表现火把节静谧与欢腾的情景吗？					

教学环节关键设问		环节任务设计	环节问题设计	对应课时目标	学习水平"√"	指向音乐核心素养
	1	欣赏乐曲引子部分（圭山的早晨）	1. 音乐的速度是怎样的？ 2. 乐曲描绘了一幅怎样的画面？	目标1	知道√ 理解√ 运用 综合	审美感知 文化理解
	2	欣赏乐曲第一部分（如歌的行板）	1. 音乐是几拍子的？ 2. 音乐带给你一种怎样的感受？ 3. 你想用怎样的声音来表现彝族人民悠然自得的情景呢？	目标1 目标2	知道√ 理解√ 运用√ 综合	审美感知 文化理解
	3	欣赏乐曲第二部分（节日的欢庆）	1. 与第一部分相比，乐曲的速度和情绪有什么变化？ 2. 音乐表现了一幅怎样的场景？ 3. 你听到了哪种打击乐器的声音？ 4. 我们应该用怎样的力度和节奏来表现彝族火把节热闹的情景呢？	目标1 目标2 目标3 目标4	知道√ 理解√ 运用√ 综合√	审美感知 艺术表现 创意实践 文化理解

由此可见，围绕单元主题，在有递进性、层次性的单元课例教学中，借助单元"学习任务链"设计，从而进一步增强学生的探究、思维能力。

五、 学习与活动

从"课时主义"到"主题单元"的学习活动，会有零散的知识、技能，这就要求教师整体把握教学内容，运用单元"学习任务链"，将教学内容有机整合起来，以此促进学生对知识进行整体联系和建构，形成深层次联结，从而实现从知识、技能的掌握到核心素养的达成。学习活动如下：

（一） 学习任务 1：欣赏乐曲引子部分（圭山的早晨）

【关键设问】

① 音乐的速度是怎样的？

② 乐曲描绘了一幅怎样的画面呢？

【学习与任务】

1. 聆听引子部分音乐

2. 师生交流

教学意图说明：

1. 学习要点

　　① 感受引子部分音乐的速度

　　② 联想音乐所描绘的情景

2. 指导与反馈要点

　　① 初步了解散板速度

　　② 引导学生根据音乐要素联想音乐情景

（二）**学习任务 2：欣赏乐曲第一部分（如歌的行板）**

【关键设问】

① 音乐是几拍子的？

② 音乐带给你一种怎样的感受呢？

③ 你想用怎样的声音来表现彝族人民悠然自得的情景呢？

【学习与任务】

1. 用喜欢的律动跟随音乐感受 4/4 拍

2. 用"拍手跺脚"表现音乐情绪

3. 模唱第一部分主题旋律

4. 演唱加律动完整演绎第一部分

教学意图说明：

1. 学习要点

　　① 听辨音乐节拍

　　② 用身体律动表现音乐优美的情绪

　　③ 初步认识降记号

2. 指导与反馈要点

　　① 指导学生用身体律动的方式表现音乐节拍和情绪

---

② 在老师的钢琴伴奏下，指导学生用优美的情绪演唱第一主题旋律

③ 引导学生用演唱和律动完整表现第一部分

3. 评价内容

① 体态律动符合乐曲的节拍韵律，能与音乐速度保持一致

② 能用优美的情绪、好听的声音演唱第一主题旋律

（三）学习任务3：欣赏乐曲第二部分（节日的欢庆）

【关键设问】

① 与第一部分相比，乐曲的速度和情绪有什么变化？

② 音乐表现了一幅怎样的场景？

③ 你听到了哪种打击乐器的声音？

④ 我们应该用怎样的力度和节奏来表现彝族火把节热闹的情景呢？

【学习与任务】

1. 初听，听辨音乐要素的变化

2. 复听，听辨打击乐器

3. 自主选择打击乐器合作进行伴奏（小组学习、检验成果、分组依次加入）

4. 声势组合伴奏

教学意图说明：

1. 学习要点

① 听辨音乐速度、情绪的变化

② 根据音乐要素联想音乐情景

③ 用打击乐器和声势组合为音乐伴奏

2. 指导与反馈要点

① 引导学生感知音乐要素的变化并联想音乐情景

② 在老师指导下，用打击乐器合作表现音乐活泼欢快的音乐情绪

③ 在老师引导下，用声势组合表现音乐中热闹激动的情景

3. 评价内容

①	自主选择打击乐器，以正确演奏方式和准确的节奏小组合作为音乐伴奏

综上，本课例将"学习任务链"融入具体的教学环节中，与学科核心内容："音乐的文化语境"，单元核心主题："不同地域音乐作品与风格的形式特征"形成关联性；环节的关键设问与单元基本问题、课时关键问题形成逻辑性。让学生可以在环节关键问题的引导下进行音乐学习，逐步解决单元与课时基本问题；引导学生从感知和表现音乐旋律中理解彝族火把节少数民族风俗，从文化角度关注音乐作品和音乐现象，从艺术实践活动中认知作品的风格特征，最终落实核心素养，达成深度学习。

六、评价与成效

评价是单元"学习任务链"教学不可或缺的一个环节。教学环节是否完善，关键就要看是否有评价环节。评价不仅能够对教学质量进行有效检验，同时还有助于持续完善教学。在评价活动设计过程中，依据任务导向，把握单元内容重点，基于新课程标准"审美感知""艺术表现""创意实践""文化理解"四类核心素养，根据音乐学科核心素养制定合理的课堂观察评价量表。（见表5-4和表5-5）

表5-4　课堂观察评价量表 1—学习结果核查表

评价内容	学习结果核查		目标指向	指向音乐核心素养
单元核心内容"音乐的文化语境"				
你能根据音乐正确感知音乐要素特点吗？	□能做到	□不能做到	课时目标	审美感知艺术表现创意实践文化理解
你能根据不同文化语境中的音乐联想情景吗？	□能做到	□不能做到		
你能根据音乐文化语境中的特点，用合适的声音演唱旋律吗？	□能做到	□不能做到		

评价内容	学习结果核查	目标指向	指向音乐核心素养
你能根据音乐文化语境中的特点演奏旋律吗？	□能做到 　□不能做到		
你能根据音乐文化语境中的风格正确演绎音乐吗？	□能做到 　□不能做到		
你能与同伴合作创编符合音乐文化风格的节奏或旋律吗？	□能做到 　□不能做到		
你能根据不同的音乐形式正确表现音乐文化语境特点吗？	□能做到 　□不能做到		

表5-5　课堂观察评价量表2—等第量表

评价内容	等第判断	目标指向	指向音乐核心素养
核心内容"音乐的文化语境"			
你能与同伴合作创编符合音乐文化特征的节奏型或旋律进行表演吗？	□优秀：能根据音乐特点创编合适的节奏型或旋律小组合作表演 □良好：能根据音乐特点创编合适的节奏型小组合作表演 □合格：能通过与老师的交流进行创编 □需努力：不能小组合作表现音乐	课时目标	审美感知 艺术表现 创意实践 文化理解
你能主动与同伴介绍音乐风格特征吗？	□优秀：能主动交流表达 □良好：能在老师的引导下交流表达 □合格：愿意通过模仿他人进行交流表达 □需努力：不能交流表达		

综上，笔者通过对主题单元的具体分析，梳理和提炼单元"学习任务链"建立整个单元内知识的联合性；在确立单元核心内容的基础上，设定单元的基本问题，形成"问题链"教学策略。因此，运用单元"学习任务链"使教师基于单元教材内容，在单元主题引领下形成支持教与学的"任务链"，以此优化学习路径，激发学生学习动机，帮助学生学习和成长，实现教与学的深度学习。

（撰稿者：上海市嘉定区紫荆小学　刘若男）

实践智慧 5-2

欢乐农场之旅，探索奇妙动物世界

【单元学习设计】牛津英语 4AModule 4 Unit 1 A visit to a farm 学习任务链设计

通过解读《义务教育英语课程标准（2022 年版）》和小学英语（牛津上海版教材），教师可以发现基于深度学习理念组织小学英语单元整体教学有助于推动新课改的进程。基于单元主题，设计有层次、有结构、有价值的关键问题，形成支持教与学的"学习任务链"，优化学习路径，激发学生学习动机，帮助学生学习和成长，实现教与学有效改进。本文通过对牛津英语 4AM4U1A visit to a farm 单元教学案例分析，阐述了如何通过"学习任务链"设计从"平行学习"到"进阶发展"，在"创中学"中培育交互性经验，以提升学生的思维品质，加深学生的情感体验。

一、理念与价值

基于单元统整，本单元主题是 A visit to a farm。通过创设参观农场的语境，学生以"任务为核心"的学习方式，从"平行学习"到"进阶发展"，激发其英语学习的兴趣和动力，能积极参与到学习活动中，高效完成学习任务，增强英语学习的针对性与主动性，提高英语课堂学习效率。

（一）创设情境，巧妙构思话题

英语教学应寓教于乐，创设真实情境，学生能从中体验真实生活。笔者根据单元主题 A visit to a farm 确定了三个分话题，通过三个单课目标的落实，最终达成单元教学目标。三个话题设计如下：

第一课时，借助场景（A visit to Old MacDonald's farm），以一次去 Old MacDonald 的农场活动为主线，通过图片和角色对话学习相关的农场动物的单词，并用核心语言描述农场动物的特征、叫声、喜欢吃的食物，树立要学会感恩家畜的意识。

第二课时，借助场景（Rules for the farm），基于 Kitty 和伙伴们在农场参观的语境，开展祈使句的操练学习。运用核心句型 Don't... 描述农场的标志。在参观农场的过程中，提醒他人时刻要遵守规则，爱护家畜。

第三课时，借助场景（Know more about the farm），以 Kitty 通过日记记录农场的参观过程，在复习本单元核心词汇和句型的基础上，进一步学习、理解与运用核心词句进行表达，体会在农场上参观的乐趣，把遵守规则的意识内化为自己的行为准则，进一步了解更多家畜的特性及功能，激发感恩家畜的情感。

（二）聚焦思维，促进个性发展

以学习任务链为抓手，设计有逻辑、有结构、有层次的单元以及课时学习任务，形成支持教与学的"学习任务链"，以此优化学习路径，改变学习方式，提升学生思维品质，促进个性发展。在这样的学习模式下，学生在课堂中有思维碰撞的火花，主动去参与，去操作，去体验，从而能真正地、主动地、智慧地学。在本单元中通过语段学习，层层递进，由点到面的交互联系，进而在学习中不断思考，以达到学以致用的目的，完成最后的整体语用输出文本。

（三）素养导向，挖掘育人价值

本单元的教学特点是充分运用故事情境和多媒体教学技术的灵活性、便捷性和直观性，通过表演、小组合作的活动性以及视听感知的趣味性，调动学生兴趣和积极性，提高课堂教学效率，在观察、实践、思考的基础上完成教学目标。通过对单元学习内容的整合和筛选，挖掘单元主题内涵的育人价值，并尝试将核心素养的培养融入单元和分课时教学中，强调学生个性的培养和发挥，突出学生的个体差异性，提倡以学生为中心的教学模式。在此过程中，帮助学生学会观察，尝试介绍自己喜欢的家畜，感受家畜对人们的贡献，意识到要感恩家畜。在参观场地时也需有遵守相应的规则意识。

二、 主题与目标

（一） 学情分析

本单元主题为 A visit to a farm，其中出现的有关农场或动物的话题，都在预知范围内，学生已初步具有相关单词、句型的基础，例如：农场动物类单词和动物的声音。随着年级的升高，各学段的要求有所提高。如一年级初次接触 farm 主题时，只是要求学生能用 What's...？ It's a... 问答某种农场动物；三年级再次出现 farm 主题时，学生能用 Look at ... They're ... 简单描述农场动物，并能用 how many 询问数量；而到四年级，通过学习学生了解参观农场时必须遵守的规则。

（二） 教材解析

本单元主题是 A visit to a farm。通过创设和朋友一起参观 Old MacDonald 的农场语境，引导学生在相对真实、完整的语境中感知、体验、理解语言；体验和朋友一起参观农场的乐趣，萌生遵守农场规则的意识。在了解农场动物的特征、习性和对人们的贡献过程中，激发农场动物也是人类的好伙伴、要学会感恩家畜的情感。通过精确目标设定，发展思维品质，丰富情感体验，设计多样过程，精准教学评价，来促进语言学习。

细观本单元 4AM4U1，如下表所示， A visit to a farm 共包含八大板块，其中， Look and learn， Look and say， Learn the sound 为核心板块， Say and act， Read and match， Think and write 为次核心板块， Listen and enjoy， Play a game 为非核心板块。本单元学习内容主要为在参观 Old MacDonald 的农场语境中，学生运用 hay， grass， corn， meat 等核心词汇，正确地描述农场动物吃的食物，能在相关语境中借助图片和提示语有条理地描述农场动物外貌、叫声及饮食等特性，并且能根据标志图片归纳农场规则，在参观过程中，提醒他人时刻遵守规则。做到语音语调基本正确，描述较为流畅。（见表 5 - 6）

表 5-6　4AM4U1 单元学习板块和学习内容

	学习板块	主要学习内容
核心板块	Look and learn	hay, grass, corn, meat, litter, walk on the grass, pick flowers, throw stones
	Look and say	Don't ...
	Learn the sound	字母组合 sc-, sk-的读音规则
次核心板块	Say and act	Feed the animals
	Read and match	Old MacDonald's pig Big
	Think and write	Think and complete the table
非核心板块	Listen and enjoy	A rhyme
	Play a game	Throw a dice and play a board game

（三）学习主题与目标

根据单元主题 A visit to a farm 内容确定了三个分课时话题。（见图 5-1）

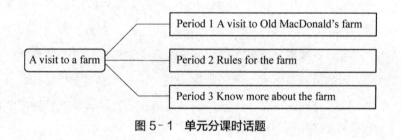

图 5-1　单元分课时话题

具体的学习目标如下：

1. 在知识与技能方面能知晓字母组合 sc-, sk-的读音规则，尝试根据发音规律正确朗读含有字母组合 sc-, sk-的单词、句子和儿歌。能在语境中知晓、理解和运用核心单词 hay, corn, meat, grass 和核心句型 Don't ...，运用动词词汇 litter, throw stones, pick flowers, walk on the grass 正确表达祈使语气，描述农场规则。在语言框架的辅助下，能从农场规则和农场动物特点两方面记录参观心得，完成海报。

2. 在主题与文化方面能通过本单元的学习，体验参观农场的乐趣，萌生遵守农场规则的意识。在了解家畜的特征、习性和对人们的贡献过程中，激发学会感恩家畜的情感。

3. 在思维与策略方面能通过文本整体感知、问题驱动、提取信息、分类归纳等多种方式学习家畜的饮食等相关词汇。能通过对话朗读、问答交流、戏剧表演，游戏来学习本单元的祈使句。能通过图文朗读、阅读、信息查找、问答交流、整理归纳、任务引导等思维活动训练理解祈使句，并尝试运用核心语言表达。

三、 问题与驱动

英语学习活动观是落实培养学生英语核心素养目标的重要教学途径。在英语学习活动观的指导下，围绕教学主题指向教学目标、巧用问题的任务设计符合学生的认知发展规律，可以帮助学生多维度解读文本，从而培养学生的逻辑性、批判性和创造性等高阶思维能力，可以让英语学习从文本内容走向主题探究，最终实现语言知识的迁移创新，从而提升学生的英语核心素养。因此将本单元的学习核心任务设计为：参观 Old MacDonald 的农场，了解家畜的特征、饮食习性及家畜对人类的贡献，在参观过程中萌生遵守规则意识。在此过程中，语言学习成为一种工具。学生通过一系列聆听、观察、模仿、问答、猜测、分类、提炼信息的活动驱使，运用所学的核心词汇和句式对家畜的外貌特征、叫声、喜欢的食物及对人类的贡献进行表达。既实现了语用输出，又传递了育人价值，而学生在此过程中感觉不到学习语言的乏味，反而激发了他们学习的兴趣及思维的训练。例如，通过问题 "What can you see? Is … a farm animal? Where do they live? " 引发学生思考，理解家畜与野生动物的区别。在观察牛羊的时候，通过问题 "How are the sheep/cows? How do they go? What do they eat? What can they do for us/What can we get from them? " 学生能够在观察中有任务性，知道要观察牛羊的外貌特征、叫声、饮食习惯，了解它们的功能，这样有目的性地学习和思考，使得学习效率得以快速提升。

四、 任务与序列

通过一次次试教改进任务链结构图和教案，对教学整体教学设计进行优化完善。在这一过程中比较学生在不同任务设计下的课堂表现，明确最高效的学习方法，提升学生的核心素养。（见表 5 - 7）

表 5-7 指向深度学习的小学英语"学习任务链"设计结构

学习主题：欢乐农场之旅，探索奇妙动物世界

年段学科单元	4AM4U1	设计		赵天予
单元核心任务	1. 参观 Old MacDonald 的农场，了解家畜的特征、饮食习性及家畜对人类的贡献。 2. 在参观农场过程中萌生遵守规则意识，并对他人进行规则的提醒。			
单元学习任务链	任务目标	学习任务序列	任务情境	学习内容
学习任务一参观 Old MacDonald 的农场	了解家畜的特征、习性及贡献，树立学会感恩家畜的意识。	1. 知晓字母组合 sc-，sk-在单词中的发音，并能尝试跟读含有 sc-，sk-的单词。 2. 能在语境中正确朗读、理解核心单词 hay，grass，corn，meat，并说出农场动物吃什么食物。 3. 能用核心语言 What do they eat? 就农场动物的饮食与他人进行问答。 4. 能在媒体的帮助下，尝试运用 These are ... /They are ... /They go ... /They eat ... /We can get ... from ... 来描述动物的特征、叫声、吃的食物及对人们的作用。	A visit to Old MacDonald's farm	Learn the sound Look and learn Say and act Listen and enjoy
学习任务二了解农场上的规则	在参观农场的过程中，提醒他人时刻要遵守规则，爱护家畜。	1. 能准确朗读含有字母组合 sc，sk-的单词，能尝试朗读相关单词和句子。 2. 能在语境中知晓、理解、朗读短语 litter，walk on the grass，pick flowers，throw stones。 3. 能用祈使句 Don't ... ./Please ... 来描述在农场需要遵守的规则。 4. 能借助音频，尝试听懂农场动物的叫声，并哼唱歌曲。	Rules for the farm	Learn the sound Look and say Play a game

单元学习任务链	任务目标	学习任务序列	任务情境	学习内容
学习任务三 探究更多关于农场的信息	体会在农场上参观的乐趣，萌生遵守规则意识，进一步了解更多家畜的习性及作用，激发感恩家畜的情感。	1. 根据发音规则，准确朗读含有字母组合 sc-，sk- 的单词、句子、儿歌。 2. 能在故事中，熟练运用句型 What do/does ... like eating? They like/It likes eating ... 来谈论农场动物喜欢吃的食物。 3. 能熟练地运用核心语言与他人就农场动物的特征、叫声、饮食及作用与他人进行问答，并能熟练地督促他人遵守规则。	Know more about the farm	Learn the sound Think and write Read and match

整个学习过程是从"平行学习"到"进阶发展"。在单元大任务设置下，核心思想是：我们要学会感恩家畜并遵守规则。由三个子任务出发，此过程中设置一些问题引领思考，学生有了分辨归纳的思维，能够提炼信息，进行操练运用，尝试表达，最终达到语用输出的目的。教师在基于学生认知水平、把握教材的基础上，确定适合的目标，设计科学合理的任务，因此学生的学习也不再盲目，他们有序地在一个个任务驱动中自主合作，探究归纳，他们的思维能力得到不断增强。

五、学习与活动

活动进阶性强调学习活动应该是递进的，从简单到复杂，从基础到高级。平行学习可能会让所有学生同时进行相同难度的任务，而忽视了个体差异。相比之下，进阶发展的学习设计考虑到了学生的不同起点和发展速度，提供了逐步增加挑战性的学习路径。从"平行学习"到"进阶发展"，学生个性得到充分地培养和发挥，每个孩子都能绽放属于各自的光芒。以下为笔者对单元课例 A visit to a farm 的部分课堂学习活动的设计。

学习活动一：A visit to Old MacDonald's farm

学习目标是：根据地图的路线，孩子们去参观 the stable，通过 Look and guess、Look and listen、Ask and answer、Look and say 等方式了解农场上好朋

友——"马"的特征、习性和对人类的作用。

T: What animals eat hay too? Can you guess?

S: Horses.

T: How are the horses?

S1: They're big and strong.

T: Listen! How do the horses go?

S2: They go 'Nay-nay'.

T: Listen to Old MacDonald. What do they eat?

S3: They eat hay.

T: What can horses do for us?

S: They can help people run fast. They can also help them carry heavy things.

通过图片观察和思考四个核心问题: ①How are . . . ? ②How do . . . go? ③What do . . . eat? ④What can . . . do for us? 学生能用核心句型描述马的特征、饮食以及功能,最终达到提炼信息进行语用输出的目的。通过对马的了解,感受到马对人类有着很大的作用,从而激发出对马的感激之情。教师明白了任务设计要对学生认知发出挑战,而不是操练的堆积。因此,我们把"参观牛羊"这两个相似任务合并为一个任务:通过提问①How are . . . ? ②How do . . . go? ③What do . . . eat? ④What can . . . do for us? 这样,教师教学主线更加清晰。经历了视听、朗读、模仿、表演等操练活动,学生较好地掌握了农场动物的特征和习性。在自主探究过程中,学生了解农场动物的功能性和饮食习惯,感受动物们对人类的贡献,从而自发地爱护感恩农场动物,把它们当作人类的好伙伴。通过各种活动加深学生对于农场动物知识的认识和了解,以关键性的活动来吸引学生的眼球,如了解农场动物的习性、特征以及功能等,继而推动了学生对整个篇章的理解。这样独到的文本分析会使学生对参观农场牢记在心。也正是由于这样的文本解读,学生在课堂中的情感丰富了,自然对所学的文化知识理解得更加深刻。

学习活动二: An introduction about your favourite animals

学习目标是: 通过 Watch a video,学生整体感知文本,并思考 What can we get from farm animals? 接着,4 人一组,进行小组合作。

首先将文本分为 4 段由 4 人分别朗读，然后每一组分工归纳自己喜欢的农场动物分别从外貌特征、叫声、习性及功能等方面进行描述，最后每组派出代表进行 Show Time。

T: Now, it's your turn! Please read the text with your group members at first. Then choose your favourite farm animals to introduce.

S1: On Old MacDonald's farm, I like ducks best.

They are small and cute.

They go 'Quack-quack'.

They like eating corn, rice and worms.

They can lay eggs for us.

How useful!

S2: On Old MacDonald's farm, I like sheep best.

They are small and white.

They go 'Baa-baa'.

They like eating grass, hay and carrots.

We can get wool and milk from them.

They are our friends.

How lovely!

在这个过程中，学生借助整节课所学知识对信息进行分辨、归纳、整合，思维进行了训练。在操练中，使用核心语言进行表达，达到了语用输出的目的。在小组合作中互相协作，互相学习，有助于他们对新授知识的吸收和理解。通过对家畜的一系列探究，也能激发出核心价值观"要学会感恩爱护农场动物"。学生在发展思维品质同时也丰富了情感体验。通过学生小组合作，互相介绍自己喜欢的农场动物，紧密联系学生的实际学习情况，交流自然而真实。此外，学生在小组合作讨论中感受到朋友之间互帮互助，一起完成学习任务的情感体验，体会英语学习的快乐。在试教过程中，也对学习单进行了修改。这样，既能帮助学生知晓任务到底应该怎么完成，也明确了分工。同时这个任务是在之前的任务基础上的拓展，体现了任务与任务之间递进的层次性。

教师在运用任务驱动教学方式开展教学时，应该在学习任务的内容和形式方面下功夫，结合小学生的认知特点，设计适合的英语学习任务，增强学习的针对性。

（一）由学到做的任务驱动

任务情境将本质性任务暂时转化为驱动型任务。在任务的包裹下，学生的学习意识从简单的"学什么"上升到"为什么学"，"学了可以用来做什么"。伴随着这种意识，学生通过观察、理解以及解决任务，形成自己看待问题的独特方式和解决问题的能力，其学习目标指向由学知识转化为做事情。

（二）由简单到深度的学习方法

任务解决必有方法的支撑。学生在特定情境中，为了凝练解决任务的方法，作出观察、选择、分类、记忆、沟通等思维活动，从而能得到思维的深度训练。例如，在学习词汇 grass 和 hay 时，学生先是通过对话聆听，再是通过图片观察，接着与同桌合作进行问答沟通，加深对单词和句子的理解与运用。此外，在参观完牛羊，详尽地学习过核心词汇和语言框架之后，学生已经形成了自己的经验，因此去参观鸡鸭的时候，不需要再像之前一样一步一步来了。他们可以凭借自己的能力，通过媒体、图片、板书来进行语用输出，这就是由扶到放的过程，任务的设置要基于学生实际学习情况。归根结底，学生才是任何学习活动的决定性因素。一切教学活动的开展都需要以学生的实际情况为基准。在小学英语课堂上运用任务驱动教学方式时，教师需要密切关注学生的行为表现，判断学生的心理状态，及时帮助学生解决在完成学习任务过程中遇到的困难，有效推动英语学习活动，引导学生顺利地完成学习任务，丰富学生在任务学习中的收获。

（三）由求结果到寻过程的解决方式

任务解决是任务链的必然结果，亦是课堂表现性评价的内容之一。高质量的问题解决离不开学习者的语言描述、表达、交流、传播，其中所能反映出的思维轨迹已远远超出英语语言本身，其追求的并非"会说"这一单一结果，而着眼于表现力、创造力、沟通力、价值观等形成的过程。例如，在第二个学习活动中，学生通过小组合作的形式，选择自己喜欢的农场动物，整理归纳他们的特征、叫声、饮食习惯、作用功能，在全班面前进行汇报。在这个过程中，学生不单单是学会了用核心语言进行表达，还锻炼了自己的思考能力、协作能力、沟通能力、归纳能力。学生不仅可以选择课堂上出现过的动物，还能选择其他自己喜欢的农场动物进行交流分享，锻炼了他们的迁移能力和创新能力。

（四） 由想象到沉浸式的情感体验

基于文本内容，有序实施语境可以带动内容的理解感悟、交际性学习体验、情感的激发和升华。在设计单课教学时，首先要根据单元目标确定单课话题，然后根据话题发展线索，基于教材，结合生活，设置真实的教学语境。这样可以让教师清晰地预演整堂课的实施方案，即一堂英语课由一组不同的教学情境组成一个完整的教学语境，在每一个教学情境中放入合适的教学内容，将核心语言设计在情节的发展过程中，学生能自主理解语境、参与语境互动，经历必要的语言学习过程，逐步体验文本情感。随着语境的推进和内容的不断深入，文本情感得到了丰富，最终引发主题情感。如第一个学习任务通过视频观看，学生对农场动物进行一系列了解和研究，激发出核心价值观"要学会感恩爱护农场动物"，这种情感体验是非常真实而又自然而然产生的，而不是教师来生硬地点明主旨，只有让学生自己去感受，他们才会记住。

六、 评价与成效

在任务链教学过程中，学习任务的完成情况决定了教学目标的实现程度。在学生完成学习任务之后，通过有效的检测可以了解学生的学习效果，借助反馈可以为学生的英语学习提供指导。

教师在小学英语任务链教学活动中，设计有针对性的检测，对学生的学习行为和效果进行客观全面的评价，引导学生弥补学习中的不足，强化任务驱动教学的效果。例如，评价可以围绕三个等级： correct、 fluent、 vivid。对于不同水平的学生也要有不同标准的评价。如果是水平落后的同学，他只要回答正确就可以表扬其"Well done! "了。而对于高水平的学生，评价的要求可以相应地提高，如果能生动地表达，那么就让他成为"Super Star"。任务链教学过程中，教师要通过多种有效的方式，检测学习任务完成情况，点评学生学习行为，为学生的英语学习提供适时的指导，教会学生英语学习的方法，增强学生学习英语的信心。具体评价量表与评价标准见表5-8。

表5-8　学习评价量表与评价标准

评价内容	自我评价	同伴评价	老师评价	综合总评
A visit to Old MacDonald's farm	☆ ☆ ☆	☆ ☆ ☆	☆ ☆ ☆	
Rules for the farm	☆ ☆ ☆	☆ ☆ ☆	☆ ☆ ☆	
Know more about the farm	☆ ☆ ☆	☆ ☆ ☆	☆ ☆ ☆	
教师用语	Well done, Very super, Very good, excellent . . . 并奖励★★★	Good, nice, cool, Yes . . . 并奖励★★	OK/Yes, but . . . 并进行适当纠正 并激励★	
教学核心 1. 在相关语境中,学生能够借助图片正确说出核心词汇。	A（　） 语音语调正确;表达流利;能清楚地区分词的音、义。	B（　） 语音语调较正确;表达较流利;能较清楚地区分词的音、义。	C（　） 语音语调错误;表达不够流利;不能区分词的音、义。	
2. 在相关语境中,学生能够正确运用核心句型进行问答。	A（　） 语音语调正确;表达流利;语言正确。	B（　） 语音语调较正确;表达较流利;语言基本正确。	C（　） 语音语调错误;表达不够流利;语言不够正确。	
3. 在相关语境中,学生能够正确运用核心词汇和句型进行语段输出。	A（　） 语音语调正确;语义连贯;语言正确。	B（　） 语音语调基本正确;语义较为连贯;语言基本正确。	C（　） 语言语调错误;语义不够连贯;语言不够正确。	
小组合作	A（　） 分工明确;合作默契;表达流利。	B（　） 分工较明确;合作较默契;表达较流利。	C（　） 分工不够明确;合作不够默契;表达不够流利。	
作业评价	A（　） 能正确朗读课文内容,语音语调优美;能够熟练地完成对话。	B（　） 能较正确朗读课文的内容,能够较熟练地完成对话。	C（　） 不能正确朗读课文内容,无法顺利对话。	

教师用语	Well done, Very super, Very good, excellent ... 并奖励★★★	Good, nice, cool, Yes ... 并奖励★★	OK/Yes, but ... 并进行适当纠正 并激励★
总评	A（ ）	B（ ）	C（ ）
	能够顺利达成本单元教学核心内容。	能基本达成本单元教学核心内容。	无法有效达成本单元教学核心内容。

总之，采用课堂任务链的教学方式，可以构建高效的英语课堂。教师在运用任务链教学方式时，需要深刻领悟这种教学方式的本质，把好"任务设计"这一关，用科学的、有趣的学习任务贯穿英语课堂，引领学生开展英语学习，掌握高效的学习方法，培养学生主动积极的学习态度，打好坚实的英语基础，增强英语综合运用能力，丰富情感体验。

（撰稿者：上海市嘉定区紫荆小学　赵天予）

实践智慧 5-3

感悟春之美，做春天故事播报人

【单元学习设计】统编语文二年级下册第一单元学习任务链设计

统编小学语文教科书二年级下册第一单元学习任务链设计，紧密围绕课程标准与教材内容，引领学生发现春天、探索春天、感受春天，理解和运用与春天相关的语言文字，掌握朗读技巧。构建了从"离身学习"到"具身经历"的学习框架，将语文知识学习与实际生活感受联系在一起。

一、理念与价值

统编小学语文教科书二年级下册第一单元围绕"春天"这个主题编排了《古诗二首》《找春天》《开满鲜花的小路》以及《邓小平爷爷植树》四篇课文，四篇课文体裁丰富，表现了春天里的美景和人们的活动，尽显春天的美好，交织出了多姿多彩的春季图景。"朗读课文，注意语气和重音"是本单元的教学重点。

（一）解读课程标准，明确单元作用

《义务教育语文课程标准（2022 年版）》中指出：语文课程应在真实的语言运用情境中，通过积极的语言实践，积累语言经验，体会语言文字的特点和运用规律，培养语言文字运用能力。

统编教材单元人文主题贴近学生生活，梳理发现，"季节"主题是教材编排的重点之一：一年级下册第六单元以"夏天"为主题；二年级下册第一单元以"春天"为主题；三年级上册第二单元以"金秋"为主题；五年级上册第七单

元以"四时景物皆成趣"为主题。四季生活各有特色,都能从真实情境出发,激发学生对大自然和生活的热爱,引导学生将语文学习与实际生活相融合。

(二) 依据单元目标,深挖学习目的

统编语文二年级下册第一单元的学习目标是"朗读课文,注意语气和重音",结合文本内容和课后练习的要求,本单元侧重学习根据不同角色读出不同语气,知道重音不同句子表达效果不同。综合人文主题及语文要素,本单元属于"文学阅读与创意表达"学习任务群,课文的学习旨在通过整体感知、联想想象等感受不同人物心情,理解句子想表达的含义,感受文学语言和形象的独特魅力。这与"文学阅读与创意表达"学习任务群第一学段(1—2年级)学习内容相契合。

单元目标指向朗读训练,但要做到"朗读课文,注意语气和重音"就需要对语言文字有更深层次的认识,所以本单元学习目的是语言文字理解和运用的训练,尤其是具体语境中词语理解和运用的训练。

二、 主题与目标

(一) 教材分析

本单元以"春天"为主题,从不同角度描写了春天的美好,《古诗二首》展现了春天生机勃勃的景象,表达了诗人对春天的喜爱;《找春天》描绘了春天万物复苏的情景,表达了孩子们对春天的喜爱;《开满鲜花的小路》送给了春天一份"美好的礼物",传递了春天的美好;《邓小平爷爷植树》描写了邓小平爷爷植树的过程,表达了作者对邓小平爷爷的崇敬之情。

此外,每篇课文都围绕单元目标设置了朗读训练。《古诗二首》引导学生初步感知语气与重音的表达方式;《找春天》则通过具体句子的朗读练习,强化重音的运用;《开满鲜花的小路》中不同角色的不同语气和《邓小平爷爷植树》中邓小平爷爷做事的认真态度,让学生在情境中体验不同角色的情感和语气变化。"口语交际:注意说话的语气"以及"语文园地:字词句运用",能够帮助学生更加准确地理解词语、运用词语,是对"注意语气和重音"这一朗读技巧的深化与拓展。

(二) 学情分析

对于单元主题,一年级下册第六单元以"夏天"为主题编排了两首关于夏

天的古诗和两篇关于夏天的童话，与本单元内容编排相似，学生对季节主题的课文相对熟悉，且在学习本单元时正值春天，学生们可以结合生活，寻找春天的景物，感受春天的气息，抒发对大自然的喜爱之情。

对于单元重点，学生对朗读课文时"注意语气"并不陌生，一年级和二年级上学期分别进行过"读好带感叹号、问号的句子""读好对话""分角色朗读课文"的简单练习，学生已具备一定的朗读基础，特别是对语气的基本把握，因此，本单元的教学应在此基础上，引导学生"注意重音"的朗读，加强"词语理解和运用"的相关练习。

（三）学习主题与目标

综合人文主题及语文要素，本单元属于"文学阅读与创意表达"学习任务群。依据《义务教育语文课程标准（2022 年版）》第一学段"阅读与鉴赏""表达与交流"的核心要求，确定本单元学习主题为"感悟春之美，讲述春天的故事"。具体的学习目标如下：

1. 识记 63 个生字，读准 1 个多音字，会写 34 个字，会写 31 个词语。正确、流利地朗读课文，能注意语气和重音。背诵《古诗二首》。

2. 能用自己的话说出课文中描述的春天美景；能借助插图，说出邓小平爷爷植树的情景，感受春天的美好。

3. 能运用恰当语气朗读课文或与别人交流，能根据句子表达的含义读准重音。

4. 能根据语境补充合适的词语，仿照例句说出自己在春天里的发现和感受，表达对春天的喜爱。

三、问题与驱动

本单元的学习不仅要提升学生的朗读技巧，还要加深其对文本情感的理解与表达。通过多样化的教学活动和课后练习，鼓励学生模仿课文，结合自己的亲身经历，用多种方式表达对春天的喜爱之情。结合单元语文要素，将本单元的学习核心任务设计为：朗读课文，注意语气和重音；联系生活，用自己喜欢的方式表达对春天的喜爱；创设单元学习情境：感悟春之美，讲述春天的故事。同学们，结束了寒冷的冬季，美丽春姑娘缓缓向我们走来。春姑娘为我们带来了怎样的景色？请你做春姑娘的传声筒，向别人讲讲关于春天的故事吧！

四、任务与序列

为了强化语文学习的连续性，突出学习的具身经历性，围绕单元核心任务，对教学内容进行了精心整合与重组，基于《指向深度学习的单元学习任务链结构图》，梳理解构单元学习任务链。（见表5-9）

表5-9 指向深度学习的小学课堂"学习任务链"设计结构
（学习主题：感悟春之美，讲述春天的故事）

年段学科单元	二下语文第一单元	设计		刘桐桐
单元核心任务	1. 正确、流利地朗读课文，能注意语气和重音。 2. 联系生活中自己观察和体验到的春天，用自己喜欢的方式表达对春天的喜爱。			
单元学习任务链	任务目标	学习任务序列	任务情境	学习内容
学习任务一 寻找春天的美景，积累描写春天的词句	朗读课文，抓住课文中描写的春天景物，积累有关春天的词语；联系生活经验，仿照课文语句，用自己的话说一说春天的美丽景色。	1. 朗读古诗，背诵古诗。想象画面，说说诗句中春天的美景。 2. 朗读《找春天》，结合语文园地字词句运用，说说孩子们找到的春天是什么样的。 3. 朗读《开满鲜花的小路》，积累描写春天的色彩词语和描写春天景色的句子。 4. 朗读《邓小平爷爷植树》，结合课文内容和插图，说说邓小平爷爷植树的场景。	"一起找春天"	《古诗二首》《找春天》《开满鲜花的小路》《邓小平爷爷植树》语文园地一：字词句运用
学习任务二 感悟春天的真情，读准重音和人物语气	注意语气和重音，掌握朗读技巧，深入理解课文。	1. 正确朗读古诗节奏，读出古诗的韵味，感受诗人对春天的喜爱之情。 2. 注意语气和重音，朗读《找春天》，感受孩子们对春天的喜爱。 3. 分角色朗读《开满鲜花的小路》，探讨"美好礼物"的深层含义。 4. 分角色朗读《笋芽儿》，注意人物语气。	"一起诵春天"	课文我爱阅读《笋芽儿》

单元学习 任务链	任务目标	学习任务序列	任务情境	学习内容
学习任务 三 讲述春天 的故事， 抒发对春 天的喜爱 之情。	借助插图、板 书等提示，用 生动的语言描 述春天的景 物；用恰当的 语气演绎课文 内容。	1. 采用多种形式对本单元课文进行 演绎正确流利以诗人视角说说自 己看到的春天景色。 2. 朗诵《找春天》，注意语气和 重音。 3. 小组中分角色朗读《开满鲜花的 小路》。 4. 同桌配合演一演《邓小平爷爷植 树》。 5. 依据评价标准，评选"春天代言 人"。	"一起讲 春天"	课文 口语交际

通过这一系列层层递进的学习任务，帮助学生从理解词语到运用词语；从理解课文到有感情朗读；从结合插图仿照课文说春景到根据亲身感受赞美春天。以真实情境激活想象，感受诗人情怀、理解人物感受、把握文章情感；掌握朗读技巧，在真实情境中运用恰当的语气进行交流，实现从"离身学习"到"具身经历"的转变。

五、学习与活动

学习任务一：寻找春天的美景，积累描写春天的词语

学习目标是： 朗读课文，抓住课文中描写的春天景物，积累有关春天的词语；联系生活经验，仿照课文语句，用自己的话说一说春天的美丽景色。

学习活动安排如下：

1. 寻找诗人眼中的春景。观察插图，说一说插图中有哪些景物；朗读古诗，找一找诗中描写了哪些景物；联系生活，说一说这些景物春天时的样子；再读故事，想象画面，用自己的话说一说诗句中春天的美景。

2. 圈画孩子眼中的春景。观察插图，用一句话说一说插图描绘的场景；朗读《找春天》，圈一圈文中描写了哪些景物，划一划文中描写春天景色的句子；结合语文园地：字词句运用，说说孩子们找到的春天是什么样的；仿照课文语句，用自己的话说一说春天的景物。

3. 发现故事中的春天。观察插图，用简单的语言概括插图描绘的画面；朗读《开满鲜花的小路》，找一找描写春天的颜色词，理解词语意思；结合插图，仿照课文例句，写一写春天的景物。

4. 发生在春天的故事。观察插图，用"谁在哪里做什么"的句式说一说图片内容；朗读《邓小平爷爷植树》，圈出文中描写邓小平爷爷植树的动词，理解词语意思；仿照课文中的比喻句，说一说春天的景色。

学习任务二：感悟春天的真情，读准重音和人物语气

学习目标是：朗读课文，理解句子在文章中想表达的意思，注意朗读的重音；分角色朗读课文，注意角色的语气。

学习活动安排如下：

1. 关注节奏读诗韵。回顾古诗内容，理解诗句意思，感受诗人对春天的喜爱之情；关注春天景色，读好古诗节奏和韵味。

2. 关注重音读童趣。观看课文视频，欣赏春天美景，感受孩子们对春天的喜爱；注意重音，朗读《找春天》。

3. 关注人物读语气。朗读《开满鲜花的小路》《笋芽儿》，探讨"美好礼物"的深层含义；分角色朗读课文，读好人物说话语气。

4. 关注情感读品质。朗读《邓小平爷爷植树》，感受邓小平爷爷做事认真的态度；关注人物动作先后顺序，读好句子重音。

学习任务三：讲述春天的故事，抒发对春天的喜爱之情

学习目标：借助插图、板书等提示，用生动的语言描述春天的景物；用恰当的语气演绎课文内容。

学习活动安排如下：

1. 读诗情，说诗意。借助插图，把诗句意思说完整；小组合作，以诗人视角用生动的语言说说诗人看到的春天景色；回归文本，开展古诗诵读会，有节奏、有韵味地背诵与春天相关的古诗；依据评价标准，评选"春景小诗人"。

2. 寻春景，画春天。朗诵《找春天》，注意语气和重音；同桌合作设计并绘制自己心目中的《找春天》插图；依据评价标准，评选"春天观察员"。

3. 分角色，演故事。小组中分角色朗读演绎《开满鲜花的小路》；同桌配合朗读演绎《邓小平爷爷植树》；依据评价标准，评选"春天故事大王"。

六、 评价与成效

结合学习目标，遵循"教—学—评"一体化的理念，构建评价体系，旨在全面、动态地跟踪学生的学习进程，确保教学活动紧密围绕既定目标展开。通过多元化的评价方式和及时有效的反馈机制，促进学生自我反思与调整，激发其学习动力与潜能。（见表 5-10）

表 5-10　学习评价量表

评价内容	自我评价	同伴评价	老师评价	综合总评
寻找春天的美景	❀ ❀ ❀	❀ ❀ ❀	❀ ❀ ❀	
感悟春天的真情	❀ ❀ ❀	❀ ❀ ❀	❀ ❀ ❀	
讲述春天的故事	❀ ❀ ❀	❀ ❀ ❀	❀ ❀ ❀	

评价内容	评 级 标 准		
	达标级 ☆	良好级 ☆☆	优秀级 ☆☆☆
寻找春天的美景	朗读课文，找到课文中描写的春天景物，积累有关春天的词语；仿照课文语句，说一说春天有怎样的景物。	朗读课文，抓住课文中描写的春天景物，积累有关春天的词语；联系生活经验，仿照课文语句，用自己的话说一说春天的美丽景色。	朗读课文，抓住课文中描写的春天景物，积累有关春天的词语；联系生活经验，仿照课文语句，生动、完整地介绍春天的美丽景色。
感悟春天的真情	朗读课文时能注意语气和重音。	朗读课文时能注意语气和重音，掌握朗读技巧，理解课文。	朗读课文时能注意语气和重音，掌握朗读技巧，讲清楚课文想表达的情感。
讲述春天的故事	能借助插图、板书等提示，描述春天的景物；把课文内容大致讲清楚。	借助插图、板书等提示，描述春天的景物；合作配合演绎课文内容。	借助插图、板书等提示，用生动的语言描述春天的景物；用恰当的语气演绎课文内容。

为诊断学生学习品质，促进教师教学设计的完善，基于《紫荆小学指向深度学习的小学课堂学习品质观察记录分析表》，结合本单元学习内容和素养要求，设计学生课堂参与学习品质评价表。（见表 5-11）

表 5-11 学生学习品质评价

学习品质分析			
学习品质	校本化指征	观察点	表现评价 0 未见； 1—5 程度由低到高
会思考 核心知识 与学科思 维的建构	阅读与梳理	1. 正确朗读课文，梳理文章结构，把握文章内容	
		2. 会阅读文本，提取关键信息	
		3. 能判断课文使用的描写方法	
会探究 理解学习 的过程	想象与赏析	1. 在朗读中想象画面，并用自己的话描述	
		2. 抓住关键语句，体会静态动态表达效果	
		3. 能够发现文章在内容与写法上的异同	
	迁移和运用	1. 会用静态、动态描写情境	
		2. 会根据情境特点选择恰当的描写方式	
		3. 会根据别人的建议修正自己的行为	
		4. 会通过多种途径学习知识，完成决策、预测、问题解决、实验探究、调查等任务	
	协作和沟通	1. 会组织小组和班级讨论	
		2. 经常和同学交流经验，主动在讨论中分享观点	
		3. 能清晰地表达自己的观点，聆听他人的观点	
		4. 乐于分享合作学习的成果，积极改进	
会共情 积极的学 习情感		1. 能积极参与课堂，有感情地朗读，感受文中描绘的风光美	
		2. 能管理好自己的情绪，信任老师，主动与老师、同学进行对话	
		3. 能从字里行间体会作者表达的情感，能在写作和推荐中表达民族自豪感	

　　本单元的教学设计以课程标准为根本遵循，围绕单元要素展开，设定核心学习任务。通过增强学生的语言文字理解、运用能力，引导学生感受春天的美

好，提升朗读技巧，达成"朗读课文，注意语气和重音"这一单元重点目标。学习活动从简单到复杂，从词句训练到自我表达，实现了从"离身学习"到"具身经历"的转变。

（撰稿者：上海市嘉定区紫荆小学　刘桐桐）

第六章

生长性：评价的导向在持续成长

评价具有诊断作用、促进作用和导向作用，其核心在于让学生受益。新课程方案的落实需要"评价育人"。教师应立足任务开展过程性评价，贯穿学习的全过程；尊重差异开展增值性评价，根据学生的个体差异，制定个性化的评价标准和方法；多元互动开展协商性评价，促进教师、家长和学生之间的沟通和理解；面向未来开展发展性评价，增强解决真实问题的能力。

生长是杜威教育理论体系中的一个中心名词。生长就是"向着一个后来的结果，逐渐向前发展的运动"。他明确指出："教育即生长。除它自身之外，并没有别的目的，我们如要度量学校教育的价值，要看它能否创造持续不断的生长欲望，能否供给方法，使这种欲望得以生长。"①《义务教育课程方案（2022年版）》在课程实施中强调改进教育评价，全面落实新时代教育评价改革要求，改进结果评价，强化过程评价，探索增值评价，健全综合评价，着力推进评价观念、方式方法改革，提升考试评价质量。

基于单元学习任务链的评价关注学生的持续性成长，强调评价应该随着学习的全过程、立足任务、尊重差异、多元互动，关注核心素养的发展、面向未来关键能力的培养，促进学生在真实情境中深度学习、增值学习。我们认为，单元学习任务链评价的生长性主要体现在以下四个方面。

一是立足任务的过程性评价。过程性评价能够及时发现学生在学习中遇到的问题，及时调整学习策略。评价不是简单地以结果为导向，而是贯穿于学习的全过程，评价的过程即学习的过程，围绕学科实践活动，在具体的学习情境和活动任务中，全面考查学生核心素养的发展情况。过程性评价强调对学生学习过程的全面考察，包括学生对任务的理解、分析、解决问题的能力，以及学习态度、情感和价值观等方面的表现，重点关注学生在完成任务过程中的学习态度、参与程度和核心素养的发展水平。

在单元学习任务链中，过程性评价的实施可以通过以下方式进行。首先，教师根据任务的特点，制定具体的评价标准，明确评价的目标和要求，其次，利用课堂观察、作业分析、小组讨论等方式，收集学生在学习过程中的各种信息；最后，根据收集到的信息，对学生进行评价和反馈，帮助他们认识自己的

---

① 钱丹丹. 从促进儿童自我生长的角度解析杜威的"教育即生长"[J]. 东南大学学报（哲学社会科学版），2017，19（S2）：172—174.

优势和不足，明确下一步的学习方向。通过立足任务的过程性评价，我们可以更好地了解学生的学习情况，为他们的持续发展提供有力的支持。同时，这种评价方式也能够促进教师的教学反思和改进，提高教学质量，增加教学效果。

二是尊重差异的增值性评价。每个学生都是独特的，他们在学习能力、兴趣爱好、个性特点等方面都存在着差异。尊重差异，意味着我们要摒弃"一刀切"的评价方式，而是要根据学生的个体差异，制定个性化的评价标准和方法。增值性评价，则强调让学生看到自己在原有基础上的进步和成长，从而激发其继续前进的动力并为之付出进一步的努力。在单元学习任务链中，我们可以通过观察学生在完成不同难度任务时的表现，收集学习证据，从"学习量"如所掌握知识范围的扩大或技能数量的增减和"学习质"的提升如认知结构、方式的改变，认知水平的提高两方面了解他们的学习起点和进步情况，以促进学生的学习。

三是多元互动的协商性评价。协商性评价强调在评价过程中，学生、教师、家长等多方主体共同参与，通过平等的交流和讨论，从多个角度、多个层面对学生进行全面评价，包括知识水平、能力技能、情感态度等方面。它倡导多元主体参与评价，包括学生自评、互评、教师评价和家长评价等，形成全面、客观、公正的评价结果。在单元学习任务链中，协商性评价可以通过小组讨论、家庭评价等形式，让学生、家长和教师共同讨论学习任务的目标和要求，明确评价标准和方法。通过设计多样化的评价工具和活动来实现，如学习日志、项目报告、口头汇报、角色扮演等。在评价过程中，我们要注重听取学生的意见和反馈，尊重他们的主体地位，让他们成为评价的主人。这种评价方式能够增强学生的主体意识和参与意识，激发他们的学习积极性和创造性，同时也能够促进教师、家长和学生之间的沟通和理解，形成更加和谐的教育氛围。

在协商性评价的过程中，我们要注意以下几点：首先，要确保评价标准的公正性和客观性，避免主观臆断和偏见，做到充分的讨论和头脑风暴；其次，要注重评价方法的多样性和灵活性，根据学生的实际情况和学习任务的特点，选择最适合的评价方法；最后，要强调评价的反馈性和指导性，通过评价结果为学生提供有针对性的指导和帮助。

在单元学习任务链实施推进中，聚焦我校"品质课堂"校本化指征，围绕

"会思考""会研究""会共情"三个一级学习品质指标，组织专家、教师、学生和家长志愿者开发了"单元学习任务链"观察记录表（表6-1），以用来评价课堂中学生的学习情况。

表6-1 紫荆小学基于深度学习的小学课堂"单元学习任务链"观察记录表

学习任务		
1. 举手发言人数	2. 有效发言人数（　　　）	3. 任务学习互动力
全部（　　） 大多数（　　） 一半（　　） 少数（　　） 没几个（　　） 没有（　　）	学生是否已形成自己学习经验 是（　　）否（　　）	情境设置（　　） 质疑设问（　　） 讨论（　　） 引探（　　） 归纳（　　）

学习品质分析			
学习品质	校本化指征	观察点	表现评价 0 未见；1—5 程度由低到高
会思考 核心知识与学科思维的建构	理解与反思	1. 经常积极参加课堂讨论，提出自己的问题。	
		2. 主动将老师教的内容转变成自己的理解。	
		3. 会从很多方面来判断、分析一个想法或问题。	
		4. 会对自己的学习状态进行审视并总结经验。	
会探究 理解学习的过程	迁移和运用	1. 会用刚学到的知识去解决新的问题。	
		2. 会根据环境的变化调整自己的行为。	
		3. 会根据别人的建议修正自己的行为。	
		4. 会通过多种途径学习知识，完成决策、预测、问题解决、实验探究、调查等任务。	
	批判和创造	1. 针对别人的回答，会表达自己的看法。	
		2. 敢于比别人更有想象力。	

学习品质	校本化指征	观察点	表现评价 0 未见；1—5 程度由低到高
		3. 能设计解决复杂问题的方案。	
	协作和沟通	1. 会组织小组和班级讨论。	
		2. 经常和同学交流经验，主动在讨论中分享观点。	
		3. 能清晰地表达自己的观点，聆听他人的观点；	
		4. 乐于分享合作学习的成果，积极改进。	
会共情 积极的学习情感		1. 能管理好自己的情绪，具有基本同理心。	
		2. 能信任老师，主动与老师进行对话。	
		3. 对学习充满热情，能长时间投入学习过程。	

同时，本表也存在很多变式，可以根据评价对象、评价学科、评价内容的变化进行相应的调整，既可以关注学生的整体学习情况，也可以聚焦到具体学习的学习情况。

四是面向未来的发展性评价。发展性评价关注学生的未来发展和终身学习的能力，强调评价应该具有前瞻性和导向性。在单元学习任务链中，发展性评价可以通过设置具有挑战性的学习任务和评价标准来实现，如让学生参与跨学科的项目研究、解决真实世界的问题等，从而激发他们的学习兴趣和探究欲望，培养创新精神和实践能力。同时，我们也可以通过关注学生的学习态度、兴趣爱好等方面，了解他们的学习潜力和未来发展方向。在评价过程中，我们要注重挖掘学生的闪光点，鼓励他们发挥特长和优势，为未来发展打下坚实的基础。关注学生的心理健康和人格发展，引导他们学会自主学习和终身学习，为未来的职业发展和社会适应做好准备。

综上所述，在单元学习任务链的评价实施推进中，我们不仅关注学生的学习成果，更加重视他们在学习过程中的体验、思考和发展，以评价促进学生的生长。我们不仅在评价工具的设计上进行了创新，还在评价过程中注重学生的参与和反馈。设置具有挑战性的学习任务和评价标准，鼓励学生运用多学科的知识和方法来解决问题，培养他们的综合素质和解决问题的能力。同时，我们也注重培养学生的自主学习和终身学习的能力，让他们在未来的学习和生活中能够不断地适应和进步。

（撰稿者：上海市嘉定区紫荆小学　公维莹）

实践智慧 6 - 1

探索花的秘密，表达最深的爱

【单元学习设计】统编语文三年级下册第四单元学习任务链设计

习作是小学语文学科中非常重要的部分，不仅是语言学习的重要方面，同时也是引导学生联系生活、关注自然的一种重要手段。统编教科书设置习作，单元各板块以"习作大概念"为核心而聚合。以"习作大概念"为核心，以"生本"关联，确立项目主题；情境贯穿，生成项目作业；支架辅助，优化项目探究；素养表达，呈现项目成果；反思迭代，促进项目拓展等为主要策略，设计习作项目化任务，并以之融入、贯穿于习作项目化学习的全过程，促进学生写作由"从学到用"走向"学用一体"，实现"做中学""用中学""创中学"，让写作学习从"低阶"走向"高阶"，推动学生具有项目知识迁移、创新解决问题等综合能力。

一、 理念与价值

统编小学语文教科书三年级下册（五四学制）第四单元以"看，花儿在悄悄绽放。听，蜜蜂在窃窃私语……自然界如此奇妙，留心观察，会有新的发现。"为单元导语，围绕人文主题"观察事物的变化，把实验过程写清楚"，编排了精读课文《蜜蜂》《花钟》，略读课文《小虾》，从动物和植物两方面来反映主题。本单元还安排了《习作：我做了一项小实验》和《语文园地》，其中"语文园地"包括"交流平台""词句段运用"和"日积月累"这几个栏目。关照人文主题，设置了两个语文要素：观察事物的变化，把实验过程写清楚；借助关键语句概括一段话的大意。学习本单元课文，要在熟读课文的基础上，学习作者的观察方法，学会借助关键句概括一段话的大意，学会用多种形式表达同一个意思，并将这些方法运用到自己的写作之中，增强自己的写作能力。同时也要学会留心观察，发现生活中的有趣现象。

（一）**探索自然之奇，感受自然之美**

本单元围绕"观察与发现"这一主题，安排了《花钟》《蜜蜂》《小虾》三篇课文。这些课文从不同角度介绍了留心观察获得的各种发现，引导学生知道细致的观察可以让我们对事物有更多的了解，并在学生生活的基础上，在单元课文学习中去探索课本里观察到的大自然变化，进行学科实践任务。通过观察与发现感受大自然的奇妙与美好，体验观察与发现的乐趣，从而热爱大自然，养成认真观察、留心周围事物和勤于思考的好习惯。

（二）**观察事物变化，写清实验过程**

对标《义务教育语文课程标准（2022年版）》，本单元的文体特点与"实用性阅读与交流"学习任务群有相通之处。而本单元课文语言优美生动，也涉及"文学阅读与创意表达"学习任务群的内容。根据这两个学习任务群的定位和要求，本单元通过精读课文《花钟》，引导学生学习借助关键语句概括一段话大意的方法。随后，通过《蜜蜂》用抓重点词句的方法，理清法布尔的实验步骤。通过略读课文《小虾》，对已学的方法进行巩固和运用。"交流平台"梳理和总结借助关键语句概括一段话大意的方法。如此反复操练，让语文要素落地。统编教科书关于观察能力的训练点呈梯次推进，训练目标呈序列分布。本单元是对"观察"能力的进阶训练，创设单元学习任务"大自然的发现之旅"，侧重于让学生亲身实践，引导学生在丰富的语言实践活动中，通过阅读、观察，获取、整合有价值的信息；借助图表整理小实验的主要信息，将"发现"有序、清楚地表达出来，通过联想、想象等方式，获得个性化的审美体验。

二、**主题与目标**

（一）**教材分析**

本单元围绕"观察与发现"这一主题，安排了《花钟》《蜜蜂》《小虾》三篇课文。《花钟》的作者通过观察，发现了不同的花开放的时间是不同的；《蜜蜂》的作者通过观察与实验，证实了蜜蜂具有辨认方向的能力；《小虾》的作者通过长期观察，了解了小虾的生活习性。这些课文从不同的角度介绍了留心观察获得的各种发现，引导学生知道细致的观察可以让自己对事物有更多的了解，感受观察的乐趣。

着眼单元整体的教学，首先要解决"学什么"的问题，也就是教学目标精准定位的问题。这就需要重点关注语文要素、学习主题和目标、学情的了解。

1. 概括训练要素及其所处位置分析。借助关键语句概括一段话的大意是本单元的语文要素之一。统编教科书第二学段的编排重点着眼于段的教学。其中，学习解读课文"关键语句"又是段的教学重点之一。统编教科书三个学段中共有七个单元阅读教学语文要素与"关键语句"相关。（见表6-2）

表6-2　概括训练要素及其所处位置分析

年级、单元	人文主题	语 文 要 素
二年级上册第六单元	伟人	借助词句，了解课文内容
三年级上册第六单元	祖国河山	借助关键语句理解一段话的意思
三年级下册第三单元	传统文化	了解课文是怎么围绕一个意思把一段话写清楚的
三年级下册第四单元	留心观察	借助关键语句概括一段话的大意
四年级上册第七单元	家国情怀	关注主要人物和事件，学习把握文章的主要内容，学习写书信
四年级下册第一单元	田园生活	抓住关键词句，初步体会课文表达的思想感情
五年级上册第四单元	家国之殇	学习列提纲，分段叙述

可见，本单元的学习重点是从能理解转向会概括，是在二、三年级学习基础上的提升，是一个由具体到抽象的渐进过程；到四年级则是在理解、概括基础上的升华，是引导学生把个人的情感与文章情感进行联结共振的过程。统编教科书的系列训练层层递进、逐渐深入，引领学生达成语文课标中"体会课文中关键词句表达情意的作用""初步把握文章主要内容"等学段目标。

学生经过二、三年级的学习后，对于简单的总分结构段落，能够初步厘清段落间句子的关系，并能借助总起句这样的典型关键句解读这段话的意思。但对于稍微复杂段落中的非典型的关键语句，学生的认知可能比较模糊，所以本单元是在二、三年级基础上进一步要求"借助关键语句概括一段话的大意"，指向"借助关键句概括"。《花钟》《小虾》的教学可以和《语文园地》的"交流平台"结合起来，引导学生通过增删、整合、重组、改写关键语句学习"利用关键句概括段落大意"的方法，体会关键句在概括一段话大意中的作用，并提示关键句在语段中的不同位置，概括时还需要对句子进行适当改造。教学时要整体看待，前后联系。

2. 观察训练要素及其所处位置分析。观察事物的变化，把实验过程写清楚也是本单元的语文要素。"观察"这一表达要素在小学阶段多次出现，从留心观察、细致观察到连续观察，呈螺旋式上升状态。第一次只要求"把观察所得写下来"，第二次是要求"把观察到的事物写清楚"，本单元则要求"把实验的过程写清楚"。前面着重观察静态事物，而本次要求观察的是实验的过程，这是一个动态变化的过程，因此比前两次的观察难度要大，写作的难度也更大。（见表6-3）

表6-3　观察训练要素及其所处位置分析

年级/单元	习作	表达要素
三上第五单元	我眼中的缤纷世界	体会作者是怎样留心观察周围事物的。
三下第一单元	我的植物朋友	试着把观察到的事物写清楚。
三下第四单元	我做了一项小实验	观察事物的变化，把实验过程写清楚。
四上第三单元	写观察日记	进行连续观察，学写观察日记。

围绕"观察与发现"这一人文主题，本单元三篇课文，从不同角度描述了有趣的发现，给学生带来思考和启示。学生在前几次学习基础上初步具备了如何观察、描写事物的经验；本单元重在引导学生观察事物变化，能借助图表整理小实验的主要信息，按一定的顺序写清楚小实验的过程，这是对观察方法的进一步学习与运用。同时，观察要求也有所提升：一要观察有序，写清过程；二要一边观察，一边思考；三要细致观察，生动表达。本次习作可以和《蜜蜂》以及《语文园地》的"词句段运用"相结合，观察时要养成主动思考、提

出问题的习惯，并照样子写一写句子，旨在提高思维的活跃度，提高观察的价值。

3. 单元语文要素横向分析。本单元三篇课文在观察和概括训练上各有侧重。《花钟》引导学生借助关键语句概括一段话的大意；《蜜蜂》用抓重点词句的方法，理清法布尔的实验步骤，并运用多种方法，体会课文用词的准确；再通过略读课文《小虾》对已学的方法进行巩固和运用；最后的习作部分引导学生借助图表整理小实验的主要信息，学习按一定的顺序写清楚小实验的过程，从而进一步体会留心观察、细致观察带来的好处。

从教材的编排体现了从认知理解方法到实践运用方法，再到方法总结的学习过程。读写结合的教材编排体现了"从读到写、以读促写""从局部练笔到综合运用"的思路。因此，在具体教学的过程中，教师要从单元整体出发，充分考虑学生已有的语文学习经验，立足本单元的两大语文要素，在板块教学中充分体现"读写结合，以读促写"的教学思路，落实好每个板块的教学，增加整体教学效果。

（二）学情分析

三年级学生已经具备了一定的阅读能力，大部分学生从平时的作业、单元练习和期中练习中反映出双基知识掌握得较好。但是学生的分析、整合能力较弱，独立审题能力较差，抓住关键语句通过摘抄、增删、整合、重组来改写概括段意是学习的难点。因此，教师在充分了解学情的基础上，需要加强对学生的语句训练、朗读指导和训练，引导学生品味词句、积累词句、运用词句，鼓励学生在教师的指导下将自主探究与合作学习相结合，才能对新鲜语言的迁移运用落到实处，达到最佳的教学效果。

（三）学习主题与目标

在尊重学生学习规律，关注学生差异性的前提下，结合《义务教育语文课程标准（2022 年版）》中第二学段"跨学科学习""表达与交流"领域的要求，以及"实用性阅读与交流""思辨性阅读与表达"任务群的学习要求，确定本单元学习主题为"探索花的秘密，表达最深的爱"，通过多种形式培养学生善于观察和勤于思考的能力。项目以学科问题解决作为切入点，以项目化学习和小组合作的方式引导学生在体验中学习知识，在实践中得到成长，并基于以上分析，确定学习目标为：

1. 认识本单元 28 个生字，能写生字表中的生字和词语表中的词语。正确、流利地朗读课文，背诵、积累指定段落，背诵古诗《滁州西涧》。

2. 默读课文，借助关键语句概括段落大意，注意关键语句的位置，感受观察和发现带来的乐趣。

3. 按要求仿写句子；用教材中的图形、表格等来尝试记录实验的相关步骤，按步骤把实验顺序记录清楚、完整；学会用"对调"和"移动"这两种修改符号，开展习作互评，尝试修改自己或者同伴的习作。

三、问题与驱动

本单元的学习不仅要落实语文要素，更旨在引导学生留心观察生活中的事物，梳理概括段意的阅读策略，并学习按步骤把实验顺序记录清楚、完整，从而进行创意表达。结合口语交际和习作《我做了一项小实验》，将本单元的学习核心任务设计为：观察事物的变化，通过阅读和写作了解花的秘密；尝试制作染色花，把实验过程写清楚。

并创设单元学习情境：我们的成长离不开父母的付出，三年级将开展"我十岁了"生日活动，为了感谢对父母的十年养育之恩，本单元我们将通过阅读和写作探寻花的秘密，进行花的变色实验，染一朵最特别的花，并以最特别的方式，送给爸爸和妈妈以表达我们最深的爱。学生可以绘制小报、书写文章相结合的方式梳理实验过程，将自己的学习成果记录下来和伙伴交流。（见表 6 - 4）

表 6 - 4　驱动性问题与课标依据

本质问题	通过阅读和写作了解花的秘密是什么？
驱动性问题	我们的成长离不开父母的付出，三年级将开展"我十岁了"生日活动，为了感恩父母，如何用花制作一份独特的礼物送给父母？
子问题	① 阅读《花钟》，你了解到花的哪些秘密？ ② 查阅资料，实践探索，你还了解花的什么秘密？ ③ 你想用怎样的形式向大家分享花的秘密？ ④ 如何完成花的变色实验？ ⑤ 如何用变色花制作礼物，送给最爱的她？

课标依据	【语文·表达与交流】：观察周围世界，能不拘形式地写下自己的见闻、感受和想象，注意把自己觉得新奇有趣或印象最深、最受感动的内容写清楚。 P10 【语文·跨学科学习】：选择自己发现和关心的日常语言、行为、校园卫生、交通安全、家庭教育等方面的问题进行调查研讨，尝试写出简单的研究报告，与同学交流。 P35 【语文·实用性阅读与交流】：学习阅读说明、叙写大自然的短文，感受、欣赏大自然的奇妙与美好。学习用日记、观察手记等，展示自己观察自然、探索科学世界的收获。 P24 【语文·思辨性阅读与表达】：阅读有关科学的短文，尝试发现日月星辰、风雨雷电、山川草木等大自然的奥秘，依据事实和细节，运用口头和图文结合的方式，表达自己的观点和思考。 P29

四、 任务与序列

围绕单元核心任务，基于构建语文学习任务群具有一定的关联性、系统性、递进性的理念，我们整合教学单位，重组教学内容，基于《指向深度学习的单元学习任务链结构》，梳理解构单元学习任务链如下。（见表6-5）

表6-5 指向深度学习的小学课堂"学习任务链"设计结构
学习主题：探索花的秘密，表达最深的爱

年段学科单元	三下语文 第四单元		设计	孙芳
单元核心任务	观察事物的变化，通过阅读和写作了解花的秘密； 尝试制作染色花，把实验过程写清楚。			
单元学习任务链	任务目标	学习任务序列	任务情境	学习内容
学习任务一 观察与阅读 探索花的秘密	1. 通过学习《花钟》，了解不同的花开花的时间。观察大自然中花朵的秘密，制作属于自己的花钟。 2. 通过学习莫奈观察花朵开放时间的方式，提升科学的思维方式，并学习勤于观察、善于思考的科学态度。	1. 学习《花钟》，了解花朵开花时间、颜色等秘密。 2. 观察大自然中不同花开花时间，制作花钟。	花钟小报我来画	《花钟》《小虾》语文园地

单元学习任务链	任务目标	学习任务序列	任务情境	学习内容
学习任务二 做实验探寻花的秘密	1. 能借助实验图表记录自己做的小实验，能按顺序将实验过程写清楚，并写下自己在实验时的发现、感受和思考等。 2. 激发观察的兴趣，促进学生思维的发展，养成留心观察和勤于思考的习惯。	1. 小组合作完成染色花实验。 2. 图文结合梳理实验过程。 3. 采用多种形式记录实验过程及实验感受。	实验过程我来写	《蜜蜂》语文园地习作：我做了一项小实验
学习任务三 送出染色花，表达最深的爱	1. 能根据染色花实验流程，独自完成鲜花染色实验。 2. 将染色成功的鲜花制作成花束、簪花、花杯等形式各异的鲜花礼物。 3. 通过给父母送花活动，激发学生感恩意识，以自己的实际行动，学会感恩。	1. 独自完成染色花实验。 2. 制作染色花礼物。 3. 送出礼物，表达最深的爱。	爱的礼物我来送	习作：我做了一项小实验

单元任务链设计将核心任务分解为三个学习任务："观察与阅读，探索花的秘密""做实验探寻花的秘密""送出爱的染色花，表达最深的爱"，对标学习目标，梳理每个任务的学习序列，这样结构化的设计，将核心任务层层分解，步步落实，并引导学生在真实有趣且有挑战的任务情境中开展语文学习实践，培养核心素养。

五、学习与活动

学习任务一："观察与阅读，探索花的秘密"

学习目标是：了解不同的花开花的时间。观察大自然中花朵的秘密，制作属于自己的花钟；通过学习莫奈观察花朵开放时间的方式，提升科学的思维方式，并学习勤于观察、善于思考的科学态度。

学习活动安排如下：

1. 学习《花钟》，了解花朵开花时间、颜色等秘密。学习《花钟》，掌握生字词，感受课文用词的准确，疏通文意并能梳理花朵开花时间的秘密；通过学习莫奈观察花朵开放时间的方式，提升科学的思维方式，并学习勤于观察、善于思考的科学态度。

2. 观察大自然中不同花开花时间，制作花钟。借助观察表从花开放时间、颜色、样子、动作等角度观察课本以外的花儿，绘制属于自己的花钟；同时梳理不同花不同时间开放的不同表达方式，仿写自己观察的其他鲜花开放的语句。

学习任务二：做实验，探寻花的秘密

学习目标是：借助实验图表记录自己做的小实验，能按顺序将实验过程写清楚，并写下自己在实验时的发现、感受和思考等；激发观察的兴趣，养成留心观察和勤于思考的习惯。

学习活动安排如下：

1. 小组合作完成染色花实验。教师先介绍实验材料、实验原理及实验过程，学生分组进行染色花实验；小组共同观察，发现花朵颜色的变化并做好记录。

2. 图文结合梳理实验过程。小组合作完成实验后，共同讨论梳理实验过程、原理等，以图文结合的方式呈现梳理结果。

3. 采用多种形式记录实验过程及实验感受。以文字、绘画、视频等多种形式记录实验过程及实验感受。

学习任务三：送出染色花，表达最深的爱

学习目标是：能根据染色花实验流程，独自完成鲜花染色实验。将染色成功的鲜花制作成花束、簪花、花杯等形式各异的鲜花礼物。通过对父母送花活动，激发学生的感恩意识，以自己的实际行动，学会感恩。

学习活动安排如下：

1. 独自完成染色花实验。根据染色花实验流程，选取家人喜欢的花朵和颜色，独自完成染色花制作。

2. 制作染色花礼物。上网查阅鲜花制作的相关资料，小组讨论设计鲜花礼物，将染色成功的鲜花制作成花束、簪花、花杯等形式各异的鲜花礼物。

3. 送出礼物，表达最深的爱。在十岁生日活动上，把染色花礼物送给爸爸妈妈，感谢他们十年养育之恩。在班会活动上分享父母收到礼物后的感想，以及自己通过这次活动的收获和感想。

六、 评价与成效

结合学习目标，有效制定评价体系。评价量规的设计要秉承"教—学—评"

一体化设计理念，围绕核心任务与单元学习任务链的落实，发展学生的反思意识、自主学习和迁移能力。《义务教育语文课程标准（2022年版）》指出："过程性评价应综合运用多种评价方法，增强评价的科学性、整体性。可通过课堂观察、对话交流、小组分享、学习反思等方式，收集和整理学生语文学习的过程性表现。"因此，本单元教学中将过程性评价贯穿学习始终，让学习评价始终伴随并促进学生学习进程。

（一）过程性评价量表与评价标准

在学习任务完成过程中，要关注学习过程的理解、分析、解决问题的能力，以及学习态度、情感和价值观等方面的表现，重点关注学生在完成任务过程中的学习态度、参与程度和核心素养的发展水平等多方面的表现。及时发现学生在学习中遇到的问题，帮助他们及时调整学习策略，促进他们的持续发展。

在三个任务情境中，把评价内容、评价标准分层嵌入到学习任务中，将单元核心目标转化为学生可视、可做、可量的教学手段和工具。突出考察三方面的内容：一是考察学生在任务情境中表现出的学习态度、参与程度和核心素养的发展水平，关注学生在活动中的关键表现，提高其参与学习活动的积极性。二是考察学生在阅读中获取、整合有效信息的能力，通过拓展性练习，测试学生"借助关键语句概括一段话的大意"的能力。三是考察学生表达与交流的水平，如习作、实验小报、花的礼物等，从多个维度进行评价。教师提前告知评价标准，引导学生合理使用评价工具，对照标准即时检测。

教师在设计任务时，要结合目标预测学生的作品可能呈现出的最好成效，再设计评价标准进行评估。具体评价量表与评价标准见表6-6。

表6-6　学习评价量表与评价标准

评价内容	自我评价	同伴评价	老师评价	综合总评
观察与阅读，探索花的秘密	☆☆☆	☆☆☆	☆☆☆	
做实验，探寻花的秘密	☆☆☆	☆☆☆	☆☆☆	
送出染色花，表达最深的爱	☆☆☆	☆☆☆	☆☆☆	

评价内容	评级标准		
	达标级☆	良好级☆☆	优秀级☆☆☆
观察与阅读，探索花的秘密	1. 正确地朗读课文。熟读《花钟》第一自然段。 2. 摘抄生动优美的语句。 3. 熟读课文《花钟》，了解花朵开花时间、颜色等秘密，讨论每一小节的大意。 4. 挑选课余观察对象。	1. 正确流利地朗读课文。尝试背诵《花钟》第1自然段。 2. 摘抄、分享生动优美的语句，规范书写。 3. 熟读课文《花钟》，了解花朵开花时间、颜色等秘密，借助关键语句概括一段话的大意。 4. 能在课余观察各种花开的姿态和时间。	1. 正确流利有感情地朗读课文。能流利背诵《花钟》第1自然段。 2. 摘抄、分享生动优美的语句，规范书写，仿写生动的片段语言。 3. 熟读课文《花钟》，了解花朵开花时间、颜色等秘密，借助关键语句概括一段话的大意。能围绕关键语句，从多个方面来描写。 4. 能在课余观察各种花开的姿态和时间，绘制花钟小报。
做实验，探寻花的秘密	1. 朗读课文《蜜蜂》，试着说说法布尔的实验过程。 2. 能借助实验图表小组合作完成小实验，能按顺序说说实验过程以及自己做实验时的发现、感受和思考等。	1. 熟读课文《蜜蜂》，按顺序、口齿清晰地说出法布尔的实验过程。 2. 能借助实验图表记录小实验，能按顺序将实验过程写清楚，并尝试写下自己在实验时的发现、感受和思考等。 3. 激发学生观察的兴趣，促进学生思维的发展。	1. 熟读课文《蜜蜂》，梳理并按顺序说出法布尔的实验过程，表达有条理，口齿清晰，自信大方。 2. 能借助实验图表独立完成并记录自己做的小实验，能按顺序将实验过程写清楚，并写下自己在实验时的发现、感受和思考等。 3. 激发学生观察的兴趣，促进学生思维的发展，养成留心观察和勤于思考的习惯。
送出染色花，表达最深的爱	1. 能根据染色花实验流程，选取家人喜欢的花朵和颜色，与同学合作完成染色花制作。	1. 能根据染色花实验流程，选取家人喜欢的花朵和颜色，在老师或同伴的指导下尝试独自完成染色花制作。	1. 能根据染色花实验流程，选取家人喜欢的花朵和颜色，独自完成染色花制作。 2. 上网查阅鲜花制作的相关资料，根据父母的喜好

评价内容	评级标准		
	达标级☆	良好级☆☆	优秀级☆☆☆
	2. 上网查阅鲜花制作的相关资料，小组合作设计鲜花礼物。 3. 能在"十岁生日"活动上把染色花礼物送给爸爸妈妈，感谢他们十年养育之恩。	2. 上网查阅鲜花制作的相关资料，在老师的指导下尝试独自模仿设计鲜花礼物。 3. 能在"十岁生日"活动上把染色花礼物送给爸爸妈妈，感谢他们十年养育之恩。在班会活动上分享父母收到礼物后的感想。	有创意地独自设计鲜花礼物。 3. 能在"十岁生日"活动上把染色花礼物送给爸爸妈妈，感谢他们十年养育之恩。在班会活动上分享父母收到礼物后的感想，同时说说自己通过这次活动的收获和感想。

三年级下册第四单元项目化任务，通过设计表格型学习评价聚焦"要素点"，设计问题型支架，搭建"问题链"，设计导图形支架统整"发展面"，帮助学生自主学习，拾级而上，逐步达成习作单元目标。在实施习作项目化作业的各个阶段，学习评价都应及时跟进，助力学生从"学得"写作知识走向"习得"表达素养。

1. 借助评价，推进展示互动。在展示分享学习成果过程中，学生以"我是实验发布者"角色，借助习作项目化任务评价量规，展开自评、他评、改后评，从中取长补短。一篇篇改前、改后的习作记录了学生的蜕变和成长，又增强了学生语言表达和交际能力。此外，采用"互联网创意传达"方式，让学生根据既有的经验和丰富的想象，创造性地使用微信公众号、班级钉钉圈、实验成果送父母等，以多元、创新、融合的立体评价方式，综合展现项目化学习成品，实现成果的共享与共学，同时引发更多读者对学习成果的关注与评价，激发学生的习作成就感。

2. 活动延伸，品鉴美好生活。本单元项目化"实验交流会"这一拓展性活动，延续学生学习时空，通过观察记录、画作、视频等方式为其他小朋友介绍实验过程，融语文实践和互动交流为一体，在创新的写作实践活动中迁移观察写作能力，增强观察能力，培植人文底蕴。为促进"交流实践"的深入开展，配套设计了活动评价单,实现评价的全程伴随。通过设置"活动参与""活动成果""成果展示"三个评价维度,运用多元主体评价方法,多样交互评价方式,评价主体、评价内容、评价形式兼顾,重点考察学生在语文学习过程中表现出来的学习态度、参与程度和核心素养的发展水平,为习作项目化任务成果的拓展、"观察"大概念的升级而蓄力。

（二）学习品质评价量表

为诊断学生学习品质,促进教师教学设计的完善,基于《指向深度学习的小学课堂学习品质观察记录分析表》,结合本单元学习内容和素养要求,设计学生课堂参与学习品质评价表。（见表6-7）

表6-7　学生学习品质评价

学习品质分析			
学习品质	校本化指征	观察点	表现评价 0 未见；　1—5 程度由低到高
会思考核心知识与学科思维的建构	阅读与梳理	1. 正确朗读课文,梳理文章结构,把握文章内容。	
		2. 会阅读文本,提取关键信息。	
		3. 能判断课文使用的描写方法。	
会探究理解学习的过程	想象与赏析	1. 在朗读中想象画面,并用自己的话描述。	
		2. 抓住关键语句,体会静态动态表达效果。	
		3. 能够发现文章在内容与写法上的异同。	
	迁移和运用	1. 会用静态、动态描写情境。	
		2. 会根据情境特点选择恰当的描写方式。	
		3. 会根据别人的建议修正自己的行为。	
		4. 会通过多种途径学习知识,完成决策、预测、问题解决、实验探究、调查等任务。	
	协作和沟通	1. 会组织小组和班级讨论。	
		2. 经常和同学交流经验,主动在讨论中分享观点。	

学习品质	校本化指征	观察点	表现评价 0 未见；1—5 程度由低到高
		3. 能清晰地表达自己的观点，聆听他人的观点。	
		4. 乐于分享合作学习的成果，积极改进。	
会共情积极的学习情感		1. 能积极参与课堂，有感情地朗读，感受文中描绘的风光美。	
		2. 能管理好自己的情绪，信任老师，主动与老师、同学进行对话。	
		3. 能从字里行间体会作者表达的情感，能在写作和推荐中表达民族自豪感。	

总之，习作项目化任务设计要立足素养本位，凸显学生发展为本，通过关联"生本"、立足"驱动"、巧用"评价"、呈现"作品"、致力"反思"，促进单元写作知识在言语建构中逐渐"内化"，在言语实践中慢慢"活化"，在言语表达中有效"结构化"，进而形成单元写作"大概念"。当学生真实性卷入、沉浸式学习、全方位提升时，就能进阶成长为具有项目知识迁移、解决实际问题等综合能力的学习者。

（撰稿者：上海市嘉定区紫荆小学　孙芳）

实践智慧 6-2

探索"周长"奥秘，做小设计师

【单元学习设计】沪教版三年级下册第六单元学习任务链设计

沪教版小学数学教科书三年级下册第六单元学习任务链设计同样是基于课程标准和教材内容，确定单元核心学习任务，旨在培养学生感悟数学度量方法，逐步形成空间观念、量感等核心素养。

一、理念与价值

沪教版小学数学教科书三年级下册第六单元从平面图形的认识与测量角度编排了"周长""长方形、正方形的周长"两个教学内容。

1. **形成综合素养，建立数学与生活的联系。**在整个单元的学习过程中，学生需要观察、分析、比较不同图形的周长特点，归纳周长计算方法，在分析与比较的过程中，逐渐形成逻辑思维和批判性思维。解决单元中的实际问题时，学生需将所学知识应用到具体情境中，培养解决实际问题的能力和创新思维。同时，磨练学生的耐心、细心和坚持不懈的品质，在多次尝试和错误中，养成勇于面对困难、不断改进的学习态度。整个单元学习中，通过一系列与生活相关的周长问题，学生能真切感受到数学在日常生活中的广泛应用，增强运用数学知识解决实际问题的意识，逐渐学会用数学的视角观察周围的事物，培养他们对数学的敏感性和好奇心。

2. **构建知识体系，提升方法与策略的迁移。**从周长的基本概念出发，到长方形、正方形周长的计算方法，再到复杂图形周长的求解，单元学习呈现了一个由浅入深、逐步递进的知识体系，使学生对周长这一主题有全面、系统的认识。在单元学习中，学生能够将周长的知识与之前所学的长度测量、几何图形的基本特征等内容有机整合，形成更完善的知识网络。通过实际测量图形的边长和进行周长的计算，学生逐渐形成量感，逐步积累操作经验，形成空间观念；在探究长方形和正方形周长计算公式的过程中，学生经历观察、猜想、验证、归纳等数学活动，培养了推导和归纳数学公式的能力。此外，学习了长方形周长的计算方法后，学生可以类比推理出正方形周长的计算，这种类比学习策略有助于提高学习效率。将周长的知识迁移到其他类似的数学概念或实际问题中。

二、 主题与目标

（一） 教材分析

空间观念和量感两个核心素养的形成贯穿了整个小学阶段"图形的认识与测量"以及"图形的位置与运动"两个主题的学习。本单元将学习周长的概念，并推导出长方形和正方形的周长公式，逐步完善学生几何板块的知识结构，也将继续落实"空间观念"和"量感"等主要核心素养。

1. 核心素养纵向分析。一年级到五年级，教材按照从具体的实物到抽象的几何图形，从生活到数学这样的过程帮助学生建立初步的空间观念和量感。一、二年级学生主要通过操作和观察生活中具象的实物感受空间观念，感受量感。本单元开始，图形的认识与测量的学习进入了抽象的几何模型的世界，从生活抽象到了数学，这旨在培养学生用数学的眼光看世界，用数学的思维思考世界的能力，具体如下：

一上，第四单元，经历对物体的观察、比较、触摸、分类的过程，形成对长方体、正方体、圆柱、球的感性认识，再通过描一描立体图形的表面识别简单的平面图形等过程，初步建立空间观念。

一下，第五单元，用上、中、下、左、右描述物体的相对位置，比较物体长短等活动，初步建立空间观念。用尺度量物体及线段长度，初步形成量感。

二上，第五单元，在认识角与直角，正方体与长方体以及它们之间的关系，正方形与长方形以及它们之间的关系等活动中，形成初步的空间观念。

二下，第六单元，用东南西北描述物体的位置，形成初步的空间观念。在认识锐角、直角、钝角，认识三角形和四边形，并将三角形按角分类的过程中，形成初步的空间观念和量感。

三上，第五单元，在认识千米、米与厘米、分米、轴对称图形、三角形按边分类、面积、长方形与正方形的面积、平方米的过程中，形成初步的空间观念和量感。

三下，第五单元，在认识周长、长方形和正方形的周长过程中，初步建立空间观念和量感。

四上，第五单元，在认识圆、线段、射线、直线、角、角度量和计算过程中，初步形成空间观念和量感。

四下，第四单元，在认识垂线与平行线的过程中，形成初步的空间观念。

五上，第五单元，在认识平行四边形并计算其面积、计算三角形的面积、认识梯形并计算其面积，以及计算组合图形的面积过程中，建立初步的空间观念和量感。

五下，第四单元，在认识物体的体积与容积，及其单位，计算正方体与长方体的体积及表面积等活动中，建立初步空间观念和量感。

2. 核心素养横向分析。本单元主要包括"周长""长方形、正方形的周长"两个教学内容。"周长"的主要内容是从描画叶子入手，比较多种描画路径，概括总结出叶子的周长概念，知识迁移到描画其他物品的平面图形的边线，进一步理解周长的概念，建立空间想象，形成初步的空间观念。"长方形、正方形的周长"的主要内容，是从周长概念出发认识长方形、正方形的周长并探究长方形和正方形的周长计算方法，再根据长方形和正方形的特征，推导出周长的计算公式，并用长方形和正方形的周长公式解决生活实际问题，进一步形成空间观念和量感。（见图6-1）

图6-1 核心素养横向关系图

（二） 学情分析

三年级上学期，学生已经初步认识了面积及面积单位，掌握了长方形和正方形的面积计算方法，以及常见的长度单位，如厘米、分米、米等，能够进行简单的长度测量，这为理解周长中涉及的边长测量奠定了基础。本单元将学习周长的概念，并推导出长方形和正方形的周长公式，逐步完善学生几何板块的知识结构。

在日常生活中，学生经常会接触到长方形和正方形的物体，如书本、桌面、窗户等，对这些物体的形状有直观的感受，有助于学生建立空间观念。学生在一些活动中，如绕着操场跑步、给礼物包装丝带等，已经有了关于周长的初步感性认识，但尚未形成系统的数学概念。

处于小学阶段的学生，抽象思维能力正在逐步发展，但仍以形象思维为主。对于周长这一较为抽象的概念，需要通过具体的实物、图形和操作活动来帮助理解。所以，本单元的学习遵循学生的身心发展特点，通过摸一摸具体实物来感受和理解周长，建立表象。学生通常对与实际生活密切相关的数学问题更感兴趣，因此，本单元的情景创设是基于学生生活中常遇到的真实问题展开的，学生可以利用周长来解决生活中的实际问题，进而激发学习积极性，感受数学的价值和学习周长的意义。

（三） 学习主题与目标

结合沪教版小学数学义务教育教材，以及《义务教育数学课程标准（2022年版）》中小学部分"图形与几何"领域中，第二学段"图形的认识与测量"和"图形的位置与运动"的内容和学业要求，确定本单元学习主题为：探索"周长"奥秘，做小设计师。具体的学习目标如下：

1. 通过量、描等操作活动，积累有关周长的经验，理解周长的意义；知道求图形的周长就是求图形各边的长度之和，培养空间想象力，形成初步的空间观念。

2. 探索并理解长方形、正方形的周长计算方法；会利用长方形、正方形周长计算公式解决简单实际问题，形成初步量感，发展空间观念。

3. 通过观察、操作进行比较、分析、综合以及类比，探索得出：周长相等的图形，面积不一定相等，增强探究意识与能力，体会数学与日常生活的密切联系，感知数学的有趣，体会数学的价值。

三、 问题与驱动

本单元的学习旨在落实"发展空间观念"和"量感"等数学核心素养,进而培养学生学会用数学的眼光观察生活,用数学语言表达想法,用数学思维思考问题的能力。结合数学学习的真实任务情景,本单元的学习核心任务设计为:通过量、描等操作活动,积累有关周长的经验,理解周长的意义;探索并理解长方形、正方形的周长计算方法;会利用长方形、正方形周长计算公式解决简单实际问题形成初步量感,发展空间观念。创设单元学习情境:

下周学校将在学校篮球场举行数学趣味竞赛,规则如下:从起点出发选择1-2-5路线或4-3-5路线进行跑步比赛,并回答途中的数学问题(两种路线方案的数学问题相同),答完题目后回到起点,用时最短且完成数学题目的准确率最高者为胜。你认为这样的比赛路线设计的公平吗?为什么?相信本单元的学习会给你带来答案,让我们一起走进"周长"。

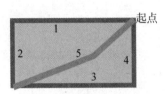

图6-2　篮球场矩形图

四、 任务与序列

围绕单元核心任务,基于《指向深度学习的单元学习任务链结构》,梳理解构单元学习任务链如下。(见表6-8)

表6-8　指向深度学习的小学课堂"学习任务链"设计结构
学习主题:探索"周长"奥秘:从基础到精通的奇妙之旅

年段学科单元	三下数学第六单元	设计		韩小羽
单元核心任务	1. 通过量、描等操作活动,积累有关周长的经验,理解周长的意义。 2. 探索并理解长方形、正方形的周长计算方法;会利用长方形、正方形周长计算公式解决简单实际问题,形成初步量感,发展空间观念。			
单元学习任务链	任务目标	学习任务序列	任务情境	学习内容
学习任务一——认识周长	理解周长的含义,建立空间想象力,形成空间观念。	1. 认识周长。描一描平面图形的一周,摸一摸身边物品表面的一周。 2. 计算周长。观察并比较,图形的周长与图形各边的长度的关系。	蚕宝宝的爬行比赛	"周长"

（续表）

单元学习任务链	任务目标	学习任务序列	任务情境	学习内容
学习任务二 用长方形、正方形的周长解决实际问题	推导长方形、正方形周长公式，利用公式解决生活实际问题，建立量感和空间观念。	1. 探索长方形周长公式。说一说长方形、正方形的周长；计算长方形泳池的周长，探索长方形周长计算公式。 2. 探索正方形周长公式。计算方桌桌面周长，探索正方形周长计算公式。 3. 运用周长的相关知识解决实际问题。课前问题：下周学校将在学校篮球场举行数学趣味竞赛，规则如下：从起点出发选择1-2-5路线或4-3-5路线进行跑步比赛，并回答途中的数学问题（两种路线方案的数学问题相同），答完题目后回到起点，用时最短且完成数学题目的准确率最高者为胜。你认为这样的比赛路线设计公平吗？为什么？	篮球场的数学趣味竞赛	"长方形、正方形的周长"

单元任务链设计将核心任务分解为二个学习任务"认识周长""用长方形、正方形的周长解决实际问题"，对标学习目标梳理每个任务的学习任务序列，这样结构化的设计，将核心任务层层分解，步步落实，并引导学生在真实有趣且有挑战的任务情境中开展数学学习实践，落实核心素养。

五、学习与活动

学习任务一：认识周长

学习目标是：通过量、描等操作活动，积累有关周长的经验，理解周长的意义；知道求图形的周长就是求图形各边的长度之和，建立空间想象力，形成初步的空间观念。

学习活动安排如下：

1. 认识周长。出示蚕宝宝爬行比赛的三种爬行路径，比较哪一种路径是桑叶的一周，认识周长概念；描一描平面图形的一周，摸一摸身边物品表面的一周，感知一周的长度，进一步理解周长。

2. 计算周长。计算方格纸中各个多边形的周长；观察并比较，图形的周长与图形各边的长度的关系；交流讨论，观察有些图形中的边，位置发生变化后，什么变了，什么没变；通过类比，概括总结，周长相等的图形，面积不一定相等。

学习任务二：用长方形、正方形的周长解决实际问题

学习目标是： 探索并理解长方形、正方形的周长计算方法，发展探究意识与能力，体会数学与日常生活的密切联系；会利用长方形、正方形周长计算公式解决简单实际问题，形成初步量感，发展空间观念；通过观察、操作进行比较、分析、综合以及类比，探索得出：周长相等的图形，面积不一定相等，感知数学的有趣，体会数学的价值。

学习活动安排如下：

1. 探索长方形周长公式。说一说长方形、正方形的周长，计算长方形泳池的周长；结合图形说说你的周长算式中，各个数据分别表示什么；比较三种周长算式，你喜欢哪一个，说一说理由；概括总结长方形周长计算公式。

2. 探索正方形周长公式。计算方桌桌面周长；结合图形说说你的周长算式中，各个数据分别表示什么；比较三种周长算式，你喜欢哪一个，说一说理由；概括总结正方形周长计算公式。

3. 运用周长的相关知识解决实际问题。课前问题：下周学校将在学校篮球场举行数学趣味竞赛，规则如下：从起点出发选择 1 - 2 - 5 路线或 4 - 3 - 5 路线进行跑步比赛，并回答途中的数学问题（两种路线方案的数学问题相同），答完题目后回到起点，用时最短且完成数学题目的准确率最高者为胜。你认为这样的比赛路线设计的公平吗？为什么？如果改变起点的位置，游戏规则不变，为使比赛公平，你觉得起点可以放在哪些地方呢？（见图 6 - 3）

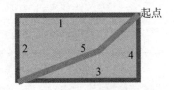

图 6 - 3　篮球场矩形图

六、评价与成效

结合《义务教育数学课程标准（2022 年版）》中的评价建议，围绕单元学习任务链的系列任务、学习目标，本单元的学习任务链评价从评价生长性中的增值性评价、协商性评价和发展性评价三个维度展开，发挥评价的育人导向作用，实现以评促学、以评促教的目的。

1. 尊重差异的增值性评价。每一个学生都是独立的个体，学生的学习能力、成长速度等都存在着差异性，我们应尊重孩子之间的这种不同，帮助孩子建立起学习的信心和成长的自信。增值性评价通过制定个性化评价标准，了解孩子的学习起点，以及学生的学习能力和进步情况，通过评价教师可以及时调整自己的教学策略和方法，从而促进学生的学习。本单元制定了前测和后测练习。

周长前测

1. 判断：下列哪些问题是求周长？

① 一块长方形绿地有多大？（　　　）

② 爷爷沿着正方形花坛散步一圈有多长？（　　　）

③ 一块手帕一圈花边的长度是多少？（　　　）

2. 填表

长方形	长	宽	周长算式
	12 cm	8 cm	
正方形	边长		周长算式
	4 cm		

周长后测

1. 说说平面图形的周长是什么？（　　　　　　　　　　　　　　　）

2. 填表

长方形	长	宽	周长算式
	14 cm	6 cm	
		4 dm	12 dm
	8 m		28 m
正方形	边长		周长算式
	9 dm		
			40 m

2. 多元互动的协商性评价。协商性评价体现了评价主体多样化特点，评价主体同时包括了教师、学生和家长等，综合运用教师评价、学生自我评价、互相评价和家长评价，使得评价更加全面、客观，对促进学生的学和教师的教更加具有针对性和参考价值。本单元的学习任务链评价量表，是以我校开发的"单元学习任务链"观察记录表为基础，进行了学科化调整。

完成本单元学习后，学生进行学习小结，并在班级展示交流学习小结，互动中对自己和他人的学习情况进行评价，反思自己的进步和不足，吸取他人值得自己借鉴的经验。（见表6-9）

表6-9 单元学习小结

1. 通过本单元的学习，你和之前相比有了哪些进步？	知识方面的进步： 其他方面的进步：
2. 通过本单元的学习，你觉得自己还有哪些方面没有掌握？	知识方面： 其他方面：
3. 通过本单元的学习，你从他人身上学到了哪些本领？	

3. 面向未来的发展性评价。单元学习任务链的发展性评价，顾名思义，评价的运用应有利于增强学生学习数学的自信心，将学生的一些积极变化及时反馈给学生，增强学生的实践能力和创新能力，促进学生核心素养的发展。本单元学习任务链的评价立足于此，设计了系列真实任务问题，这对学生来说具有一定的挑战性，同时也会激发学生自主学习的能力。

一起来挑战！

小雨老师有一个10个多月大的宝宝，想在客厅给宝宝围出一个独立的玩耍空间，她到底应该怎么围才能使得围出的面积最大且需要使用的围栏数较少呢？你能帮小雨老师设计一个合理的方案，并告诉她这样设计的合理性吗？

小提示：别着急，在解决这个问题之前，下面的内容可能对你有帮助。

我们先来寻找一下长方形的边长与周长之间的关系吧！

我选择用（　　）个围栏围长方形（包括正方形）。

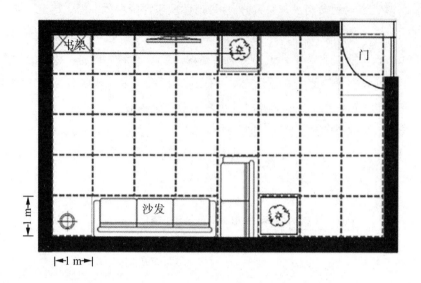

周长（m）	长＋宽（m）	长（m）	宽（m）	面积（m²）

小雨老师买了 8 m 的围栏，想围出一个宽 1 m 的爬行区，这个区域有多长呢？

我的计算方法：

小雨老师想尝试用 20 个围栏来围出一块长方形（包括正方形）的游戏区域，你能告诉她所有可能围出的面积情况，让她参考选择吗？

通过有序思考、小组合作，列举长方形周长一定时，长方形所有长、宽的组合。

本单元的教学设计，从建立初步的空间观念和量感等核心素养出发，解读课程标准，分析学生学情，确定核心学任务，分解成学习任务序列，建构单元学习任务链，引导学生在连续的学科实践活动中不仅发现问题、提出问题，还能分析问题、解决问题，不仅掌握知识技能，还能把握基本思想、积累基本活动经验，从而形成和发展核心素养。

（撰稿者：上海市嘉定区紫荆小学　韩小羽）

实践智慧 6-3

启赏音之旅，创制一场乐器 Gala Show

【单元学习设计】牛津英语 4B Module 4 Unit 1 学习任务链设计

核心素养是课程育人价值的集中体现，情境是学生学科核心素养形成和发展的重要载体，有效的情境应是学科性和生活性的有效统一。牛津英语（上海版）四年级下册 Module 4 Unit1 A Music class 单元学习任务链设计依据新课标中核心素养学段要求，以单元整体目标为原点，践行英语学习活动观，发散设计课时目标，合理规划课时教学内容，充分体现语言学习的渐进性和持续性，促进核心素养有效形成，灵动回归单元整体。

一、 理念与价值

牛津英语（上海版）四年级下册 Module 4 的模块主题为 More things to learn，涉及的三个单元为 A Music class，Festivals in China，Story time。内容围绕"人与自我"范畴下的"身边的事物与环境"子主题，与学生的生活息息相关，也是四年级学生所需要了解和学习表达的内容。

1. 探究主题意义，关注学科育人。音乐是一种能够跨域地区和语言差异的交流工具，是世界上最美妙的存在。人类通过演奏美妙的音乐，借以表达、交流思想感情。而乐器就是一种能够发出乐音，并能进行音乐艺术再创造的器具，其背后蕴含着丰富的文化知识。 4BM4U1 A Music class 这一单元，教师发现学生们对 music 这一话题非常感兴趣，结合学校艺术节，透过跳动的音符，抚摸艺术的悸动，学生如同音乐的精灵，通过活动展示自己的音乐才能，遨游在音乐的知识海洋里，培养艺术鉴赏力，享受音乐带来的美好。

2. 聚焦主题语境，关注学科融合。本单元以学习、体验音乐的魅力为主线，根据不同的任务，设计了相关的语言实践活动。在校园艺术节的真实情境依托下，在找寻音乐力量的真实任务驱动下，在如何演奏出动人音乐的问题解决过程中，为学生提供多元的语言体验和实践活动，兼顾学习理解和迁移创新，从而使英语学习回归生活化、语言使用真实化。在学中关注音乐魅力，在音乐中感悟知识力量，激发学生兴趣，增强学生自主探究与合作能力。

二、 主题与目标

（一）教材分析

本单元为四年级第二学期英语（牛津上海版）教材 Module 4，该模块主题为 More things to learn，涉及的三个单元为 Unit 1 A Music class（一节音乐课）， Unit 2 Festivals in China（中国的节日）， Unit 3 Story time（故事时光）。三个单元均围绕学生日常生活展开，与学生的生活息息相关，也是四年级学生所需要的了解和学习表达的内容。

纵观本单元 4BM4U1 A Music class，如下表所示，共包含 7 个板块，其中 Look and learn， Listen and say， Say and act 为核心板块， Ask and answer，Read a story 为次核心板块， Make and play， Listen and enjoy 为非核心板块。通过本单元的学习，学生能够初步了解不同种类的乐器，能够根据声音辨别乐器类型。（见表 6 - 10）

表 6 - 10　4BM4U1 A Music class 单元学习板块与学习内容划分

1. 主题	范畴	一级：人与自我 （单元主题 A Music class）	
	主题群 与子主 题内容	● 生活与学习： （1）身边的事物与环境 （2）个人喜好与情感表达	
2. 语篇	类型	连续性文本、非连续性文本	
	内容	Listen and say　对话	询问并介绍会弹奏的乐器、询问并描述乐器的主人与位置

		Say and act	对话	聆听乐器声音，询问并回答乐器的名称
		Read a story	故事	体验音乐的力量
		Listen and enjoy	儿歌	感受、描述不同乐器的声音
3. 语言知识	语音知识			知晓特殊疑问句、一般疑问句的朗读语调、陈述句的朗读语调。
	词汇知识			在语境中理解 piano, violin, triangle, drum, music 等核心词汇，并在应用中逐步积累词汇。
	语法知识			在语篇中理解核心句型 What can you play? Whose . . . is it? Where's . . . ? Is that/it . . . ? 的基本结构与表意功能，并进行正确问答。
	语篇知识			体会语篇中图片与文字的关系；利用语篇的标题、图片等信息辅助语篇理解。
	语用知识			在具体语境中，初步运用所学语言，询问并介绍乐器名称、声音等，得体地表达自己的情感、态度和观点。
4. 语言技能	Listen and say			理解性技能：在听、读对话的过程中，有目的地提取不同人物会演奏的乐器类型、乐器所属及其位置的信息。 表达性技能：在教师指导下进行简单的角色扮演。
	Say and act			理解性技能：推断多模态语篇中图片传达的意义；在听、读、看对话的过程中，有目的地梳理人物的乐器声音及所属等信息。 表达性技能：简单地交流乐器相关话题（声音、所属等）。
	Read a story			理解性技能：在听、读故事的过程中，有目的地梳理故事、借助语气、语调和故事情节等，推断说话者的情绪和情感。 表达性技能：简单复述故事的起因、经过和结果，表达感受。
5. 文化知识				体验乐器之声，感悟音乐之美，表达对音乐的喜爱，领悟音乐神奇力量。
6. 学习策略	元认知策略			在学习时集中注意力，在交流中注意倾听、积极思考。
	认知策略			积极运用所学英语进行表达和交流，在学习内容与个人经历之间建立有意义的联系。

	交际策略	在表达遇到困难时，用简单的手势、指示代词等手段辅助表达。
	情感管理策略	乐于参与学习活动，敢于开口，有与同伴合作学习的愿望。

（二）学情分析

四年级学生经过将近四年的英语学习，已经初步奠定了一定的语言学习技能，学生整体英语学习兴趣浓厚、学习习惯良好，但从语料积累上看能力尚不足，在语音面貌上个别学生存在一定发音错误的现象。就学生语言知识而言，大部分学生在语音、词汇学习、语篇理解、语用表达等方面进行简单模仿后，基本做到与同伴交流或自主表达；就学生的文化知识而言，大部分孩子对态度价值选择有了自己独立的判断；就学生的语言技能而言，学生能理解课堂中的简单指令并做出反应，能根据图片及文字推断语篇的主题及主要信息，能感受不同语气、手势、表情所传达的情绪和态度；就学生的学习策略而言，作为中高年段的学生，能够在教师的组织带动下，积极主动参与课堂，表达欲望与能力有了明显的增强。本单元所讨论的乐器类话题，虽然学生在小学阶段是第一次接触到，但在一、二、三年级已经有了句型的积累如 Where is...? Whose ... is...? 等，和本单元的核心句型是息息相关的。

（三）学习主题与目标

在深入开展语篇阅读的基础上，本教学设计秉持英语学习观，结合《义务教育英语课程标准（2022 年版）》中课程实施部分的教学建议——加强单元教学的整体性，结合学生的认知逻辑和生活经验，建立单元内各语篇之间及语篇育人功能之间的联系，确定本单元学习主题为"启赏音之旅，创制一场乐器 Gala Show"，设计了具有整合性、关联性、发展性的单元育人蓝图。（见图 6-4）

结合学生的实际生活需求，重构学生乐见趣闻的多模态形式语篇内容，具体的学习目标如下：掌握乐器类词汇 piano, violin, triangle, drum；正确朗读、理解、书写、运用核心句型：What can you play? Whose ... is it? Where's ...? Is that ...? 并能根据实际情况进行问答；推断故事人物的内心

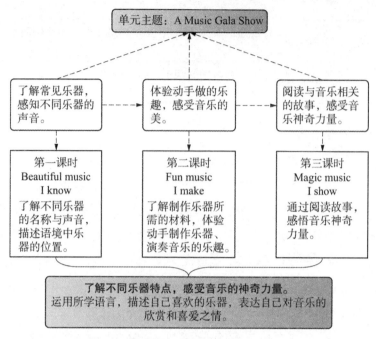

内的文字:

单元主题：A Music Gala Show

了解常见乐器，感知不同乐器的声音。

体验动手做的乐趣，感受音乐的美。

阅读与音乐相关的故事，感受音乐神奇力量。

第一课时
Beautiful music
I know
了解不同乐器的名称与声音，描述语境中乐器的位置。

第二课时
Fun music
I make
了解制作乐器所需的材料，体验动手制作乐器、演奏音乐的乐趣。

第三课时
Magic music
I show
通过阅读故事，感悟音乐神奇力量。

了解不同乐器特点，感受音乐的神奇力量。
运用所学语言，描述自己喜欢的乐器，表达自己对音乐的欣赏和喜爱之情。

图6-4　单元育人蓝图

情感，理解并简单复述故事的起因、过程和结果；体验不同乐器的声音，感受音乐的美，体验与表达对音乐的喜爱。

三、 问题与驱动

本单元学习任务链设计以单元整体目标为起点，以分课时目标为导向，以研读教材为基础，围绕"人与自我"范畴下的"身边的事物与环境"子主题，基于此，教师设计了贴近学生真实生活的情境主题——在校园艺术节中学习和探索乐器知识、了解音乐名人及音乐相关故事，努力创造美妙的音乐，由此产生对音乐的喜爱。在此过程中，学生在一系列的问题驱动下掌握并准确地运用核心词句介绍自己喜欢的乐器，感受音乐带来的美好。具体问题如下： What's your favourite musical instrument? How can we perform amazing music? What musical instrument do you know? How much do you know about the musicians and stories about music? 在具体的问题解决过程中，增强艺术鉴赏能力，享受音乐生活。

四、 任务与序列

基于教材内容再构文本，利用教材内容适切地补充资源，挖掘主题相关知识点，加工、整合、再构多模态语篇。基于《指向深度学习的单元学习任务链结构》，梳理解构单元学习任务链。（见表6-11）

表6-11 指向深度学习的小学课堂"学习任务链"设计结构

学习主题：启赏音之旅，创制一场乐器 Gala Show

年段学科单元	4BM4U3	设计		铁燕楠
单元核心任务	1. 在校园艺术节中学习和探索乐器知识、了解音乐名人及音乐相关故事。 2. 努力创造美妙的音乐，感受音乐带来的美好。			
单元学习任务链	任务目标	学习任务序列	任务情境	学习内容
学习任务一 乐享乐器之美	学习和探索乐器知识，产生对音乐的兴趣。	1. 在语境中初步感知核心词汇。 2. 能运用句型 I'm/I can play the/I can play it well. 等描述自己会演奏的乐器及乐器的声音。 3. 能运用核心句型 What can you play? 询问他人会演奏的乐器。 4. 能正确朗读核心词汇、句型和文本。	Beautiful music I know	Look and learn Listen and say Listen and enjoy
学习任务二 悦享音乐之趣	对乐器和美妙的音乐有探索的欲望，培养学习弹奏乐器的兴趣。	1. 能听懂核心词汇、句型和文本。 2. 能运用句型 I'm ... I'm in the band. I have a ... My ... is ....（where） I can play it well. Look! I'm playing it. I like the sound of the .... 3. 描述自己会演奏的乐器及乐器的方位、声音。 4. 能熟练运用核心句 Whose ... is this? It's ... Where's ...? It's ... What's the sound? It's ... 5. Is it the sound of the ...? Yes. /No. 描述和询问乐器的方位、乐器的主人及乐器的声音。	Fun music I make	Say and act Ask and answer Make and play

单元学习任务链	任务目标	学习任务序列	任务情境	学习内容
学习任务三慧享音乐之力	在感受音乐的无穷力量中明白故事中蕴含的道理，激发对音乐相关知识探索的兴趣。	1. 能理解故事文本 *The Piper of Hamelin*。 2. 能根据问题的引导从语篇中寻找关键信息，简单描述故事 *The Piper of Hamelin*。 3. 能正确朗读词句、故事，做到语音语调正确。	Magic music I show	Read a story

本单元合理重构单课时教学内容，内化教学重难点，构建知识框架，创设真实有效的活动情境，引导学生不断思考，将当下学习的内容与已有的经验建立起结构性关联，学生能基于自己的生活经验和学习经历得出自己的个性观点，促进学生思维发展与学习能力的增强。

五、学习与活动

学习任务一：Beautiful music I know

学习目标是：语篇以学生在音乐教室里的对话为起点，引出对于乐器知识的讨论——关于乐器名称的表达、乐器的声音和外观，产生对音乐的兴趣。

学习活动安排如下：

1. 学习理解：初读语篇，感知乐器类单词发音；询问他人会弹奏的乐器；问答操练；结合句型 I can play the . . . 与同桌问答乐器；听猜，加深对乐器外观的了解；思维发散，讨论会演奏某种乐器的名人；编创歌谣，梳理对某种乐器的完整表达；合作交流，讨论乐器的特点；歌曲欣赏，巩固乐器类单词；自由表达，根据支架，介绍乐器。

2. 实践体验：阅读图片，知晓对话发生的地点及相关人物；观看视频，讨论对话中人物会弹奏的乐器；通过乐器声音，猜测乐器名称；观看视频，分辨不同人演奏乐器的声音区别；听读对话，巩固核心词句。

3. 构建应用：小组合作，通过拍桌子、敲文具盒等形式模仿乐器声音，借助语言支架，创编新的对话，交流乐器的声音、外观等。

学习任务二：Fun music I make

学习目标是：以学生自主探索有趣的乐器为起点，引出对于乐器的部位、称呼、演奏方式的梳理，了解乐器制作的方法，并分享自己会演奏的乐器。对乐器和美妙的音乐有探索的欲望，培养学习弹奏乐器的兴趣。

学习活动安排如下：

1. 学习理解：通过谈论乐器，复习前两课时的学习内容。What can you play? /I can play the ... It goes ...；通过观看视频，了解对话发生的地点和大致内容；再次观看视频，提取关于人物会演奏某种乐器的信息；观察图片，发现不同人物的不同乐器的特点，并尝试描述乐器的所属者；观看视频，回答问题：Whose ... is it? /Where is the ... ？

2. 实践体验：分角色阅读对话，巩固核心词句；了解制作乐器的方法及所需材料；观看视频，选出所需材料；尝试用语篇支架描述制作乐器所需要的材料；看图尝试描述制作乐器的方法与步骤。

3. 构建应用：小组合作，尝试用所学知识制作乐器；尝试用所学知识介绍自己会演奏的乐器。I'm ... /I have a ... /It's a ... /I can play ...

学习任务三：Magic music I show

学习目标是：语篇以 The city of Hamelin is full of mice 起点，Piper 吹了三次笛子为故事线，感受音乐的神奇力量，激发对音乐相关知识探索的兴趣。

学习活动安排如下：

1. 学习理解：通过谈论自己会弹奏的乐器，复习前两课时的学习内容；通过浏览封面，快速阅读，提取关键信息，了解故事发展；通过阅读文本，观看视频，了解情节一（full of mice）发生的原因，观察 Piper 解决问题的方法以及结果。

2. 实践体验：通过视听感知文本，分析情节二（children walk away）的原因及结果，推断人物的内心情感，感受音乐的神奇力量。

3. 构建应用：通过因果关系图与流程图，尝试梳理故事发展线，体会人物情感，创编对话，演绎故事，增强对音乐神奇力量的感悟。

六、 评价与成效

《义务教育英语课程标准（2022 年版）》指出，教学评价应体现多渠道、多视角、多层次、多方式的特点。应将形成性评价和终结性评价相结合、定性评价与定量评价相结合，使评价全面、准确和灵活。基于以上原则，本教学实践侧重于处理好学、教、评、测之间的生态关系，充分关注评价的生长性。具体实施方向为：①注重过程性评价，调控学习节奏，干预学习效果；②发展增值性评价，尊重学生个体差异，关注自驱力激发；③深化协商性评价，落实学生主体，构建价值认同。

（一）学习评价量表与评价标准

在"教—学—评"一体化的模式下，首先要明确目标，构建合理的评价体系，还要注重自我评价与互评，引导学生对自己的学习进行反思，同时鼓励学生加强互相学习和交流。具体评价量表与评价标准见表6-12。

表6-12　学习评价量表与评价标准

评价内容	自我评价	同伴评价	老师评价	综合总评
乐享乐器之美	☆☆☆	☆☆☆	☆☆☆	
悦享音乐之趣	☆☆☆	☆☆☆	☆☆☆	
慧享音乐之力	☆☆☆	☆☆☆	☆☆☆	
教师用语	Well done，Very super，Very good，excellent … 并奖励★★★	Good，nice，cool，Yes … 并奖励★★	OK/Yes，but … 并进行适当纠正 并激励★	
教学核心 1. 在相关语境中，学生能够借助图片正确说出核心词汇。	A（　）	B（　）	C（　）	
	语音语调正确；表达流利；能清楚地区分词的音、义。	语音语调较正确；表达较流利；能较清楚地区分词的音、义。	语音语调错误；表达不够流利；不能区分词的音、义。	
2. 在相关语境中，学生能够正确运用核心句型进行问答。	A（　）	B（　）	C（　）	
	语音语调正确；表达流利；语言正确。	语音语调较正确；表达较流利；语言基本正确。	语音语调错误；表达不够流利；语言不够正确。	
3. 在相关语境中，学生能够正确运用核心词汇和句型进行语段输出。	A（　）	B（　）	C（　）	
	语音语调正确；语义连贯；语言正确。	语音语调基本正确；语义较为连贯；语言基本正确。	语言语调错误；语义不够连贯；语言不够正确。	

教师用语	Well done，Very super，Very good，excellent … 并奖励★★★	Good，nice，cool，Yes … 并奖励★★	OK/Yes，but … 并进行适当纠正 并激励★
小组合作	A（　　） 分工明确； 合作默契； 表达流利。	B（　　） 分工较明确； 合作较默契； 表达较流利。	C（　　） 分工不够明确； 合作不够默契； 表达不够流利。
作业评价	A（　　） 能正确朗读课文内容，语音语调优美；能够熟练地完成对话。	B（　　） 能较正确朗读课文的内容，并能够较熟练地完成对话。	C（　　） 不能正确朗读课文内容，无法顺利对话。
总评	A（　　） 能够顺利达成本单元教学核心内容。	B（　　） 能基本达成本单元教学核心内容。	C（　　） 无法有效达成本单元教学核心内容。

（二）学习品质评价量表

教师还应注重开展过程性评价，重视学生在学习过程中的表现，如课堂参与度、合作精神、解决问题的能力等，通过观察和记录，给予学生及时的反馈和指导。基于《紫荆小学指向深度学习的小学课堂学习品质观察记录分析表》，结合本单元学习内容和素养要求，设计学生课堂参与学习品质评价表。（见表6-13）

表6-13　学生学习品质评价

学习品质分析			
学习品质	校本化指征	观察点	表现评价 0 未见；1—5 程度由低到高
会思考核心知识与学科思维的建构	阅读与梳理	1. 正确朗读单词句型，梳理语篇结构，把握语篇内容。	
		2. 会阅读语篇，提取关键信息。	
		3. 能推断语篇蕴含的道理。	

学习品质分析			
学习品质	校本化指征	观察点	表现评价 0 未见；1—5 程度由低到高
会探究理解学习的过程	体验与运用	1. 能用自己的话描述乐器的名称及特点。	
		2. 整合词汇，体会并描述乐器的美妙声音。	
		3. 能够发现不同类型乐器的异同。	
	迁移和创造	1. 会用核心词句描述自己喜欢的乐器。	
		2. 会用核心词句介绍如何演奏出美妙的音乐。	
		3. 会通过多种途径学习知识，完成了解音乐相关知识的任务。	
	协作和沟通	1. 会组织小组和班级讨论。	
		2. 经常和同学交流经验，主动在讨论中分享观点。	
		3. 能清晰地表达自己的观点，聆听他人的观点。	
		4. 乐于分享合作学习的成果，积极改进。	
会共情积极的学习情感	1. 能积极参与课堂，有序复述故事，感受音乐力量。		
	2. 能管理好自己的情绪，信任老师，主动与老师、同学进行对话。		

在小学英语教材中，有许多教学内容并不存在教学知识一样严密的逻辑关系，但在难度拓展上又存在一定的局限。因此教师需要深入研究教材内容，通过目标定位挖掘思维的关键点，通过活动设计促进学生思维的提升，通过激发学习动机锻炼学生语言表达能力，使学生感到自己是一个发现者、探索者、研究者。本单元任务链设计秉承以上理念，融合了语言知识、语言技能、中西方文化和音乐、美术学科，通过真实情境脉络和核心驱动问题，将学生的学习引向深入，促进知识的整体关联，培养学科核心素养，让英语学习由知识向能力转化。

（撰稿人：上海市嘉定区紫荆小学 铁燕楠）

后记

良好的课题研究可以带动一所学校教育生态优化。

2020 年，我校"指向深度学习的单元学习任务链设计与实践研究"获上海市嘉定区重点课题立项。在这四年的研究实践中，我们基于深度学习的视角，落实"双新"实践，从教师立场走向学生立场，设计单元学习任务链，在全学科开展案例研究与实践，促进了教育教学的全面改革和学习方式的变革。

回望这四年，我们深感自豪与欣慰。自豪于我们共同见证了学生们在深度学习中的蜕变与成长，欣慰于我们共同构建了一个充满活力与创造力的教育教学环境。学生们不再是被动的知识接受者，而是主动的探索者和创造者，他们的眼中闪烁着对未知世界的好奇与渴望。教师们也在这个过程中找到了职业的新航向，他们更加专注于学生的全面发展，致力于成为学生成长道路上的引路人和同行者。

在书中，我们详细记录了多个学科单元学习任务链的设计与实施过程。从语文的"走进民间故事"到数学的"体验多维操作"，从英语的"Colours 单元"到跨学科的"我们十岁了"集体生日会，每一个单元都凝聚了教师们的心血和智慧。我们深入分析教材，明确单元育人价值和学习目标，设计具有挑战性、关联性、递进性的学习任务链，引导学生在连续的学科实践活动中深度学习、迁移运用。

我们深知，教育教学改革是一个永无止境的过程，需要我们不断学习、不断探索、不断实践。我们期待本书能够为广大教育工作者提供一些有益的启示和借鉴，共同推动教育教学事业的蓬勃发展。

特别感谢上海市教育科学研究院杨四耕老师的悉心指导，正是因为有了他的支持与帮助，本书才能得以顺利问世。感谢参与课题研究的所有师生，是你们的辛勤付出和积极参与，让这项研究充满了生机与活力。

愿此书，能像紫荆花一样，绽放出教育的芬芳与美丽，启迪更多的教育工作者与孩子们，共同追寻教育的梦想与未来。

上海市嘉定区紫荆小学　公维莹

2024 年 10 月

"品质课程"阅读书目

学校整体课程规划 18 问
学校整体课程规划的七个关键
学校整体课程规划

📖 课程治理现代化丛书

阳光阅读的校本设计与特色创建
CIM 课程：创客教育的要素设计与实践探索
高品质学校课程体系
个性化学校课程体系
家校共育的 20 个实践模式
进阶式生涯教育
跨学科学习创意设计
美术特色课程设计与实施
体育，让儿童嗨起来：悦动体育课程的设计与实施
小剧场学校：激活戏剧课程的育人价值
小课题探究：激活学习方式
小切口课程设计：劳动教育的创意实施

📖 新质课程文化丛书

实践性学习的七重逻辑
面向每一个生命的课程
多模态学科实践
大规模因材施教的课程模式
为未来而学：未来课程的校本建构与深度实施
面向每一个学习者的课程设计
可感的学习经历：习性教育课程体系探索
单元课程要素统整与深度实施
具身学习与课程育人
把学生放在心上：学校课程变革之道

📖 课程治理新范式丛书

以学生为中心的教育治理
实践型学科课程设计与实施
共享式课程治理：集团化办学的课程治理方略
高具身性课程实施：路径、策略与方法
幼儿园课程平衡的九个维度
学科课程与学科实践的整合设计

📖 特色学校聚焦丛书

让个性自然发荣滋长："引发教育"的理论寻源与实践探索

面向每一个生命的教育
让每一个生命澄澈明亮:"小水滴"课程的旨趣与创意
新劳动教育:时代意蕴与实践创新
自信教育与个性生长
好学校的精神特质
教育,让个性舒展:"有氧教育"的模样与姿态
唤醒教育:触发生命的感动
生命的颜色与教育的意蕴
人格教育的四个关键点
做精神澄澈的教师
做精神富足的教师

特色课程建设丛书

幼儿园特色课程的框架与实施
课程是鲜活的 :"大视野课程"的旨趣与活性
指向核心素养培育的学校课程图谱
让儿童生活在美的世界里:幼儿园全景美育的课程探索
核心素养与学习需求:学校课程建设导引
儿童自然探索课程
幼儿园视觉艺术创意活动设计与实施
连续性课程:特色课程发展的实践探索
幼儿园户外艺术创想活动设计与实施

课堂教学新样态丛书

课堂,与美最近的距离:基于学科核心素养的课堂教学变革
协同教学:意蕴与智慧
决胜课堂 28 招
一百个孩子,一百个世界:基于差异的教学变革
课堂如诗:"雅美课堂"的姿态
在教室里眺望世界:基于 BYOD 的教学方式变革
课堂教学的资源设计与方式变革
境脉教学的实践范式与创意设计
任务驱动与学科实践
课堂教学的智慧属性与意义增值:"灵动课堂"的六个关键词
如溪语文:诗意流淌的语文教育
I - DO 学习模式的创意与实践
单元学习任务链:深度学习的内在意蕴与创新实践

"一校一策"课程体系建设丛书

课程坐标及其应用:教师专业视角
"一校一策"课程规划
"一校一策"课程实施